中国产业转型升级研究丛书

中国转轨时期
产能过剩测度、成因及影响

ZHONGGUO ZHUANGUI SHIQI
CHANNENG GUOSHENG CEDU CHENGYIN JI YINGXIANG

◎ 程俊杰 / 著

中国财经出版传媒集团
经济科学出版社
Economic Science Press

图书在版编目（CIP）数据

中国转轨时期产能过剩测度、成因及影响/程俊杰著.
—北京：经济科学出版社，2016.12
ISBN 978-7-5141-7620-9

Ⅰ.①中… Ⅱ.①程… Ⅲ.①中国经济-经济过剩-经济发展-研究 Ⅳ.①F124

中国版本图书馆 CIP 数据核字（2016）第 319659 号

责任编辑：李　雪　张庆杰
责任校对：王肖楠
版式设计：齐　杰
责任印制：邱　天

中国转轨时期产能过剩测度、成因及影响
程俊杰　著
经济科学出版社出版、发行　新华书店经销
社址：北京市海淀区阜成路甲 28 号　邮编：100142
总编部电话：010-88191217　发行部电话：010-88191522
网址：www.esp.com.cn
电子邮件：esp@esp.com.cn
天猫网店：经济科学出版社旗舰店
网址：http://jjkxcbs.tmall.com
北京万友印刷有限公司印装
710×1000　16 开　16 印张　280000 字
2016 年 12 月第 1 版　2016 年 12 月第 1 次印刷
ISBN 978-7-5141-7620-9　定价：45.00 元
（图书出现印装问题，本社负责调换。电话：010-88191510）
（版权所有　侵权必究　举报电话：010-88191586
电子邮箱：dbts@esp.com.cn）

运用竞争政策去化解过剩产能

20世纪末、21世纪初，我国经济运行中商品短缺的特征逐渐消失，产能过剩和资产短缺现象日益显现。产能过剩的危害极大，主要表现在：一是占用了大量的资金、土地等宝贵的发展资源，消耗了大量的社会财富，却不产生任何经济效益；二是使经济体系继续沉淀资源，这是国民经济粗放发展、效率低下的根本原因；三是有可能引起系统性、大面积金融危机；四是产业生态体系遭到破坏，打乱了产业结构调整的国家行动。当前，中央大力推进供给侧结构性改革，并将"去产能"作为五大任务之首，可见该问题的严重性、迫切性与重要性。缓解和防范产能过剩，对于我国经济的转型升级、跨越"中等收入陷阱"具有纲举目张的作用。

回顾我国治理产能过剩的实践，可以发现，过去我们不少政策的效果并不明显和显著，大量的"僵尸企业"不仅"僵而不死"，有的甚至还在不断增加吸收信贷资源、市场资源和物质资源，造成了巨大的浪费。这个现象主要与软预算约束有关，即与地方政府长期运用包括财政补贴、银行贷款等在内的扭曲化的支持手段有直接的关系。地方政府千方百计地为属地内的僵尸企业"续命"，主要是因为：企业因经营不善或其他原因负债率太高，若让其由市场调节自动破产死亡，则地方政府以前通过追加投资、税收优惠、低价土地、信贷扶持等方式给予的前期投入就会打水漂，成为无法回收的沉淀成本；这些企业往往是劳动密集型产业，拥有大量的低技能职工，劳动力转移和再就业困难，同时因占据大量的信贷资源，其破产死亡会极大地影响银行资产负债表的状况，也会影响地方政府的政绩。

我认为，经济新常态下我们需要利用竞争政策化解过剩产能，减少产业内的无效和低端供给。短缺经济条件下，扩张产能需要利用产业政策。现在去产能，政策工具就应该转换为运用竞争政策。竞争政策保护竞争而不是竞争者，它为市场主体创造公平竞争的市场环境，由此激发市场主体的活力和创造力。具体可以通过鼓励企业间的收购兼并去消灭僵尸企业；也可以在竞争中让它们自生自灭，实现市场自动出清。当下的政策取向，要鼓励前者，要把对产能过剩的企业的补贴，转为对兼并重组方优势企业的补贴；对某些产业重点扶持的政策，也应该由对产能的补助，转变为对消费者和用户的补贴，以培育市场需求、扩大市场竞争。另外，也可以通过建立产能竞争标准，去淘汰落后产能。这是在"去产能"中减少行政干预的好做法。落后产能主要有三种：在技术层面，指以落后技术和工艺装备为基础的生产能力；在市场层面，指丧失了竞争力的生产能力；在政策层面，指高耗能、高污染、质量不达标、有安全隐患的生产能力。这样，对前两类落后产能，应该全部交给企业和市场调节。而对第三种落后产能，政府应通过提高环保、能耗、质量、标准、安全等各种准入门槛来完成淘汰目标，加强规则意识，减少计划意识；加强选择意识，减少指令意识。这是良性产能治理的要件。

必须特别指出的是，产业组织结构调整的主体是企业和企业家，而不是政府官员。因此，在实践中过分地强调由政府来调结构，是不可能取得实质性进展和效果的。

另外一个就是要尽快启动新一轮的技术改造。由国家层面推动新一轮技术改造，除了能够在经济周期低谷阶段迅速有效稳定增长、有效改善生态环境治理、确保安全生产外，还能够有效清除无效、过剩产能，从而调整产业结构，并为参与国际竞争储备有效技术。技术改造的难点在于钱从哪里来，建议：（1）进行信贷政策支持。把央行降低存款准备金率放出来的信贷增量作为启动我国企业大规模技术改造活动的主流资金。（2）资本市场支持。对某类计划用募集来的资金，优先或主要投入技术设备改造的IPO企业，可以给予优先上市的资格，以体现政策支持技术改造。也可以对计划用定增的资金投向技术改造的上市公司在排队序列中优先批准。或者，还可以对承诺并购后首先改造企业技术设备的企业放松并购限制。（3）财政政策支持。通过技改专项资金、事后奖补政策、股权投资、贴息等方式支持高端的、有规模效应的、龙头集聚效应的等技术改造项目进行激励，尤其要发挥财政贴息的杠杆效应。

产能过剩问题是理论界长期争论的焦点，不过仍然有很多讨论尚未形成共识，比如国内外学者对于产能过剩内涵、评价以及成因、机制的认识就存在差异。总的来看，国内学界对产能过剩的研究，尤其是定量方面的研究与国外相比明显滞后与薄弱，而我国的产能过剩相对于西方一些国家又表现出一定的独特性，例如，我国产能过剩发生的背景是工业化尚未完成，涉及的行业范围更广、程度更严重以及除了周期性、结构性因素外，体制也是影响其产生的重要因素等。这就亟须增加学界对于产能过剩的理论认识，为更有效地去产能提供决策参考。

程俊杰博士的这本著作，就是对上述要求的一个积极的回应。这本著作是在他博士学位论文的基础上，经过不断修改和完善而出版的。在研究中，我鼓励他在转型经济背景下，重点对我国产能过剩的程度进行定量测度；对其成因，特别是产业政策的影响进行分析；对其影响及治理方案进行探讨和设计。他较好地完成了这一任务。该书具有较高的学术价值，主要特色包括：第一，在理论上，构建了一个吸纳分析框架，将我国转轨时期产能过剩的成因概括为以政府干预为主的"进入端和退出端控制",即政府干预引起的集中进入以及退出障碍所致,进而通过实证研究重点剖析了产业政策对我国产能过剩的影响,突破了国内关于产能过剩成因研究的视角和论述。第二,在方法上,深入开展了大量的实证分析,特别是综合运用了协整法以及随机前沿生产函数法对我国各地区、各行业的产能利用率进行了测度,并对影响我国产能利用率的因素进行了检验,这也为国内产能过剩的定量测度提供了借鉴。第三,在论点上,经过严密的推导和分析后提出一系列较为新颖的观点,比如产能过剩会由于企业的数量调节直接引起经济波动或者通过要素市场扭曲的中介效应导致经济波动;利用负面清单管理可能是治理中国体制性产能过剩的一种有效路径等。

近二十年来,我一直教导学生,要用全球开放视野去研究产业发展问题,利用产业经济学特有的研究范式去解决其他学科领域中的问题,特别是当前我国经济发展中的重大现实问题,做经世济民的学问,学以致用。让我深感欣慰的是,在这一理念下,我和我的学术团队不仅取得了丰硕的研究成果,更是培养了一批优秀的学术新秀。尤其是,2015年成立的、由我牵头的江苏省首批高端智库——长江产业经济研究院,更是致力于将理论成果应用于解决中国经济发展过程中遇到的实际问题,目前已经取得了较为成功的社会反响。程俊杰博士的新作,正是利用产业经济学分析方法去研究、解决当前我国最主要宏观经济风险之———产能过剩问题的。在该书出版之际,我郑重向大家推荐这本新作,希望该书能够对产业经济学创新做出一点边际贡献,对我国当前去产能有所启示,对他的成长有所激励。是为序。

刘志彪
2016年10月于南京大学安中楼

目　　录

第一章　导论 ·· 1

　1.1　问题的提出 ··· 1

　1.2　研究内容和研究意义 ··· 6

　　　1.2.1　研究内容 ··· 6

　　　1.2.2　研究意义 ··· 6

　1.3　研究思路、框架与方法 ·· 7

　　　1.3.1　研究思路 ··· 7

　　　1.3.2　研究框架 ··· 9

　　　1.3.3　研究方法 ··· 9

　1.4　可能的创新与不足 ··· 11

　　　1.4.1　可能的创新 ·· 11

　　　1.4.2　不足之处 ··· 12

第二章　文献综述 ·· 13

　2.1　产能过剩的内涵界定 ·· 13

　　　2.1.1　超额生产能力说 ·· 13

　　　2.1.2　供求失衡说 ·· 14

　2.2　产能过剩的成因分析 ·· 15

　　　2.2.1　市场因素论 ·· 15

　　　2.2.2　政府干预论 ·· 20

　　　2.2.3　市场失灵与政府干预综合论 ·· 24

2.3 产能过剩的测度理论与方法 ································· 28
2.3.1 直接测度法 ·· 28
2.3.2 间接测度法 ·· 28
2.3.3 国内的测算思路 ·· 32
2.4 简要述评 ·· 33

第三章 中国产能过剩的测度及影响因素分解 ······················ 34
3.1 引言 ·· 34
3.2 产能利用率的测度：理论框架与实证模型 ······················ 35
3.2.1 协整方法 ·· 35
3.2.2 随机前沿生产函数法 ······································ 37
3.3 变量、数据与实证结果 ·· 38
3.3.1 协整方法 ·· 39
3.3.2 随机前沿生产函数法 ······································ 48
3.3.3 结果比较与分析 ·· 56
3.4 产能过剩影响因素分解 ·· 61
3.4.1 全国层面 ·· 62
3.4.2 区域层面 ·· 65
3.5 结论 ·· 68

第四章 中国产能过剩的成因 ····································· 70
4.1 引言 ·· 70
4.2 我国产能过剩的典型事实与现状分析 ··························· 71
4.2.1 产能过剩的基本特征 ······································ 71
4.2.2 产能过剩的统计分析 ······································ 73
4.2.3 基于产能利用率的分析 ···································· 78
4.3 产能过剩的形成：理论模型 ···································· 82
4.3.1 企业的产业选择行为 ······································ 83
4.3.2 企业的产能选择行为 ······································ 89
4.4 化解产能过剩的障碍：基于吸纳框架的分析 ····················· 93

4.4.1　创新 ………………………………………………… 95
　　4.4.2　退出壁垒 ……………………………………………… 101
4.5　结论 ……………………………………………………………… 104

第五章　产业政策与产能过剩 …………………………………… 106

5.1　引言与文献回顾 ………………………………………………… 106
5.2　产业政策的演变 ………………………………………………… 110
　　5.2.1　产业政策的阶段性实践 ……………………………… 110
　　5.2.2　产业政策比较分析 …………………………………… 113
　　5.2.3　基于产业政策矩阵的分析 …………………………… 115
5.3　产业政策造成产能过剩的内在因素分析 ……………………… 117
5.4　研究设计 ………………………………………………………… 122
　　5.4.1　计量模型设定 ………………………………………… 122
　　5.4.2　数据和变量说明 ……………………………………… 123
5.5　模型检验与实证分析 …………………………………………… 129
　　5.5.1　产业政策对产能过剩影响的回归分析 ……………… 129
　　5.5.2　产业政策对产能过剩影响机制的回归分析 ………… 133
5.6　产业政策影响过剩的异质性：企业规模、产权与技术特征 …… 137
　　5.6.1　企业规模 ……………………………………………… 138
　　5.6.2　产权性质 ……………………………………………… 141
　　5.6.3　产业技术特征 ………………………………………… 141
5.7　不同产业政策工具的影响分析 ………………………………… 143
　　5.7.1　税收优惠 ……………………………………………… 144
　　5.7.2　贸易保护 ……………………………………………… 146
　　5.7.3　创新补贴 ……………………………………………… 148
5.8　结论与启示 ……………………………………………………… 151

第六章　产能过剩、要素市场扭曲与经济波动 ………………… 153

6.1　引言与文献综述 ………………………………………………… 153
6.2　影响机制与理论假说 …………………………………………… 155

6.2.1 产能过剩影响波动的数量效应 ……………………………… 155
6.2.2 产能过剩影响波动的要素扭曲效应 …………………… 157
6.3 研究设计 ……………………………………………………………… 159
6.3.1 模型设定 …………………………………………………… 159
6.3.2 变量及数据来源 …………………………………………… 163
6.4 实证结果与分析 …………………………………………………… 169
6.4.1 数量效应模型的回归结果与解释 ……………………… 169
6.4.2 中介效应模型的回归结果与解释 ……………………… 177
6.5 研究结论与启示 …………………………………………………… 182

第七章 负面清单管理与体制性产能过剩治理 ………………………… 185
7.1 引言 …………………………………………………………………… 185
7.2 我国产能过剩治理政策演变及"失效"原因分析 …………… 188
7.2.1 产能过剩治理思路：基于"五力模型"的分析 ……… 188
7.2.2 我国产能过剩治理政策的演变特征 …………………… 189
7.2.3 治理政策"失效"的原因分析 ………………………… 191
7.3 负面清单管理：化解我国产能过剩的有效路径 ……………… 193
7.3.1 发达国家治理产能过剩的经验启示 …………………… 193
7.3.2 负面清单管理的新内涵 ………………………………… 194
7.3.3 负面清单管理化解产能过剩的理论机制 ……………… 195
7.4 负面清单管理的难点及障碍 …………………………………… 197
7.4.1 产业结构 …………………………………………………… 197
7.4.2 政府转型 …………………………………………………… 198
7.5 结论、启示与建议 ………………………………………………… 200
7.5.1 结论与启示 ………………………………………………… 200
7.5.2 利用负面清单管理化解体制性产能过剩的建议 ……… 201

第八章 全书总结、政策建议与研究展望 ……………………………… 204
8.1 全书总结 …………………………………………………………… 204
8.2 产能过剩的治理原则与政策选项 ……………………………… 207

8.2.1 转轨时期产能过剩的治理原则 ………………… 207
8.2.2 产能过剩治理的政策选项 ………………………… 208
8.3 研究展望 …………………………………………………… 210

主要参考文献 ……………………………………………………… 214
后记 ………………………………………………………………… 242

第一章

导　论

1.1　问题的提出

产能过剩（excess capacity）是当前我国最突出的宏观经济风险之一，越来越表现出普遍性、长期性、复杂性等典型特征。资料显示，目前包括传统制造业、战略性新兴产业等在内的多个行业都已出现或潜藏着产能过剩风险，特别是钢铁、水泥、电解铝等高消耗、高排放行业尤为突出。根据行业协会的测算数据，2012年，钢铁、水泥、电解铝、平板玻璃、船舶、焦炭、光伏和风电设备等产能利用率只有72%、73.7%、71.9%、73.1%、75%、73.3%、75%和67%，明显低于国际公认的正常水平。产能过剩是当前很多经济问题的根源或有着密切的联系，比如在产能过剩背景下，大量的资本寻求高盈利出路，追逐有限的优质资产，由此不断地推高资产的价格，同时伴着杠杆的不断放大。自去年开始，中央大力推进的供给侧结构性改革，将去产能位列"三去一降一补"五大任务之首。

为了更加全面、客观、清晰地了解我国制造业产能过剩的现状，依照相关文献的做法（周劲等，2011；冯梅等，2013），首先选择产能利用率和存货变动率两大指标进行初步考察。考虑到数据的可得性及统计口径的一致性，研究样本主要选取1999~2011年制造业28个细分行业（剔除工艺品及其他制造业、废弃资源和废旧材料回收加工业）的面板数据，利用随机前沿生产函数法对各行业产能产出进行估计，进而得出产能利用率。根据测算结果，约有2/3的行业近几年的产能利用率均一直低于国际普遍认可的正常标准79%。将2011年工业总产值排名前十的十大行业，分别是"纺织业"、"石油加工、炼焦及核燃料加工业"、"化学原料及化学制品制造业"、"非金属矿物制品业"、"黑色金属冶炼及压延加工业"、"有色金属冶炼及压延加工业"、"通用设备制造业"、"专用设备制造业"、"电气机械及器材制造业"以及"通信设备、计算机及其他电子设备制造业"的产能利用率绘成雷达图（见图1-1），发现除"电气机械及器材制造业"和"通信设备、计算机及其他电子设备制造业"外，其余行业的产能利用率均长期维持在较低水平。

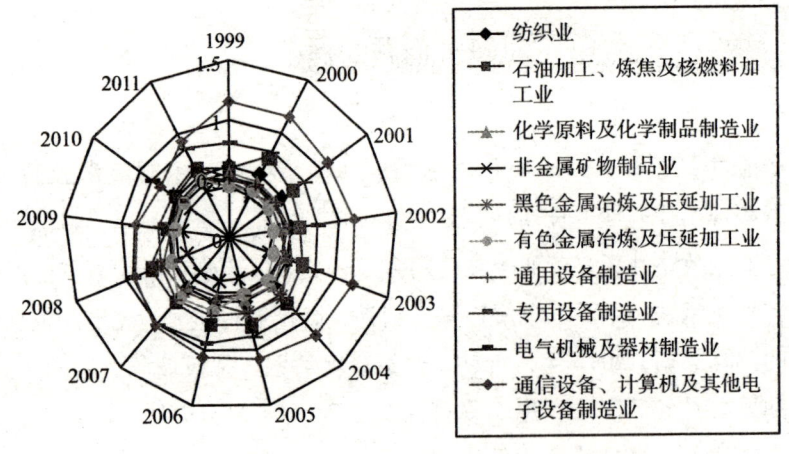

图1-1　1999~2011年制造业十大产业产能利用率

进一步分析各行业的存货变动率（见图1-2），令人吃惊的是，除了2001年十大制造业行业的存货得到有效消化外，其余年份绝大多数行业的存货均出现不同程度的增加，去库存化任务异常艰巨。由此可见，我国目前产能过剩，尤其是制造业产能过剩情况已经非常严峻。事实上，自20世纪90年代中期摆脱短缺经济（shortage economy）后，我国就开始出现产能过剩现象。很多学者认为我国总共经历过三轮产能过剩，第一轮的过剩高峰是1998年左右，第二轮的过剩高峰是2006年左右（李江涛，2006），目前正经历的是2008年国际金融危机以来的新一轮过剩高峰。与前两轮产能过剩相比，本轮过剩已经由局部过剩转变为普遍过剩（潘云良，2014）。毫无疑问，产能过剩的危害正在日益凸显，企业利润低下、工人失业、资源浪费、环境污染、创新缺乏等问题愈演愈烈（刘西顺，2006；耿强、江飞涛、傅坦，2011）。林毅夫教授（2012）甚至认为，产能过剩会造成金融市场的恶性循环，很可能引发金融危机。

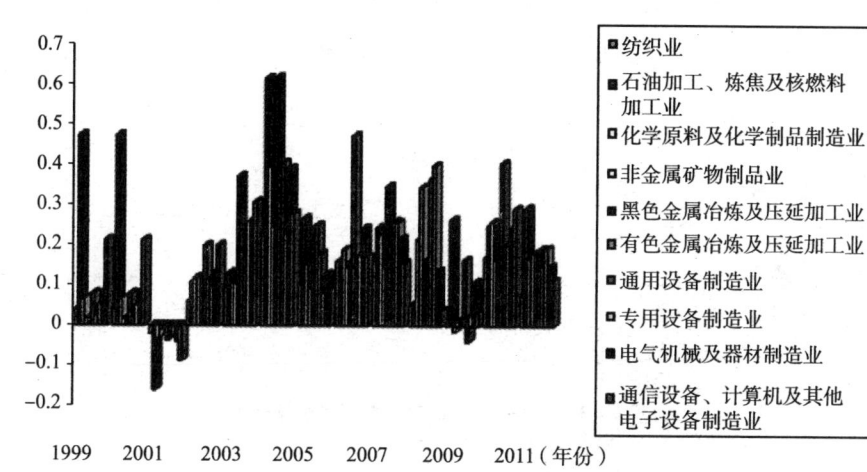

图 1-2　1999~2011 年制造业十大产业存货变动率

其实，化解产能过剩矛盾已经提出了多年，特别是 2000 年以后，中央密集出台了一系列针对产能过剩防范、治理的政策文件。并且在国家最高级别的中央经济工作会议上也曾多次把治理产能过剩列为本年度主要任务，比如，2010 年提出"严控投资产能过剩行业，防止新的低水平重复建设"；2011 年强调"要严格产业政策导向，进一步淘汰落后产能，促进兼并重组，推动产业布局合理化"；2012 年首次定调"经济增长下行压力和产能相对过剩矛盾有所加剧"，并要求利用国际金融危机的倒逼机制把化解产能过剩作为工作重点。新一届国家领导集体成立以来，习近平总书记也在多次重要讲话中一直反复强调，要高度重视化解产能过剩矛盾，必须见事早、行动快，不能议而不决、决而不行，任其发展会引发系统性风险甚至经济危机。

然而这些政策举措的效果却很不理想，具体主要表现在：（1）一些产能严重过剩行业仍有一批在建、拟建项目，产能过剩呈加剧之势；（2）落后产能淘汰任务艰巨，局部地区由于产业单一存在抵触情绪和阳奉阴违行为，客观上也对稳增长、调结构造成了较大压力；（3）企业创新效率低下造成产业升级困难，这使得我国长期面临低端产能过剩、高端产能不足的困境；（4）在外部需求受限的背景下，国内需求难以在短期内有效激发，向海外进行过剩产能转移工作任重而道远；等等。以严控过剩产业新增产能为例，根据工信部、国家统计局公布的信息，2013年我国产能过剩产品主要集中在建材、钢铁、化工、纺织、有色等行业。

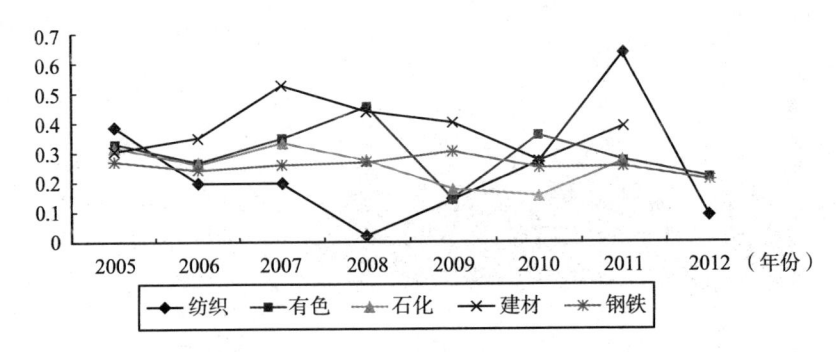

图1-3 过剩行业固定资产投资增长率

表1-1 过剩行业新开工及建成投产率情况

年份	新开工项目（个）					建成投产率（%）				
	纺织	有色	石化	建材	钢铁	纺织	有色	石化	建材	钢铁
2004	3076	1468	152363	6297	152363	49.6	50.3	52.52	58.1	52.52
2005	4065	1422	190755	8367	190755	55	48.8	56.88	63.15	56.88
2006	4448	1499	203963	11425	203963	55.5	50.6	57.19	64.8	57.19
2007	4699	1957	231531	13995	231531	56.5	47.6	57.49	64.5	57.49
2008	4223	2093	257075	16061	257075	62.4	52.1	61.36	70.9	61.36
2009	4963	2503	339795	19419	339795	67.5	53.3	63.83	73	63.83
2010	5111	2339	329321	20679	329321	64.2	54.2	62.46	72.25	62.46
2011	7372	2781	327348	23638	327348	71.47	59.13	63.33	71.94	63.33
2012	5957	2688	323062	—	323062	68.78	62	61.95	—	61.95

资料来源：根据中经网数据库整理。

经过整理、测算、比较后发现，2005～2012年以上五大过剩行业的固定资产投资无一例外均保持正速增长，新开工项目数也基本保持逐年增长的态势，但建成投产率却并不高，说明行业产能过剩情况并未得到有效缓解。

作为我国经济运行中的突出矛盾和诸多问题的根源，产能过剩这一重大的现实问题也引发了学术界的研究热潮。目前，大量的研究主要集中在产能过剩的内涵、成因以及治理等方面。由于问题的独特性和复杂性，现有的很多有益的讨论尚未形成共识。例如，关于产能过剩成因的理解就至少有三种观点：一是市场失灵（张新海、王楠，2009；林毅夫等，2010）；二是体制缺陷（王立国、周雨，2013；江飞涛等，2012）；三是市场失灵和体制缺陷综合作用的结果（李静、杨海生，2011）。

根据文献回顾，总体而言，现有文献对我国产能过剩的理论分析主要存在四方面仍需进一步深入探讨的空间：

一是对我国产能过剩形成机制的研究过于片面和静态，且大多基于定性的视角，比如认为过度投资是导致产能过剩形成的重要原因，而事实上，我国产能过剩是一个动态系统的过程，其产生是过度进入、退出壁垒、经济波动、结构矛盾等多种因素共同作用的结果。

二是对产能过剩测度的研究尚显单薄。主要表现在两方面：（1）相对于欧美等发达国家，我国仍未建立起一套较为完善的工业产能利用率监测体系，部分国家相关部委及行业协会的测算在样本选择、统计口径及估计方法等方面存在明显的差异和不完善①；（2）相关研究文献的数量也非常少，测度的难点主要在于产业产能规模的估计，在仅有的前期成果中一般选择较为粗略、单一的测算方法，方法的先进性与国外相比存在较大的差距。只是在评价思路上，一些国内学者通过构建产能过剩综合评价指标体系对单一的产能利用率测度进行了丰富和完善。

三是由于对产能过剩测度的研究不足，以及现行的统计、财务制度中，与产能密切相关的统一官方数据的缺失使得对产能过剩成因、影响的理论分析无法得到科学、有效的实证检验。

四是对产能过剩治理政策的研究仍不深刻，缺乏理论依据及有效性的分析。

本书则将针对以上四方面缺陷做一些力所能及的尝试。

---

① 例如，我国目前对工业生产能力的统计主要基于：一是经济普查，二是年度小规模生产能力统计。官方公布的生产能力利用率采用实物产量与相应的生产能力之比。很明显，无论是统计频度，还是样本的全面性等方面均存在较大问题。

1.2 研究内容和研究意义

1.2.1 研究内容

本书的研究内容主要是针对已有的关于我国产能过剩成因、测度、影响及治理等方面的研究不足，通过更加严谨的理论分析和翔实的实证研究进行丰富及拓展，具体如下：

第一，通过构建吸纳框架对我国转型时期产能过剩的成因进行全面深入分析，并通过实证研究重点论证现行的产业政策，特别是垂直型产业政策对产能过剩形成的影响。

第二，以制造业为研究对象，利用协整法以及随机前沿生产函数法对我国各省产能利用率的时序变化进行测度，并通过构建面板数据模型对政府干预、市场以及经济周期三大因素影响产能过剩的程度进行分解。

第三，实证研究产能过剩对经济波动的影响，主要验证两大影响机制，分别是：数量调节导致的直接影响机制，通过要素市场扭曲的中介效应进行影响的间接机制。

第四，系统研究长期以来我国治理产能过剩的政策，通过定量分析揭示政策的实施效果，并深入探讨我国借鉴发达国家治理产能过剩经验却成效迥异的根本原因，进而提出利用负面清单管理化解产能过剩的政策思路与重点举措。

1.2.2 研究意义

从理论角度来看，关于产能过剩的研究一直存在着不少争论，主要包括：(1) 国内外学者对产能过剩内涵界定的差异；(2) 国内外学者，包括国内学者之间对产能过剩形成机制的分析众说纷纭；(3) 尚未形成统一的对产能过剩程度进行测度的思路和方法。另外，现有的研究也表现出一些不足，比如偏定性分析、缺实证研究，特别是国内对产能过剩的定量测度少有学者涉及，治理产能过剩的政策措施效果并不显著等。而本书将综合运用多种方法，特别是计量经济方法对我国转型时期产能过剩的测度、成因、影响等进行深入分析，并从根源上提出利用负面清单管理进行产能过剩治理的思路与举措，因此，可能会对现有的产能过剩理论研究做一些有益的补充。

从现实角度来看，我国目前处于转轨时期，经济逐渐进入新常态，发展方式和政府职能正经历转变，因而产能过剩矛盾相对于其他一些发达国家显得尤为突出，危害性也更强。化解产能过剩矛盾为我国产业结构调整提供了千载难逢的绝佳机遇，解决好产能过剩问题关乎政治、经济和社会和谐稳定。本书试图通过模型分析和实证检验精确测度产能过剩的真实程度，并找出产能过剩形成的根本性原因，进而制定合理的治理政策，这对于有效实现去产能、维护产业和宏观经济的健康稳定发展具有重要的实际参考价值。因此，本书的研究将具有较强的现实意义和时代特征。

1.3 研究思路、框架与方法

1.3.1 研究思路

本书的研究将主要遵循"测度——成因——影响——治理"这一逻辑线索展开，即首先综合运用两种方法对我国制造业产能过剩的程度进行测度，并对不同因素对产能过剩的影响进行分解；然后通过构建数理模型重点分析产能过剩形成以及难以化解的原因，并针对产业政策对产能过剩形成且持续存在的影响进行实证研究；再次理论分析产能过剩对经济波动的重要影响，并提出了两大影响机制；最后根据前面的研究总结归纳我国产能过剩治理政策演变及效果不佳的原因，进而提出用负面清单管理去化解产能过剩的观点。具体章节安排如下：

第一章导论。其内容主要包括：问题的提出、研究的目的及意义、研究思路、框架与方法以及可能的创新与不足。

第二章文献综述。重点述评：一是产能过剩的内涵，二是产能过剩的成因，三是产能过剩的测度方法。

第三章中国产能过剩的测度及影响因素分解。在文献回顾的基础上，以中国省级面板数据为研究样本，选择协整方法和随机前沿生产函数法构建计量经济模型来测算各省制造业产能利用率，然后将结果与库存变动率、产品销售率以及工业成本费用利润率三个辅助指标进行对比，并将我国30个省份划分为三类地区，分别是确定性产能过剩、可能性产能过剩以及潜藏产能过剩风险或不过剩。最后，从全国以及区域层面对市场因素、政府干预因素以及经济周期因素对我国产能过剩的影响分别进行了分解。

第四章中国产能过剩的成因。首先以制造业分行业的面板数据为研究样本对我国产能过剩的典型事实与现状进行分析，然后基于吸纳框架将我国产能过剩的成因分为：产能过剩形成以及化解产能过剩障碍两个方面，并针对产能过剩形成从企业的产业选择、产能选择行为两个动态环节构建数理模型进行论证，同时，以创新和退出壁垒为例分析了难以化解产能过剩的原因。

第五章产业政策与产能过剩。针对导致我国产能过剩形成的重要因素之一——产业政策进行更进一步的实证分析。首先对我国产业政策的演变进行定性以及基于产业政策矩阵的分析。然后对产业政策造成产能过剩的原因提出一个简单的分析框架与理论假说，接着运用制造业行业面板数据对理论假设进行实证检验。之后，从企业规模、产权以及技术特征三个方面对产业政策影响产能过剩的传导机制进行了分析。最后，分析了不同产业政策工具对产能过剩的影响。

第六章产能过剩、要素市场扭曲与经济波动。本章旨在分析产能过剩带来的后果，首先研究了产能过剩对经济波动的影响机制与理论假说，认为：一方面产能过剩作为独立变量会由于企业进行数量调节而直接导致经济波动，另一方面产能过剩会通过中介变量——要素市场扭曲来影响经济波动。由此分别建立了两大计量模型进行检验论证，进而得到一些结论与启示。

第七章负面清单管理与体制性产能过剩治理。针对我国在治理产能过剩中面临的困境，基于第三、四、五章的研究结论，提出利用负面清单管理治理体制性产能过剩的新思路。首先回顾了我国产能过剩治理政策的演变以及"失效"的原因。然后基于发达国家治理产能过剩的经验提出负面清单管理是化解我国体制性产能过剩的根本路径，并分析了其内在机制。最后，分析了我国实行负面清单管理将面临的难点及障碍，并提出利用负面清单管理治理体制性产能过剩的政策建议。

第八章全书总结、政策建议与研究展望。主要是对全书的研究结论进行总结，并提出治理产能过剩的基本原则，进而从供给端和需求端两个方面给出化解我国转轨时期产能过剩的政策建议。

1.3.2 研究框架

本书的技术路线图如图1-4所示。

1.3.3 研究方法

总的来说，针对我国转型时期产能过剩的现状，借鉴国内外的发展经验和已有的相关研究成果，从经济学、管理学等学科的视角，采用理论研究与实证分析相结合，定性与定量相结合，解析法和归纳法相结合，综合运用经济学、管理学、政策分析、统计计量学的基本理论和方法进行研究。

第一，逻辑推演法。该方法主要运用于本书关于产能过剩定性分析的部分，一般是从现有理论出发，结合典型事实进行解析和归纳。比如基于吸纳框架对化解中国产能过剩障碍的分析、产业政策对产能过剩形成的影响机制、产能过剩引起经济波动的内在机制等。

第二，结构与比较分析法。该方法一直为经济学中对相关的不同对象或系统中各组成部分进行客观规律研究所常用。本书主要体现在：比较分析了经过协整法和随机前沿生产函数法计算得出的全国30个省（市）制造业产能利用率情况，结构分解了政府干预因素、市场因素以及经济周期因素对产能过剩程度的影响，等等。

第三，计量经济法。该方法几乎贯穿了本书对产能过剩进行定量分析的始终，所使用的主要是面板数据分析方法，此外，也包括少量的时间序列分析方法。具体来说，综合采用了混合回归、固定效应、随机效应、变系数回归、似不相关回归、GMM、最大似然回归等估计方法。

中国转轨时期产能过剩问题研究

问题的提出

- 产能过剩已经成为主要的宏观经济风险之一
- 产能过剩治理政策效果并不理想
- 理论界的研究尚存在进一步深入的空间

文献综述

- 产能过剩的内涵
- 产能过剩的成因
- 产能过剩的测度

现状：中国产能过剩的测度：基于省级面板数据

- 理论框架与实证模型
  - ◆ 协整法
  - ◆ 随机前沿生产函数法
- 实证结果与比较分析
- 产能过剩因素分解
  - ◆ 全国层面
  - ◆ 区域层面

成因：中国产能过剩的成因

- 典型事实与现状分析
- 产能过剩形成的理论模型
  - ■ 产业选择行为
  - ■ 产能选择行为
- 化解产能过剩的障碍
  - ◆ 创新
  - ■ 退出壁垒

产业政策与产能过剩

- 产业政策演变
  - ● 实践
  - ● 比较分析
  - ● 基于产业政策矩阵的分析
- 分析框架与理论假说
- 回归模型与实证结果
- 产业政策传导机制
  - ● 企业规模
  - ● 产权
  - ● 技术特征
- 不同产业政策工具的影响

影响：产能过剩、要素市场扭曲与经济波动

- 影响机制与理论假说
- 实证模型、变量与数据来源
- 实证结果与分析
  - □ 数量效应模型
  - □ 中介效应模型

政策：负面清单管理与产能过剩治理

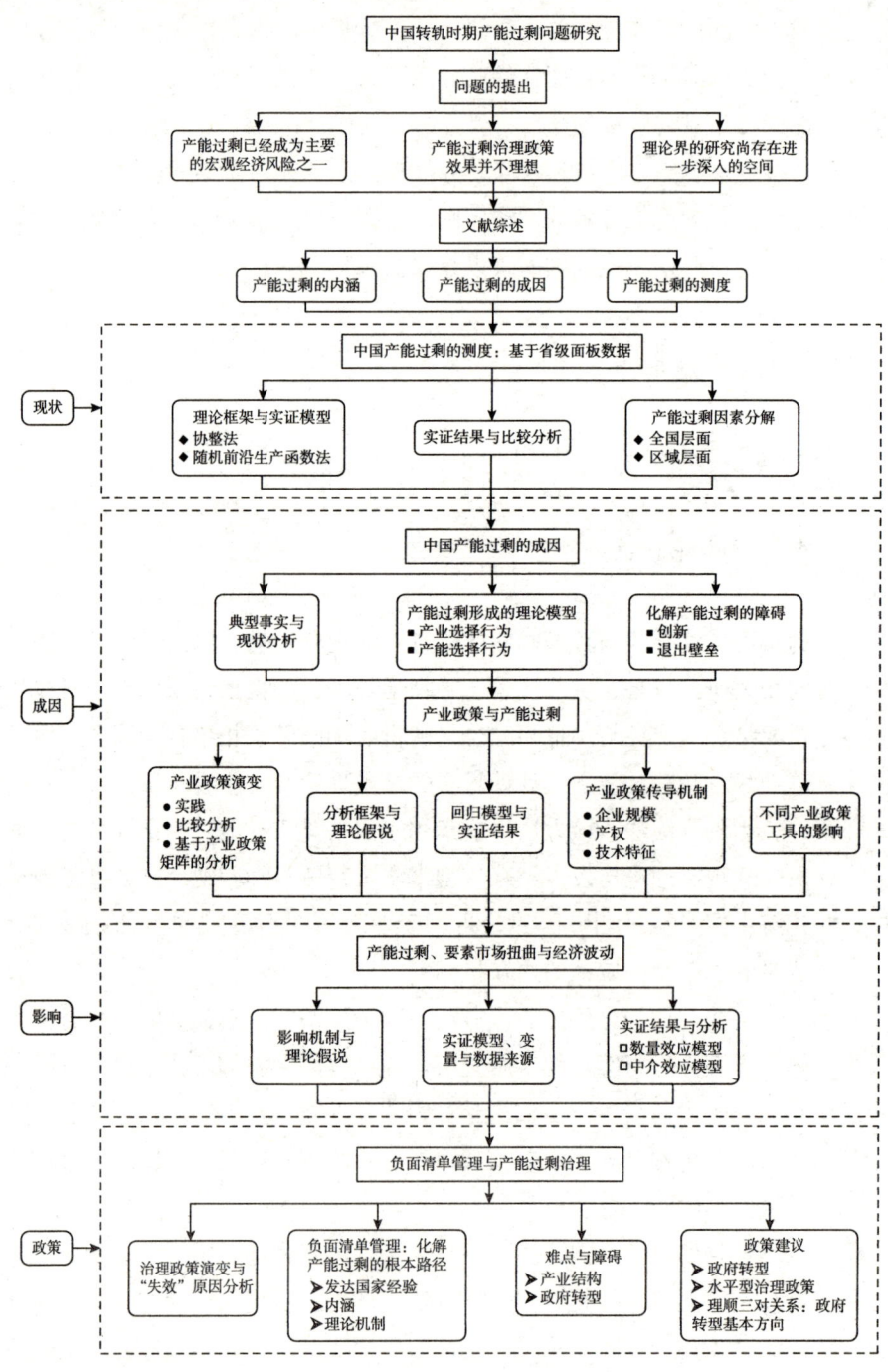

- 治理政策演变与"失效"原因分析
- 负面清单管理：化解产能过剩的根本路径
  - ▶ 发达国家经验
  - ▶ 内涵
  - ▶ 理论机制
- 难点与障碍
  - ▶ 产业结构
  - ▶ 政府转型
- 政策建议
  - ▶ 政府转型
  - ▶ 水平型治理政策
  - ▶ 理顺三对关系：政府转型基本方向

图1-4 本书技术路线图

第四，信息经济学方法。利用信息经济学理论进行建模已经成为经济学的主流数理研究方法。例如，本书使用该方法对中国过剩产能形成过程中企业产业选择行为进行了刻画和分析，并认为政府进行投资补贴会加大企业进入产业的概率，进而诱使后续企业不断进入。

第五，博弈论方法。目前，该方法在产业组织理论（NIO）中已经得到了广泛的运用。例如，本书将中国过剩产能形成过程中企业的产能选择行为看成是一个序贯博弈的过程，并通过逆向归纳法求出企业的最优产能条件，从而得出企业倾向于维持过剩产能的基本结论。

1.4 可能的创新与不足

1.4.1 可能的创新

本书可能的创新主要有以下几点：

第一，从方法创新角度来看，本书除了理论分析外，还深入开展了大量的实证研究，使论证更加严谨、科学、可靠。综合运用了协整法以及随机前沿生产函数法对我国各地区制造业的产能利用率进行了测度，并通过制造业行业面板数据分析研究了产业政策与产能过剩、产能过剩与经济波动之间的关系。此外，还对影响产能过剩程度的不同因素进行了分解。

第二，从理论与数据创新角度来看，本书构建了一个吸纳分析框架，将我国转轨时期产能过剩的成因概括为以政府干预为主的"进入端和退出端控制"，即政府干预引起的集中进入以及退出障碍所致，进而通过实证研究重点剖析了产业政策对我国产能过剩的影响，突破了国内关于产能过剩成因研究的视角和论述。后续章节的研究基本采用了1999~2012年行业及省级面板数据，就掌握的资料看，一般的实证研究大多选择行业面板数据或单个行业的时间序列数据，很少将省级面板和行业面板数据结合起来进行研究。

第三，从观点创新角度来看，本书经过严密的理论推导和详细的实证分析后得出了一系列较为新颖的观点：（1）垂直型产业政策作为政府干预的主要抓手是导致中国产能过剩形成且"久治不愈"的重要原因；（2）产能过剩会由于企业的数量调节直接引起经济波动或者通过要素市场扭曲的中介效应导致经济波动；（3）利用负面清单管理可能是治理中国体制性产能过剩的一种有效路径等。

1.4.2 不足之处

本书研究的不足应该包括：

第一，方法方面，本书对我国转轨时期产能过剩的成因侧重于分析体制因素，忽略了对经济周期、结构矛盾等因素的考察，现有的研究并非是在一个统一的数理模型框架中进行。

第二，数据方面，本书进行实证研究主要采用省级及行业的面板数据，缺乏对微观企业数据的搜集和实证分析，这也是下一步需要改进的地方。

第三，观点方面，由于产能过剩是一个极为复杂的世界级难题，欧美发达国家至今尚未能彻底解决，因此，本书对利用负面清单管理进行产能过剩治理的一些思路和政策建议仍需现实检验以及进一步调整、完善。

第二章

文 献 综 述

2.1 产能过剩的内涵界定

根据所掌握的资料，将产能过剩的内涵主要概括为两种观点，分别是：超额生产能力说以及供求失衡说。

2.1.1 超额生产能力说

经过文献梳理，发现几乎所有国外学者都将产能过剩定义为实际生产规模低于产能规模的现象，即超额生产能力说。争论的焦点主要集中在对产能规模的不同理解上。概括起来，主要有三种观点：第一种是物理产能。约翰森（Johansen，1968）首先提出并认为产能规模实际上是机器或者设备的最大生产能力，即在劳动力、原材料等可变投入可获得且无约束的情况下，给定机器等准固定投入的最大产出。威廉姆（Willianm，2007）也指出生产能力是一个作业单元满负荷生产时所能处理的最大限度。第二种是经济产能。卡斯尔斯（Cassels，1937）、希克曼（Hickman，1964）以及莫里森（Morrison，1985）等认为长期平均成本最小时的产出规模是最优生产规模，也是产能规模。而以克莱因（Klein，1960）、弗里德曼（Friedman，1963）为代表的学者则认为长期平均成本曲线和短期平均成本曲线的切点对应的生产规模才是最优生产规模。这两种经济产能解释的最大区别在于规模报酬因素的考量，尼尔森（Nelson，1989）比较了三种产能规模的大小，他认为，物理产能一般大于经济产能，当规模报酬不变时，两种经济产能相等；当规模报酬递增时，长期平均成本最小时的产能规模要大于长、短期平均成本曲线切点处对应的产能规模；而当规模报酬递减时，则相反。还有一种是可持续产能。卡洛和乔（Carol & Joe，1997）提出产能规模是可持续的实际产出，即在一个实际工作安排框架下给定产业中每个工厂可以保持的最大产出水平，而不是一些较高的不可持续的短期最大值。

以上三种观点中，经济产能由于被赋予了更加丰富的经济学内涵而占据了相对主流的地位。相对于卡斯尔斯等人的观点，克莱因等人在对经济产能的解释中加入了动态和相对因素，这对指导企业决策和进行理论研究无疑更有意义。

2.1.2 供求失衡说

国内对产能过剩的研究相对来说起步较晚，与国外流行的超额生产能力说相比，国内学者对产能过剩的认识有一定的差别。产能过剩经常作为重复建设、过度投资、过度竞争等的代名词出现。闻潜（2006）认为产能过剩表现在商品市场上就是销售疲弱，供给过剩。与之相似，张保全（2006）将产能过剩定义为实际生产能力超过社会需求，由此引发的产品积压、竞争加剧、价格下跌等现象。李江涛（2006）认为产能过剩是指在经济的周期性波动过程中，所出现的市场上产品实际生产能力大大超过了有效需求能力的状态。王岳平（2006）认为，只有当供过于求的产能数量超过维持市场良性竞争所必要的限度、企业以低于成本的价格进行竞争、供过于求的负面影响超过正面影响时，超出限度的生产能力才有可能是过剩的生产能力。综上，国内学者对产能过剩的界定可以概括为供求失衡说。这一解释与超额生产能力说的主要不同就在于前者侧重于产品过剩，而后者指的是生产能力过剩。王志伟（2010）对这两种过剩进行了讨论，他认为产能过剩应该是指生产能力而不是已经生产出来的产品超出当前市场需求。产能过剩可以在实际运转和生产过程完成后表现为大量产品过剩，也可以在产品没有增加销路但社会潜在需求可以或已经得到满足的情况下表现为现有企业生产能力闲置、机器设备闲置、开工不足、停产、关门等。

2.2 产能过剩的成因分析

国内外研究产能过剩成因的文献汗牛充栋，前人对产能过剩形成原因的分析主要可以归纳为三种观点，分别是：市场因素论、政府干预论以及市场因素与政府干预综合论。

2.2.1 市场因素论

在产能过剩这一概念提出之前，西方学者一般将非市场出清看作是产能过剩的代名词。与新古典经济理论不同的是，凯恩斯主义、新凯恩斯主义以及马克思经济危机理论均将非市场出清作为基础性假设。但原因各不相同，凯恩斯主义认为非市场出清主要源自于名义工资刚性，而新凯恩斯主义则认为工资和价格不是不可以调整，而是无法即时调整，工资和价格的黏性导致了非市场出清。马克思经济危机理论指出生产过剩是商品流通领域供求矛盾的直接表现，与生产、交换、消费以及社会经济制度密切相关。马克思认为，在生产方面，大工业生产方式具有一种跳跃式的扩张能力；在消费方面，资本有机构成的提高以及对抗性的分配关系使得有效需求相对缩小；在交换方面，商品和货币的矛盾可能造成供求脱节；但最终根源是生产社会化和生产资料资本主义私有之间的矛盾。

自提出伊始，产能过剩就与垄断竞争的市场结构紧密联系在一起。张伯伦（Chamberlin，1933）认为是垄断竞争造成了产能过剩，并且使其持续存在。[1] 德姆塞茨（Demsetz；1959，1964）对这一理论提出了质疑，他认为垄断竞争企业具有在平均成本曲线的最小点进行生产的可能性，故而过剩产

---

[1] 张伯伦认为在垄断竞争的市场结构中，厂商的需求曲线是负斜率的，在长期均衡时必然相切于平均成本的下降处，而在切点处选择价格和产量则会造成实际生产规模小于平均成本最低时对应的最优生产规模，从而形成过剩产能。

能将不复存在。他还批评张伯伦的分析只是研究了价格和产量之间的片面关系，忽略了利润最大化企业在不同产出水平下可能通过改变产品质量等移动需求曲线的努力。但德姆塞茨的观点遭到阿奇博尔德（Archibald, 1967）、巴泽尔（Barzel, 1970）、施马兰西（Schmalensee, 1972）等人的反驳，他们通过构建模型证明了垄断竞争企业不可能在平均成本最低处进行生产，过剩产能仍将长期存在的观点，这一看法在理论界也越来越占据了主流地位。哈恩（Hahn, 1955）进一步探讨了产能过剩与不完全竞争的关系，并指出向下倾斜的需求曲线并不是产能过剩出现的充分条件，长期需求如果低于短期需求也会导致长期出现产能过剩。除了理论分析，一部分学者还对产能过剩和市场结构进行了实证研究，具有代表性的结论如：埃斯波西托等人（Esposito et al., 1974）发现在需求增长期，偏向竞争的寡头垄断行业比偏向垄断的寡头垄断或完全竞争行业产生更多的过剩产能。曼等人（Mann et al., 1979）对此提出了异议，他们认为埃斯波西托等人并没有像声称的那样检验市场结构与长期产能过剩的关系，而是仅仅分析了市场结构与短期产能过剩的关系，高集中度行业的产能调整比竞争行业更快，而且除了市场结构，产能过剩可能还有其他一些影响变量。

现代微观经济理论对企业为什么愿意维持较高成本的过剩产能这一问题提出了多种可能的解释。被普遍接受的主要有两种解释：一是为了应对经济波动和需求变化的不确定性。古尔德（Gould, 1978）考察了包括库存和随机需求在内的理论模型，并认为张伯伦的理论成立，即产能过剩将长期存在。基于这样的理论假设，巴拉钱德兰等人（Balanchandran et al., 2007）构建了一个分析框架将导致企业维持过剩产能的动力分为不确定性效应和调整成本效应，其中，调整效应又被分解为瓶颈、实用以及预算效应，从而将维持过剩产能的成本从生产成本中分离出来，为企业管理决策提供了有用信息。布尔纳夫（Bourneuf, 1964）从实证角度论证了经济波动对产能过剩的影响，他利用1950~1961期间美国制造业的数据研究发现，与稳态增长率相比，产出增长的波动会导致更少的投资和更低的投资产出率，此外，即使产出增长率每年保持在4%~5%，也会使得过剩产能趋于增加并达到不切实际的水平。反过来，格林伍德等人（Greenwood et al., 1988）研究了投资冲击对经济周期的影响，其传导机制是通过产能利用率的变化影响劳动效率和均衡状态下的就业水平,从而影响经济波动。在这里产能过剩已成为经济周期变化的原因而非结果。当然,也有学者对产能过剩成因的这一解释提出了疑义,万尼和弗雷(Vany & Frey, 1982)就观察到了一个有意思的现象,20世纪80年代,美国的钢铁产业是典型的寡头垄断行业,但是该产业中同时存在产能过剩和订单积压的现象。这从一个侧面说明了企业维持过剩产能可能并不是为了应对经济波动和需求变化的不确定性。同样的,哈勒和奥尔(Haller & Orr, 1991)构建了一个包括产能过剩、库存和随机需求的动态模型,结果表明,需求冲击并不一定导致企业维持过剩产能,短期和长期的实际产出都可以超过平均成本最低时对应的产出水平。

二是作为进入壁垒阻止新企业进入。这方面的文献非常多,帕辛吉安(Pashigian, 1968)较早地提出了产能过剩可以被已建立的企业用来阻止进入的观点,他认为阻止进入有两大机制,分别是威胁采用更低的价格以及增加产出。尼达姆(Needham, 1969)也持有相同的观点,他并没有明确指出过剩产能可以被用来恐吓潜在进入者,而是证明了西洛斯(Sylos)假设①的无效性,即如果发生新企业进入,已建立的企业很可能增加产出。文德斯(Wenders, 1971)研究了过剩产能怎样通过威胁增加产出使得已建立的企业受益的问题,他认为只有在竞争性的产业当中,西洛斯假设才会成立。当垄断者面临潜在进入时,使用增加产出的方式的可能性必须是可信的,即只有当潜在的进入者相信垄断者这样行动是有利可图的,这种威胁才会可信。因此,垄断者往往采用限制价格的手段去使威胁可信。但是希尔克(Hilke, 1984)却认为即使过剩产能不能产生一个置信的威胁,它仍然能作为一个进入壁垒——通过改变潜在进入者的风险回报,使他们将投资转向其他产业。比洛等人(Bulow et al., 1985)研究发现,在纳什均衡情况下,如果有企业进入,那么在位企业能够通过之前建立的足够规模的产能保证零利润;如果没有企业进入,在位企业将通过限制产出来最大化利润,也就是保持过剩产能。考林(Cowling, 1983)分析了产能过剩阻止进入的价格机制,他认为过剩产能可以引起在位企业的串谋行为,从而通过降价威胁阻止新企业进入。戴维森和丹克瑞(Davidson & Deneckere, 1986)印证了这一结论,

---

① 西洛斯假设是即使新企业进入,原先的企业也会保持它们一开始的产出水平。

他们建立了一个寡头竞争模型,发现企业的产能决策在决定串谋程度上具有举足轻重的作用,在企业预先决定产能并通过价格进行竞争的情况下,串谋程度将与产能过剩呈现正相关关系。科曼和梅森(Kirman & Masson, 1986)将寡头垄断划分为"松"和"紧"两类,"松"寡头垄断行业经常出现价格战,趋向于建立更多的过剩产能,因此不能吸引潜在的进入者,而"紧"寡头垄断行业维持过剩产能则是为了表现出"松"寡头垄断特征,以阻止进入。巴勒姆和威尔(Barham & Ware, 1993)利用一个具有里昂惕夫成本特征的序贯进入博弈模型证明了在完美均衡状态下一些或所有企业都将保持过剩产能,因为先进入企业将获得一个大的市场份额,以抵消为阻止进入保持过剩产能的成本。张(Zhang, 1993)以劳动管理企业为研究对象,考察了迪克西特(Dixit)的进入阻止模型,并用工人剩余最大化替代利润最大化,结果显示,即使企业的边际收益随着竞争对手产出的增加而下降,但最佳反应函数仍有可能是正斜率,这种可能性表明在位企业将选择产能过剩作为完美均衡。榛名(Haruna, 1996)对此进行了扩展,他用一般性的规模报酬为常数的生产函数取代里昂惕夫生产函数,结果与张(1993)一样,劳动管理公司会采用产能过剩战略阻止进入。西森和小川(Nishimori & Ogawa, 2004)对不同类型的企业进行了分析,他们发现混合寡头市场中,私营企业,即以利润最大化为目标的企业将选择过剩产能作为战略措施,而国有企业,即不单纯追求利润的企业将选择产能不足。另外,还有一些学者研究了产能过剩作为进入壁垒的其他机制。鲍莫尔和维利希(Baumol & Willig, 1981)指出在位企业的过剩产能投资减少了二手设备市场,对新进入者来说将固定成本转变为沉没成本,从而提高了进入壁垒。谢勒和罗斯(Scherer & Ross, 1990)从生产配额的角度给出了解释,他们认为在卡特尔协议下,企业有扩张产能的冲动主要是因为生产配额与产能大小正相关。布拉特纳(Blattner, 1972)将研究从封闭经济拓展到开放经济,结果表明在开放经济条件下,企业依然存在产能过剩,而且比封闭经济时的过剩程度更大。因为,在开放经济模型中,国内企业的过剩产能被出口能力掩盖而不能完全显现,国际贸易成为国内垄断或者寡头垄断地位的稳定器。除了理论分析,过剩产能的进入壁垒作用也引发了实证研究者们的研究兴趣。马西斯和柯西恩斯基(Mathis & Koscianski, 1996)实证研究了美国钛金属行业产能过剩对进入可能性的影响，他们将产能过剩分为产能和生产两部分，并分别进行了估计，从而把在位企业抢占市场的行为与潜在的需求和生产的周期性影响分离开来，结果表明企业保持产能过剩主要是为了适应需求变化，但是确实产生了阻止进入的效果，产能扩张的期望水平将降低企业进入钛金属行业的可能性。从某种意义上讲，利用过剩产能形成进入壁垒很可能偏离利润最大化的目标。马（Ma，2005）以台湾的鲜花产业为样本，证实了在位企业之间存在协同效应，都会战略性采用过剩产能来减少其他企业的产出。但遗憾的是，多数实证研究的结果都不太支持进入壁垒作为产能过剩成因的解释。比较经典的文献如：梅森和沙南（Masson & Shaanan，1986）利用美国1954~1958期间26个制造业行业数据检验了价格限制和过剩产能对阻止进入的影响，以进入者的市场份额作为被解释变量，研究发现，价格限制对阻止进入有显著影响，而过剩产能作为进入壁垒是无效的。利伯曼（Lieberman，1987）利用logit模型分析了38个化学产品行业中过剩产能与进入的关系，结果显示，虽然样本中的企业显著存在过剩产能，但是大多数是为了适应需求变化和投资波动，在位企业很少建立过剩产能以先发制人的方式阻止进入，新进入者和已进入者表现出相似的投资行为。当然，这一结果并不能说明过剩产能不能阻止进入，而只能表明用过剩产能去阻止进入的情况很少而且并不完全有效。

除此之外，关于产能过剩的成因还有一些比较合理的解释，例如：施瓦兹（Schwartz，1984）利用一个简单的库存模型论证了公共事业行业保持产能过剩的经济理性，主要是出于对未来需求增长的预测以及建设成本的规模经济效应的考虑。温根-斯滕伯格（Ungern-Sternberg，1988）认为占主导地位的企业可能会利用产能过剩向上游（或下游）的企业保证它不会有投机行为，因为过剩产能的存在将使得它产生了沉没投资。同时，他也指出，如果过剩产能是因为这个原因而存在的话，将会导致福利的帕累托改进。石井俊（Jun Ishii，2011）用1999~2008美国石油和天然气开采企业的面板数据对企业维持产能过剩的动机进行了分析，包括为了应对不确定需求；企业努力避免成本的非凸性，如劳动的雇佣和解雇成本；对竞争对手的先发制人等。他认为过剩产能是有用的，不应该盲目谴责过剩产能危害产业健康，我们不应该希望通过产业整合来降低过剩产能，整合也许并不能使其大量减少。克罗蒂（Crotty，2013）从凯恩斯、熊彼特和马克思的视角分析了为什么全球市场会遭受长期的产能过剩的问题，他认为20世纪70年代末全球主要国家转向新自由主义政策，阻碍了世界经济的需求增长，加剧了企业全球竞争的强度。全球核心产业中企业的"强制竞争"，使其边际成本随着产业的增长反而保持不变甚至下降。低利润率行业中企业的退出不是"自由"的，由于退出会使资产价值遭受重大损失，它们往往转而订立寡头垄断协定；但在恶性竞争的全球环境中，企业的"强制投资"更加剧了产能过剩。总体而言，西方学者对产能过剩的成因普遍持有市场因素论的观点，国内学者从市场因素角度探寻产能过剩成因的成果不多。代表性的观点如：孙巍等（2008）提出了厂商应对宏观经济波动的要素窖藏行为假说，所谓要素窖藏行为是指面对跨期决策时，由于生产要素投入到形成生产能力是有一定滞后期的，因此宏观经济的波动与冲击会导致产能过剩的形成。这实际上是一种区别于以上主动过剩类型的被动过剩。他们还利用1992~2005分地区的工业数据对这一假说进行了检验，验证了窖藏效应的存在性。张新海等（2009）认为企业在投资决策过程中并非全知全能、完全理性的，存在有限理性行为，并利用双曲线贴现模型论证了由于存在认知偏差，企业会在经济过热时出现冲动投资，在经济处于低谷时拖延投资，最终形成产能过剩或产能不足的观点。林毅夫等（2010）构建了一个先建立产能、再进行市场竞争的动态架构，同时引入"行业内企业总数目不确知"因素，提出对其他企业和总量信息了解不足所导致的投资"潮涌"是我国产能过剩的重要成因。

2.2.2 政府干预论

政府干预对产能过剩形成的影响往往跟发展中国家、社会主义制度等特征密切相关。[1] 政府一般通过产业政策、贸易政策、价格政策等手段干预企业的生产运营。麦克法兰（McFarlane，1973）利用比较静态的分析方法研究了社会主义经济中产能过剩的形成，他将国民经济划分为生产投资品和消费品的两个部门，假定国民收入只由消费和投资组成，没有储蓄，模型分析

---

[1] 一个比较好的印证是，科尔奈（1986）开创性地提出软约束概念，并认为社会主义经济容易出现投资过热倾向。

得出结论：产能过剩是价格刚性和投资下降的结果。他还提出一系列化解产能过剩的对策，如社会主义企业可以通过将价格固定在一个更高的水平并且在获得利润之前付给工人额外工资的方式消除产能过剩；如果政府希望在生产消费品的部门减少投资的同时不减少消费且不增加产能过剩的程度，那么可以选择降低企业的税负；对企业的固定资产征税；引入过剩产能税；产品降价。科克利等人（Kirkley et al.，2003）观察到很多发展中国家的捕鱼产业都存在产能过剩的问题。他们以马来西亚的围网捕鱼业进行案例研究后发现，发展中国家经常实施追赶发展战略，即开放市场进入以刺激产能扩张，其目的主要是为了改善国民的健康、提高收入、充分就业、赚取外汇等。这种持续的产能扩张虽然促进了发展，但是监管机构和捕鱼者之间的委托——代理关系带来了信息不对称问题，增加了管理难度。布拉姆（Brahm，1995）分析得出了与科克利等人（2003）相类似的观点，他发现产能过剩、过度竞争往往更容易在高新技术产业领域出现，而政府的针对性政策很可能是导致这一结果的重要原因，因为各国政府往往会对具有战略性意义的产业进行积极干预，这类产业一般是具有规模经济效应和技术密集型特征，从而诱发集体过度投资。此外，贸易政策也是影响产能过剩形成的重要因素。斯蒂尔（Steel，1972）提出了进口替代是造成产能过剩的原因的重要观点，他以加纳为例，认为为了缓解外汇赤字，保持贸易平衡以及完善国内产业体系等，加纳实施了进口替代战略。在这一战略背景下，一方面供应商信用以及资本品的低关税刺激了制造业产能的迅速扩张，但是另一方面外汇管制以及市场规模较小也影响了原材料的进口，从而降低了产能利用效率，造成产能过剩。萨哈（Sahay，1990）指出发展中国家的投入品的进口配额导致了制造业的产能过剩，影响机制与进口替代基本一致，他还认为不论是完全竞争市场还是不完全竞争市场，用关税去替代进口配额可以提高产能利用率，这同时也能消除基于配额制度的寡头垄断企业的战略优势。目前，理论界还流行一个观点，就是发展中国家的出口补贴和产能过剩造成了发达国家相同行业的衰退。布劳尼根和威尔逊（Blonigen & Wilson，2010）利用美国钢铁业的数据检验了这一假说，在估计了发展中国家的出口补贴所产生的周期性产能过剩以及结构性产能过剩效应后，认为由于出口产品范围有限，这些效应并不可能是造成美国钢铁企业过去几十年衰退的显著因素。

简巴（Janeba，2000）从税收竞争的角度了分析了产能过剩的成因，他构建了这样一个分析框架，即一个跨国企业，在两个国家进行事前的产能投资，随后每个国家选择一个税率水平，最后企业决定产出规模。研究发现，如果只有一个国家，该企业事前可能就意识到了高税率，那么就不会投资；但是由于是两个国家，存在事后的杠杆作用，如果该企业相对于世界需求保持过剩产能，这就会诱发不同国家的在产能利用率方面的税收竞争，因为企业至少可以威胁提高另一国家的工厂的产能利用率。税收竞争导致税率的下降，如果产能成本足够低的话，那么初始进行的过剩产能投资就是合理的；而如果产能成本太高，那么企业将不会进行投资。

其实，资本主义国家的政府干预对企业的产能过剩也存在一定的影响，这种影响更多地体现在效率层面，而非形成层面。一般来讲，产能过剩与企业的投资行为有着千丝万缕的联系，贝茨和韦伯（Bates & Webb，1968）以国有电力供给产业为例考察了政府干预对企业投资的影响，他们指出政府的干预主要出自两方面考虑，一是从电力行业本身看，根据未来电力需求和满足需求方式的经济性评估投资计划是否合理；二是从宏观经济的整体看，投资计划对整体经济发展的影响如何。研究发现，虽然政府干预的目的是改善国有产业的投资效率，但是效果并不理想。盖莫沃特和纳尔波夫（Ghemawat & Nalebuff，1990）研究了产能过剩行业中政府干预对效率的影响，他们认为不同的竞争者的成本经常不同，而自由市场会导致技术无效率，分析政府具体的干预手段（如关税、财政补贴、税收以及整合并购）后，得出结论：关税对技术效率的影响明显是负面的；有针对性的补贴只有在直接面向最有效率的企业时才是有意义的，没有针对性的补贴只会使技术效率更低，但是一开始会提高分配效率；销售税和增值税对技术效率的影响为负，但是以牺牲分配效率为代价的，收入税既不影响技术效率也不影响分配效率；并购即使不能产生规模经济也可以提高技术效率，但是降低了分配效率。

由于我国转型时期特有的体制特征，国内学者对于政府干预对产能过剩形成的影响给予了更多的关注。不少文献将我国产能过剩的成因概括为集中进入产生的过度投资、分配扭曲造成的投资、消费失衡以及市场流通不畅导致的库存上升等几点，究其本质，实际上都是源自于政府的不当干预以及体制的不完善。针对我国在经济高位运行中产生、扩展和蔓延的产能过剩，闻潜（2006）认为产能过剩不仅具有影响全局的性质，而且也不是短期可以消失的，造成的直接原因是投资和消费的关系失调，深层次原因则是宏观调控缺乏系统的理性思考。周炼石（2007）持有相似的观点，他也认为宏观调控体系存在重大缺陷是造成我国产能过剩的重要原因，政策性缺陷在于，政策目标与工具不协调，依赖于公布限产目标，缺乏调控各种经济成分的公共政策工具，集权、分权政策适用不当，产业结构政策过度分权化等，但是他将多种经济成分大举投资局部行业，地方政府竭力推动看成是产能过剩的直接原因。陈明森（2006）突出了政府干预对产能过剩形成的作用，他认为在我国经济体制转轨时期出现的产能过剩问题是由多种因素决定的，它不仅是一种企业行为，而且也是一种政府行为。地方政府对增长速度和职位升迁的双重激励，引发地方政府与中央政府以及地方政府之间的博弈，并在产能过剩形成过程中起着推波助澜的作用。解决产能过剩问题，首先要改变地方政府的进入预期，使地方政府行为合理化。陈剩勇等（2013）则对政府干预的动机进行了深入分析，他们指出，产能过剩的中国特色及其形成机制，在于多年来全能型政府对市场和微观经济领域的强制性干预，以 GDP 增长为主要指标的政绩考核体系和与之相对应的官员升迁激励机制，以及历史传统中根深蒂固的地方本位主义传统。刘西顺（2006）运用企业共生、信贷配给理论，分析了我国产能过剩的成因，研究结果表明，我国 2006 年左右的产能过剩直接根源于过度投资和扭曲分配，间接增强于由信贷歧视所引发的企业共生系统的损害，而银行的流动性过剩则是信贷配给导致前两者的重要起因。虽然他并没有明确指出政府干预对产能过剩形成的影响，但是毫无疑问，不论是过度投资和扭曲分配，还是信贷歧视都存在政府"有形之手"的影子。王立国等（2012）以 2005～2008 年中国制造业 26 个行业上市公司和行业数据为样本，实证分析了地方政府干预对产能过剩影响过程中企业过度投资的中介作用。研究发现，地方政府的不当干预可以引发企业过度投资，进而造成产能过剩问题。耿强等（2011）提出了地方政府的政策性补贴，扭曲了要素市场价格，压低投资成本，最终形成产能过剩并影响经济波动的观点。江飞涛等（2012）对此进行了模型论证，他们认为中国的财政分权体制和以考核 GDP 增长为核心的政府官员政治晋升体制，使得地方政府具有强烈的动机干预企业投资和利用各种优惠政策招商引资，在体制扭曲背景下，地区对于投资的补贴性竞争才是导致产能过剩最为重要的原因。模型分析结果表明：地方政府低价供地等所导致的补贴效应，地方政府低价供地以及协调配套贷款等行为的影响下，企业自有投资过低所导致的严重风险外部化效应，扭曲了企业的投资行为，导致企业过度的产能投资、行业产能过剩。同样的，王立国等（2013）从内部成本外部化的视角，对我国体制性产能过剩的形成机理进行了研究，他们认为，目前，地方政府对经济干预的能力仍然极强，尤其是对要素市场的干预，这种干预能力造成了内部成本外部化现象，这使得原应由企业承担的一部分成本转嫁给了社会，从而降低了投资成本，加大了产能进入和扩张强度，造成产能过剩。王晓姝等（2012）则区分了中央政府和地方政府对产能过剩的影响，研究认为，中央政府和地方政府都重视经济发展，但中央政府关注经济发展的长期效应，而地方政府更多地关注经济的短期效应。中央政府通过产业政策等促进发展也会伴随投资过热、产能过剩等现象，但这种缺陷是由其干预职能本身造成的；晋升机制会导致地方过分关注经济总量而忽视优化结构均衡，从而诱发产能过剩，这是我国产能过剩的主要症结所在。

根据以上文献回顾，可知政府干预是影响我国产能过剩形成的重要因素，中央政府干预的主要动机是实现经济赶超，地方政府干预的主要动机则是地区竞争和晋升激励；转型时期的政府干预对产能过剩的形成主要有两方面影响，一方面是干预不当的影响，另一方面是具体措施的影响；政府干预的举措多样，导致其对产能过剩形成的传导机制也各不相同。

2.2.3　市场失灵与政府干预综合论

目前，对于我国转型时期产能过剩的成因更为流行、也更被广泛接受的解释观点是：市场因素和政府干预共同作用导致了产能过剩的形成。刘志彪等（2000）较早地观察到我国制造业存在产能过剩现象，研究认为，制造业生产能力的大幅度过剩主要是因为：企业对制造业的市场定位雷同，由此带来在同一技术水准下对同一行业的过度投资；国内制造业企业对研究开发和高技术的生产能力投入不足；国内制造业用户的买方行政垄断；制造企业衰退的程度不够，一部分低效率的制造企业没有退出和死亡；在衰退期间用户的价格预期得到强化，从而导致制造业产品价格持续下跌；各级政府在发展经济时深入广泛地推行"工业化工业"战略，以及不适当地利用了产业选择理论；某些制造业市场进入壁垒太低，同时在某些具有高进入壁垒的制造业中，地方政府利用行政权力突破进入壁垒的能力太强。刘志彪等人基本上全面归纳了我国制造业产能过剩形成的主要原因，随后的研究大体延续了这一思路。例如，周业樑等（2007）将我国产能过剩的形成原因总结为以下几点，分别是：预期；企业之间的模仿行为和竞争行为导致合成谬误；在位企业阻止潜在进入企业的进入壁垒；经济的周期性波动；行业和产品的生命周期成熟期；企业具有低成本扩大产能的能力；投资体制的不合理和政府参与产业投资的强烈冲动。这其实与刘志彪等人的观点本质上是一致的。李静等（2011）则对我国多个产业产能过剩的微观形成机制进行了模型分析，他们分离出了市场及政府对产能形成的微观影响因素，并对其在产能过剩形成过程中的作用机制和影响程度在统一框架下进行分析对比。结果表明：（1）产能过剩并不是市场失灵或体制缺陷单一作用的结果，二者在产能过剩形成过程中均发挥了重要的影响；（2）当前的部分产能调整政策由于限制了企业进入市场的时机，从而可能刺激企业盲目过度进入同一市场；（3）目前我国低水平重复建设的主要根源是企业在R&D过程中的囚徒困境博弈，而这一博弈结构同样受市场和政府的双重影响。这也部分论证了刘志彪等人的观点。陶忠元（2011）将产能过剩成因的研究拓展到了开放型经济条件下，他认为，国内投资膨胀与外资利用过度的互动以及国内外各主体消费的抑制或转型均可引发产能过剩；国际间要素流动与产业转移助推下的产业成熟期和产品标准化期的前移也会导致产能扩张超前；技术进步则会促进产出效率提高和规模扩大步伐的加快；而灾难和政策等非常性事件又会通过经济和心理传导诱发产能过剩的生成。

一些学者将研究进行了深化，他们从行业异质性的角度给出了产能过剩的形成原因。任可（2012）认为产能过剩的具体原因，不同的产业需要区别对待。钢铁等重工业过剩的原因是政府因素占主导地位，而光伏等新兴产业过剩的原因则是行业行为，即对市场形势产生了一定的误判，一拥而上，忽视了很多潜在的竞争者。相反，张晖明（2010）则认为钢铁、水泥等传统行业的过剩表现为国有企业原来在这一领域占有绝对份额，随着市场化进程，民营企业后续进入，民营资本之所以大量涌入，很大程度上源于这些行业在准入方面还未真正放开，产业内存在获取高额利润的机会，在这种背景下，容易形成产能过剩；新兴产业领域，民营经济占位在先，取得了相当大的份额，在国际金融危机背景下，地方政府的投资冲动激增，国有资本相对集中进入，因而出现过剩。韩秀云（2012）针对我国部分新能源产业出现了一定程度的产能过剩问题进行了深入探讨，研究发现导致这种瓶颈现象的因素既包括风电场建设与电网建设错配、电网配套能力不足、新能源价格未反映其正外部性、国外需求下降，也有我国新能源企业技术水平不高、各地政府在政绩驱动下对新能源过度投资等方面的原因。王立国（2012）在对铝工业产能过剩和重复建设的成因进行分析后，结论与韩秀云（2012）基本相同，即：一是地方政府助推，二是企业投资预期扭曲，三是有效市场竞争不足（比如：企业进入阶段的竞争不足，企业退出有悖于市场规律），四是政府干预缺陷降低政策执行效率，五是出口萎缩。

还有一部分学者从产能过剩的不同类型的角度给出成因解释。例如，李晓华（2013）指出国际金融危机后我国产能过剩的形成既有长期以来一直存在的深层次体制性原因，又是周期性原因和结构性原因叠加的结果。王立国等（2010）针对这三种不同类型的产能过剩分别进行了分析，并得出结论：（1）经济周期性产能过剩。由于受经济周期波动的影响，市场需求发展剧烈的变化，使得正常规模的投资形成的生产能力在经济衰退期变现为暂时的过剩。（2）结构性产能过剩。一方面，企业从自身可持续发展的角度考虑，将一部分产能"窖藏"起来，以应对未来总体经济波动的不确定性；另一方面，在位企业为阻止潜在企业进入而设置的一种进入壁垒。（3）体制性产能过剩。这是由目前我国市场经济体制不完善以及财政分权政策发展的过程中相应体制机制改革的滞后所导致产生的。周劲等（2011）则从另外的角度给出了结构性产能过剩和体制性产能过剩的成因解释：一是粗放的经济发展方式造成部分工业领域的"结构性产能过剩"，集中体现在经济增长高度依赖投资和自主创新能力不足等方面。二是不合理的体制机制和政策促成部分工业领域的"体制性产能过剩"，比如不科学的财税体制和政绩考核体制，助推了投资过度膨胀；不完善的企业产权和管理制度，弱化了市场信号的作用；不健全的资源要素市场和环境、安全监督体系，扭曲了企业经营成本；不完善的产业政策和信息统计发布体系，不利于产业有效进入与退出；不合理的收入分配体制，间接加大了产能过剩的压力等。张新海（2010）认为我国产能过剩主要有两种类型：一是需求萎缩型产能过剩，主要是由于工业品的国内外市场发生突然变化，市场需求急剧减少所导致；二是投资过度型产能过剩，重要原因是企业所掌握的信息不完备、不准确、不对称，产生企业的集中投资。而白江涛（2013）则将我国产能过剩划分为低水平的结构性过剩、盲目投资型过剩以及低集中度粗放型过剩三类，并指出产能过剩既与工业本身的技术经济特征有关，也与宏观经济发展有关，还与地方政府的行为有关。具体来讲，低水平的结构性过剩与研究经费投入严重不足、研发能力不强密切相关；盲目投资型过剩与投资潮涌有关；低集中度粗放型过剩与地方中小企业固定资产投资高速增长有关。

此外，一些学者侧重产能过剩某一方面或不同阶段的成因进行了重点剖析。殷保达（2012）通过对比20世纪90年代中期以后我国与第二次世界大战后三十多年间的日本的产能过剩，发现产能过剩与以下两点直接相关：一是整个国家处于快速发展的工业化后期；二是市场发育度低，导致市场对供求的调节能力有限。钟伟（2013）认为产能过剩虽然在很大程度上是由于我国现行的税制使地方政府有扩张产能、从生产和流转环节获得税收资源的冲动，同时企业利用杠杆不断扩张，但是真正根源是创新不足。王立国等（2012）的研究与此形成了良好印证，研究表明，在产能过剩的形成阶段，技术水平落后会影响市场的投资决策，引发和加剧重复建设，最终导致产能过剩；在产能过剩的治理阶段，技术水平落后会阻碍产业结构调整和企业产品出口，主要表现在因为技术水平低下形成落后产能淘汰障碍和产品"走出去"障碍，两者都会减缓过剩产能释放的过程，形成大量闲置产能。何记东等（2012）对产能过剩条件下的企业扩张行为进行了理论和实证分析，研究发现，在产能过剩的条件下企业仍然继续扩张的主要原因在于，一方面市场需求的持续增加激励企业不断扩大规模；另一方面，在产能过剩后，产业政策对企业生产规模的限定起到了反向激励作用，使企业规模不断扩张，从而使产能过剩不断加大。

2.3 产能过剩的测度理论与方法

由于对产能过剩内涵的理解尚存在争论，测度方法和结果自然也各不相同，关于产能过剩的测度也吸引了大批学者展开多样化的持续研究。根据产能过剩的定义，学者们普遍采用产能利用率（capacity utilization）指标来测度产能过剩程度，即实际产出与产能产出之比。通过测算产能利用率，我们可以：（1）决定生产条件的"紧"或"松"，并由此采取紧缩或者扩张的财政、货币政策；（2）评估投资产品未来的可能需求；（3）了解经济衰退或通胀压力；（4）分析并调整生产力增长情况。故而测算产能利用率长时间已成为理论研究和政策争论的焦点。

2.3.1 直接测度法

从现有文献来看，测算产能利用率的方法主要有两大类：一类是直接测度法。即通过企业调查直接得到产能利用率指标，例如20世纪50年代中期，麦格劳-希尔（McGraw-Hill）就是基于调查直接得出产能利用率，进而算出产能规模。这一结果也成为美国联邦储备委员会以及沃顿（Wharton）等机构测度产能利用率的基础。另外，美国经济分析局和人口普查局也分别于20世纪60年代和70年代开始发布通过调查得到的产能利用率季度以及年度序列数据。调查法一般多为像新西兰经济研究所（New Zealand Institute of Economic Research）、印度储备银行（Reserve Bank of India）等各国的中央银行、经济研究机构所采用。但是，由于调查方法需要大量的人力、物力和财力，同时每个被调查者对自己行为偏好和最优的解释存在不一致，因而，调查方法并未被理论界广泛讨论。

2.3.2 间接测度法

还有一类是间接测度法。间接测度法的一般思路是首先估算出产能规模，然后再通过公式 Y/Y* 进行测算。估算产能规模大体有以下几种方法（见图 2-1）：(1) 峰值法。克莱因（Klein，1960）指出产能规模是一段时间内产出水平的峰值，根据这一理解产生了用历史上某一年份的最高实际产出作为潜在产能的测算方法。美国著名的沃顿指数就是利用这一方法的计算得出，不同之处在于，沃顿定义的"峰"是单位资本存量所能实现的最大产出，不同的"峰"之间存在一定的线性趋势，因此，结合资本产出比（Y/K）并通过插值和推断可以估计出"峰"年的产能规模，进而得到产能利用率。但是沃顿方法无法测算资本部分的变化情况，因而缺乏对中长期产能利用率变化的考虑（Hertsberg et al., 1974；Schnader，1984）。之后，不少学者如巴拉德和罗伯茨（Ballard & Roberts，1977）、许（Hsu，2003）等也利用峰值法进行了实证研究，比如测算美国捕鱼业的产能利用率等。作为早期使用的一种方法，峰值法最大的缺陷在于无法确定所谓的"峰"是否是真正的物理或经济产能规模。(2) 生产函数法。克莱因和普雷斯顿（Klein & Preston，1967）提出了这一方法，即通过设定具体的生产函数形式，利用要素投入数据估计相关参数，从而拟合出产能产出的集合，也就是通常所说的生产前沿面，进而得出产能利用率。费舍尔（Fisher，1969）与克莱因等人的观点基本一致，他认为可以通过生产函数法估算潜在产出，这同时也是充分利用劳动、资本等生产要素所得到的最优产出。事实上，许多国际机构都采用了该方法来测算产能利用率，如 IMF、欧盟经济和金融事务机构等。生产函数法在 20 世纪六七十年代非常流行，但是这种方法至少面临着三大挑战：一是生产函数形式的确定；二是投入要素的种类及类型的区分；三是技术效率与统计噪声之间区别的辨识。(3) 利润函数法。这一方法遵循了企业决定产能利用率是追求利润最大化的基本假定。塞格松和斯奎尔斯（Segerson & Squires，1993）就利用利润函数法对美国太平洋沿岸海洋捕鱼产业的产能利用率以及配额限制对其的影响进行了实证分析，并认为产出配额会强烈刺激撤资。随着对偶理论的兴起，加上实证的便捷性，利润函数法逐渐被成本函数法所取代。(4) 成本函数法。这是目前为止运用非常广泛的一种方法，其逻辑起点是基于卡斯尔斯（1937）首先提出的经济产能的概念。伯恩特和莫里森（Berndt & Morrison，1981）提出了利用短期成本函数对产能利用率进行估计的方法，并认为在规模报酬不变的前提下，短期平均成本最低点对应的产出水平就是产能规模。相对于沃顿和美国联邦储备委员会的测算结果，成本函数法得出的产能利用率可能会大于1，这说明企业在短期平均成本最低点的右侧进行生产，因此政策含义就是增加降低平均成本的投资。莫里森（Morrison，1985）应用这一方法对美国汽车产业的产能利用率进行了测算。与单产品产业不同，塞格松和斯奎尔斯（Segerson & Squires，1988）采用超越对数成本函数形式对新英格兰地区的捕鱼产业这类多产品产业的产能利用率进行了测度。加罗法洛和马赫拉（Garofalo & Malhotra，1997）则从地区层面入手，利用成本函数法对1983~1990美国各个州的制造业产能利用率进行了估算，并得出西北中心、南大西洋、太平洋地区的产能利用水平高于国家平均水平，东北中心和西南中心地区则相反的结论。此外，李（Lee，1995）、切法和迪奇（Chaffai & Dietsch，1999）等许多学者都对该方法进行了深入研究。笔者认为，成本函数法最大的缺点在于成本函数形式的确定以及投入要素异质性的区分。（5）协整方法。为了避免具体函数形式设定的不科学，基于产能产出与资本存量之间存在长期的稳定关系这一重要假设（Hickman，1964；Shapiro，1986），谢赫和毛杜德（Shaikh & Moudud，2004）非常巧妙地提出了协整方法，并利用该方法对OECD国家的产能利用率进行了估算。协整方法虽然避开了函数设定的主观性，但是相对于生产函数法、利润函数法以及成本函数法忽略了一定的微观经济基础。（6）结构向量自回归（SVAR）法。这是近期被频繁讨论的一种新方法，该方法将产出分解为永久的趋势成分和暂时的周期成分，一般来讲，影响趋势成分的冲击被认为是供给冲击，影响周期成分的冲击则被认为是需求冲击，而需求冲击决定了产能利用率。布兰查德和柯（Blanchard & Quah，1989）以及金等人（King et al.，1991）为利用SVAR法估计潜在产出做出了大量的基础性贡献。德加德斯和斯奥费迪斯（Dergiades & Tsoulfidis，2007）较早地采用这一技术进行了实证研究，他们认为在标准经济理论中产能利用率可以等同于实际投资与均衡投资之比，并利用利润、投资数据估计了14个欧盟国家的产能利用率。但是他们只考虑了单个生产要素——资本，而高度相关的数据序列源自于所有生产要素的综合。（7）数据包络（DEA）和随机前沿（SPF）分析法。这是两种非常相似的非参数估计方法，它们都是通过求解生产前沿面，估计出偏离生产前沿面的无效率部分。但是，相对于 SPF 方法，DEA 方法运用线性规划技术，不需要对函数形式进行事先假定，也不需要对参数估计的有效性、一致性等进行检验，只需要给定生产有效标准，从而找出生产前沿面上的相对有效点，因而，这是一种更加一般、柔性的方法。费尔等人（Fare et al.，1989）将基本的 DEA 模型扩展到产能利用率计算。随后，不少学者利用 DEA 方法开展了实证研究，例如，科克利（Kirkley et al.，2002；2003）、杜邦等人（Dupont et al.，2002）以及瑞德等人（Reid et al.，2003）对美国捕鱼产业的产能利用率进行了测算。赫拉利和卡莱（Helali & Kalai，2013）对 1961~2010 期间突尼斯制造业的产能利用率进行了估算。最近，产能利用率的 DEA 测算方法得到了进一步的改进和拓展，贡献主要来自于瑞（Ray）等人，他们 2005 年利用拓展后的 DEA 模型对 1970~2001 年美国所有的制造业行业进行了计算和分析，2013 年又将规模报酬因素引入模型。运用 SPF 方法进行产能利用水平分析的代表性文献主要有：梁（Leung，1998）、菲尔斯欧文（Felthoven，2002）、维斯瓦纳坦等（Viswanathan et al.，2003）、加西亚等

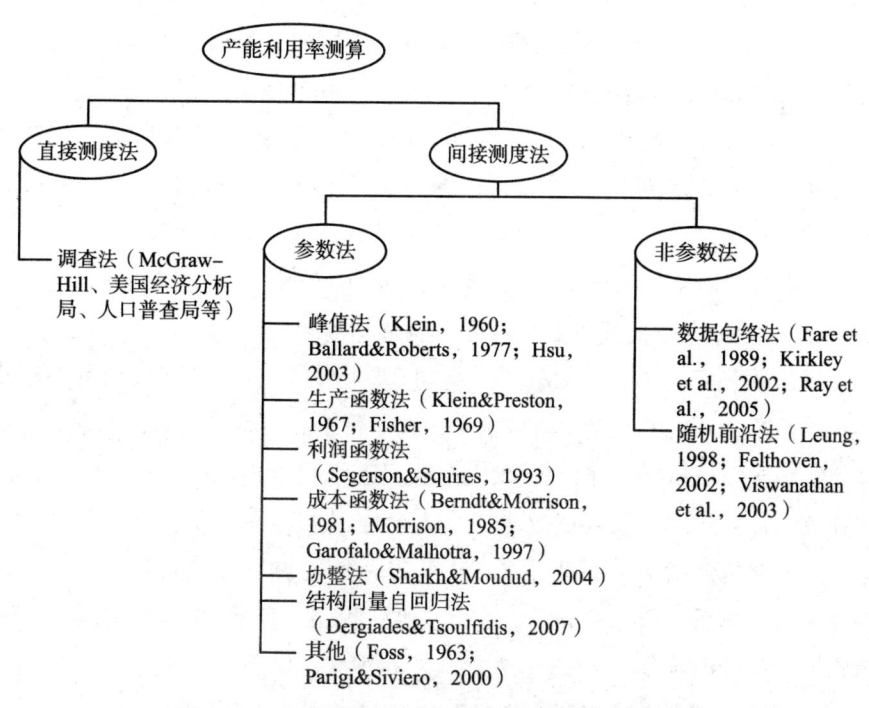

图 2-1 产能利用率的主要测算方法及代表性文献

(Garcia et al.，2005) 以及孔帕斯和车 (Kompas & Che, 2005) 等。但是，非参数方法的一个重要缺点在于无法证明相对有效点就是产能充分利用对应的点。除了以上提到的几种方法，还有一些曾经被使用过的测度方法，例如，福斯（Foss，1963）提出可以利用实际使用电量与最大可能用电量之比来近似代替产能利用率指标。帕里奇和西维耶罗（Parigi & Siviero，2000）通过构造投资函数并采用结构宏观计量的方法对意大利银行业的潜在产出以及产能利用率进行了估算。

2.3.3 国内的测算思路

国内学术界对产能过剩的测度思路主要有二：一是借鉴国外学者的方法对产能利用率进行估算。例如，郭庆旺等（2004）从宏观产能的角度，利用消除趋势法、增长率推算法以及生产函数法三种方法估算了我国1978~2002年间的潜在产出、产出缺口和潜在增长率。何彬（2008）运用非参数方法测算了我国1992~2005年各地区的产能过剩水平。孙巍等（2009）在使用成本函数法测度产能利用率的基础上，应用面板数据协整理论验证了产能利用水平和固定资产投资之间存在协整关系的结论。韩国高等（2011）利用成本函数法测度了我国重工业和轻工业28个行业1999~2008年的产能利用率，分析了波动特征，并证明了固定资产投资是产能过剩的直接原因。沈坤荣等（2012）设定了包含资本、劳动、能源三种生产要素在内的柯布——道格拉斯生产函数对我国35个工业行业的产能利用率进行了测度，并得出42.8%的行业存在不同程度产能过剩问题的结论。二是通过建立综合指标体系来衡量产能过剩程度。周劲（2007）提出了产能过剩的判断指标，包括产能利用率，企业存货水平，产品价格、资金利润率、企业亏损面等其他经济效益指标、非市场化因素等。随后，他与付保宗于2011年从经济效应、社会效应以及环境效应三个方面建立了产能过剩的判断和评价体系，共8个具体指标。刘晔等（2010）基于问卷调查方法提出了产能过剩的评估指标体系，指标共分供给能力、供需状况、经营状况、需求变动和在建产能五类。冯梅等（2013）选取产能利用率、销售利润变动率、价格指数变动率以及库存变动率四个指标利用综合指数法对我国1996~2012年钢铁产业的产能过剩程度进行了量化分析,并结合灰色系统理论对未来3年产能过剩情况进行预警。

2.4 简要述评

自从张伯伦于1933年在《垄断竞争理论》一书中提出产能过剩这一概念,西方学者随后进行了广泛而深入的研究。大体沿着两条线索:一是从微观层面探讨产能过剩的战略决策、测度以及与规模经济、市场结构等的关系(Nishimori & Ogawa, 2004; Lieberman, 1987; Barzel, 1970; Berndt & Morrison, 1981; Wang & Zhu, 2007);二是从宏观层面分析产能过剩与经济周期、通货膨胀等的关系(Baylor, 2001; Dave, 2006; Greenwood et al., 1988)。

总的来看,虽然国内外学者对产能过剩的理解存在一定的区别,但是超额生产能力说和供求失衡论两种观点也体现出密切的联系,因为在市场经济条件下,供给的过剩必然导致企业降低产能利用水平,闲置一部分机器设备,减少产出。虽然在我国可能存在政府干预或体制扭曲影响企业自主决定产能利用率的情况,但是从一般意义上讲,通过测算产能利用率指标,同时辅助一些其他经济指标来评价产能过剩程度依然是比较合理的。

已有的研究成果为我们的深入探讨打下了良好的基础,但是仍存在一些不足亟待完善:第一,现有的文献,尤其是国内文献,对产能过剩成因的分析偏逻辑论证的较多,而模型解释不足;第二,大多数文献并没有将我国的产能过剩看成一个动态过程,仅仅单独分析了企业的投资进入环节或生产经营环节或退出环节,缺乏一个统一的动态分析框架;第三,缺少对市场因素和政府干预对产能过剩影响程度的定量分析。

第三章

中国产能过剩的测度及影响因素分解

3.1 引 言

目前,产能过剩已经成为中国产业发展的"痼疾"。从传统的钢铁、水泥等支柱产业,到光伏、风电等代表未来产业发展方向的新兴产业,中国产能过剩范围之广、程度之深,已经严重影响到中国经济的健康运行。2000年以来,国家出台了一系列政策举措力求化解产能过剩矛盾,比如《关于抑制部门行业产能过剩和重复建设引导产业健康发展的若干意见》(国发〔2009〕38号)、《国务院关于进一步加强淘汰落后产能工作的通知》(国发〔2010〕7号)等,2013年又制定了《国务院关于化解产能严重过剩矛盾的指导意见》(国发〔2013〕41号),彰显了中央政府对产能过剩问题的关注和应对力度。但是,从以往政策的实施情况来看,效果并不显著,有的地区和行业甚至出现越淘汰越过剩的反常现象。

形成这一困局的重要原因之一便是大量的关于产能过剩的研究主要集中在运用定性的方法分析其成因及治理政策,由于缺乏准确、客观地对产能过剩程度进行测算和影响因素分解,很难更有针对性地"对症下药",从而也影响了产能过剩的治理效率。这就突显了产能过剩测度理论与方法的重要性,也使本章的研究更具理论和现实意义。

3.2 产能利用率的测度：理论框架与实证模型

产能利用率的测度方法各有优劣，从现有的相关文献来看，大多数文献都是采用了单一方法进行估算，虽然国外有一些文献对产能利用率的测算结果进行了对比，但大部分都是采用单一方法得出结果后再与官方或研究机构公布的数据进行比较分析，例如，德加德斯和斯奥费迪斯（2007）利用SVAR方法测度了欧盟14个国家的产能利用率，并与欧盟委员会经济和金融事务总局公布的数据进行了对比。小部分采用多种方法对产能利用率进行测算比较的代表性文献如：马尔加里尼和帕尔迪索（Malgarini & Paradiso, 2010）运用未察成分法（Unobserved component method）、多变量未察成分法以及协整方法对意大利制造部门的产能利用率进行了测算和对比。不过这些方法都有一个共性缺点，即欠缺对产能利用率的微观经济基础的考虑。因此，本章拟采用侧重趋势分析的协整法和侧重微观主体分析的随机前沿生产函数法进行测算和对比分析。

3.2.1 协整方法

首先借鉴谢赫和毛杜德（2004）提出的估计产能产出的协整方法。该方法有一个基本假定，即产能产出与资本存量之间存在长期的稳定关系，因而，协整法自然而然成为估计产能产出的重要工具。S－M 理论框架始于一个恒等式，即式（3.1）。

$$Y(t) = (Y/Y^*) \cdot (Y^*/K) \cdot K \qquad (3.1)$$

其中 Y 表示制造业企业的实际产出，Y^* 表示产能产出或者潜在产出，K 表示制造业企业的资本存量。定义资本——产出比 $v = K/Y^*$，产能利用率 $u = Y/Y^*$，对式（3.1）两边取对数后可得：

$$\log Y(t) = \log K(t) - \log v(t) + \log u(t) \qquad (3.2)$$

由于 Shaikh 和 Moudud 假设长期实际产出将围绕产能规模上下波动，因此，实际产能利用率也将以期望的或正常的产能利用率为中心进行波动。从计量模型的角度来看,可以将 $\log u(t)$ 视为随机误差项。

$$\log u(t) = e_u(t) \tag{3.3}$$

另外,资本——产出比反映了一定时期的技术水平,该指标将随着技术的进步而不断变化。谢赫和毛杜德将技术进步分为自发的技术进步和资本积累导致的技术进步两类。令 g_v 表示资本——产出比的增长率,g_k 表示资本存量的增长率,将会得到:

$$g_v = b_1 + b_2 \cdot g_k \tag{3.4}$$

其中,b_1 代表了自发的技术进步,b_2 代表了资本积累导致的技术进步。对式(3.4)两边求积分,并加上随机扰动项,可得:

$$\log v(t) = b_0 + b_1 \cdot t + b_2 \cdot \log K(t) + e_v(t) \tag{3.5}$$

结合式(3.2)、(3.3)、(3.5),可以得出资本存量与产出的回归方程,即:

$$\log Y(t) = a_0 + a_1 \cdot t + a_2 \cdot \log K(t) + e(t) \tag{3.6}$$

其中,式(3.5)和式(3.6)系数之间的关系为:$a_0 = -b_0$,$a_1 = -b_1$,$a_2 = 1 - b_2$,随机误差项的关系为:$e(t) = e_u(t) - e_v(t)$。式(3.6)表明了 $\log Y(t)$ 与 $\log K(t)$ 存在协整关系,加上式(3.3)隐含的长期实际产出就是产能产出的经济含义,可以通过估计式(3.6)的系数得出 Y^*,从而算出产能利用率和资本产出比。

谢赫和毛杜德的构思很精巧,成功地回避了对具体函数形式设定的困境,同时也相对简化了计算过程。温斯顿(Winston,1974)和库尔兹(Kurz,1986)认为,资本存量与产能产出之间的协整关系其实也存在于劳动力供给与产能产出之间,只需要对式(3.1)做一些小小的变换就可以得到类似于式(3.6)的回归方程。马尔加里尼和帕尔迪索(2010)对 S - M 方法提出了修正,他们认为,自发技术进步对资本产出比的影响是非线性的,因此,在原回归模型中加入了时间趋势变量的二次项,即:

$$\log Y(t) = a_0 + a_1 \cdot t + a_2 \cdot t^2 + a_3 \cdot \log K(t) + e(t) \tag{3.7}$$

这样的修正使得计量模型可能更贴近经济现实,但由于我们的研究目的主要是通过拟合协整方程来测算产能产出而非自发技术进步对产出的影响,因此,本章的实证研究仍将以式(3.6)为计量模型进行估计、分析。

3.2.2 随机前沿生产函数法

为了使产能利用率的测算更符合其微观经济含义,即体现产能产出供给面的特征,还将选择另外一种方法——随机前沿生产函数法进行对比分析。相对于非参数方法,参数法可以进行结构、弹性等的分析,还可以对样本拟合度、稳定性等进行检验,因此,这里将采用参数方法对随机前沿生产函数进行研究。此外,该方法可以对残差项,即技术无效率进行分析,比广泛使用的传统生产函数法更接近于生产实际,很多学者等都利用随机前沿生产函数法进行了大量的实证研究。

3.2.2.1 随机前沿生产函数模型的一般形式

参照康巴哈卡(Kumbhakar,2000),随机前沿生产函数模型一般具有如下形式:

$$y_{it} = f(x_{it}, t)\exp(v_{it} - u_{it}) \tag{3.8}$$

其中,y_{it}表示i地区在t期的实际产出,x_{it}是投入向量,t为衡量技术进步的时间趋势变量,$u_{it} > 0$为技术无效率项,技术效率水平$TE_{it} = \exp(-u_{it})$代表实际产出对产能产出的偏离,v_{it}为随机误差项。对式(3.8)两边取对数后,可得到如下表述:

$$\ln y_{it} = \ln f(x_{it}, t) + v_{it} - u_{it} \tag{3.9}$$

其中,v_{it}作为随机误差项,服从独立、正态分布假设,u_{it}服从半正态分布,为非负随机变量,另外,令影响生产效率的外生变量向量为z_{it},可得技术无效率方程,如下:

$$u_{it} = z_{it}\delta \tag{3.10}$$

3.2.2.2 生产函数形式设定

与常用的柯布—道格拉斯生产函数、里昂惕夫生产函数、不变弹性生产函数等函数形式相比,超越对数生产函数不仅考虑了投入要素之间的替代效应和交互作用,而且还考虑了时间变化的影响,因而更具一般性,可以有效避免由函数形式导致的估计误差,因此,本章选取超越对数生产函数作为前沿生产函数的具体形式，即：

$$\ln y_{it} = a_0 + \sum_j a_j \ln x_{ijt} + a_t t + \frac{1}{2} \sum_j \sum_k a_{jk} \ln x_{ijt} \ln x_{ikt}$$
$$+ \frac{1}{2} a_{tt} t^2 + \sum_j a_{jt} \ln x_{ijt} t + \varepsilon_{it} \qquad (3.11)$$

其中，y_{it} 表示 i 地区在 t 期的实际产出，x_{ijt} 和 x_{ikt} 表示 i 地区在 t 期第 j、k 种要素投入，t 是时间趋势变量，表示技术进步，ε_{it} 是复合残差项，等于 $v_{it} - u_{it}$。由于本章的研究主要包括资本和劳动两种投入要素，因此式 (3.11) 可以简化为：

$$\ln y_{it} = a_0 + a_1 \ln K_{it} + a_2 \ln L_{it} + a_3 t + a_4 (\ln K_{it})^2 + a_5 (\ln L_{it})^2 + a_6 (\ln K_{it})(\ln L_{it})$$
$$+ a_7 (\ln K_{it}) t + a_8 (\ln L_{it}) t + a_9 t^2 + \varepsilon_{it} \qquad (3.12)$$

3.2.2.3 生产效率方程

这里的技术效率在一定程度上也反映了产能利用水平。盛朝迅（2013）将我国的产能过剩分为生产扩张型和需求约束型两类，并认为生产扩张型产能过剩是在市场饱和的情况下，由于逐利性和羊群效应，企业不断进入本已过剩的行业；需求约束型的产能过剩则是由于市场萎缩或经济周期波动导致的产能利用不足的现象。基于这样的认识，结合中国经济现实，本章在生产效率方程的估计中加入三方面外生变量，分别是市场化指标、政府干预程度以及经济周期因素，同时为了表示那些不随时间变化的地区特征可以引入地区哑变量或者分组估计。生产效率方程如下：

$$u_{it} = \beta_0 + \beta_1 mar_{it} + \beta_2 gov_{it} + \beta_3 cyc_{it} + \xi_{it} \qquad (3.13)$$

式 (3.13) 中，u_{it} 代表技术无效率水平，mar_{it} 表示市场化因素，gov_{it} 表示政府干预程度，cyc_{it} 表示经济周期影响，ξ_{it} 表示技术无效率方程的随机误差项，服从正态分布。

3.3 变量、数据与实证结果

资料显示，目前我国产能过剩主要集中在第二产业当中，因此，本章将采用协整法和随机前沿生产函数法对我国省级层面各地区工业产能利用率进行测算。

3.3.1 协整方法

3.3.1.1 变量、数据说明及统计性描述

本部分将对式（3.6）进行回归分析，该模型主要有一个解释变量两个被解释变量，分别是：总产出（output）、资本存量（capital）以及代表自发技术进步的时间趋势项（t）。此外，还包括随机扰动项和常数项。考虑数据的可得性，模型所使用的样本为2001~2011年中国按地区分组的规模以上工业企业的产出和资本的面板数据。由于西藏部分指标数据的缺失，为保证面板数据的平衡性，故研究对象包括除西藏以外的30个省级行政区。以下是工业总产出和资本存量的指标和数据说明。

（1）总产出。不少文献的产出指标选择工业增加值（干春晖、郑若谷，2009；王争、史晋川，2007），这里采用工业总产值作为产出指标的衡量。数据主要来自于《中国工业经济统计年鉴（2002~2012）》，其中，由于经济普查，未出版《中国工业经济统计年鉴（2005）》，2004年数据来自于《中国经济普查年鉴（2004）》。之所以选择工业总产值而非工业增加值作为产出指标，主要基于以下几个原因：第一，《中国工业经济统计年鉴》（2010~2012）缺乏分地区规模以上工业企业工业增加值的数据，《中国统计年鉴》（2010~2012）亦没有公布这一指标数据。若运用技术手段进行外推，则可能导致估计偏差。第二，从指标含义的角度来看，增加值是常住单位生产的物质产品和服务价值超过生产中所消耗的中间投入价值后的差额部分，而产能利用率衡量的是实际产出与产能产出之间的差距，因此，生产函数中的产出更偏重包括中间投入价值的总产值的含义。第三，工业总产值和总业增加值都是以货币价值反映工业部门一定时期内生产的最终成果，而且仔细比较2001~2008年两组序列数据发现，变动方式几乎始终保持一致，因此，本质上差别并不大。将历年各地区名义工业总产值按《中国统计年鉴》（2002~2012）中公布的分地区工业生产者出厂价格指数进行平减，得到以研究初始年2001为基期的各地区实际工业总产值。其中，海南省2001

年工业生产者出厂价格指数缺失，用商品零售价格指数来替代。然后，对各地区实际工业总产值取对数，得到回归模型中的因变量（lnoutput）。

（2）资本存量。资本存量的测算一直是理论界争论的热点，目前估算资本存量主要有两种方法，一是统计调查，二是成本加总。其中，成本加总由于较为简便，逐渐成为主流方法，一个典型代表就是1951年戈德史密斯（Godsmith）提出的永续盘存法。国内很多学者运用该方法对我国资本存量进行了估算，但是由于该方法需要对基期资本存量、投资流量、价格指数、折旧率等因素进行假定和处理，所以不同的处理方法可能会导致结果大相径庭。事实上，受统计数据的约束和限制以及转型期可能出现的引致折旧或投资出现重大波动的政策性变化，所以在我国运用永续盘存法的标准做法仍然十分困难。基于这样的认识，这里选择采用国家统计局工业统计司公布的调查数据，即《中国工业经济统计年鉴》（2002~2012）中各地区规模以上工业企业固定资产净值指标，其中，2011年各地区固定资产净值通过固定资产原值与累计折旧作差获得，2004年的数据来自于《中国经济普查年鉴》（2004）。利用固定资产净值作为资本存量的衡量指标也是学术界普遍采用的变通办法（刘培林，2005；吴延兵，2006；韩国高等，2011）。根据《中国统计年鉴》（2002~2012）中的分地区固定资产投资价格指数将历年各地区名义固定资产净值换算成以2001年为基期的各地区实际固定资产净值，进而通过取对数得到回归模型中的自变量（lncapital）。

（3）技术进步。依据大多数文献广泛采用的办法以及计量模型的设定，选择用时间趋势项t来代表自发的技术进步。

主要变量的统计性描述摘要见表3-1。

表3-1　　　　　　　　　　统计性描述

变量	观测数	均值	标准差	最小值	最大值
output	330	14257.12	19830.55	194.16	123087.40
capital	330	4773.00	4994.96	182.01	31082.77
lnoutput	330	8.77	1.35	5.27	11.72
lncapital	330	8.02	0.99	5.20	10.34
t	330	6.00	3.17	1.00	11.00

注：结果由Stata12软件计算得出。

3.3.1.2 面板单位根及协整检验

为了防止伪回归问题的出现,一般来讲,对于时间 T 大于 5 的面板数据都应首先验证其平稳性。考虑到样本容量不大,如果分地区对单个变量进行单位根检验效果可能并不好,很容易增加犯第Ⅱ类错误的概率(Pierse & Shell, 1995),而面板单位根检验可以通过充分利用截面信息提高其检验力度,因此,本小节将对两个变量 lnoutput、lncapital 及其一阶差分值进行面板单位根检验。为了保证检验结果的稳健性,采用了 LLC 检验、Breitung 检验、Harris – Tzavalis 检验、Hadri 检验以及 IPS 检验五种方法。其中,前四种方法假定每个个体自回归系数相同,而 IPS 检验假定每个个体自回归系数不同。LLC 检验、Breitung 检验、Harris – Tzavalis 检验以及 IPS 检验的原假设是含有单位根,而 Hadri 检验的原假设是不含有单位根。

表 3 – 2　　　　　　　　　面板数据的单位根检验

检验方法	水平值 lnoutput	水平值 lncapital	一阶差分值 Dlnoutput	一阶差分值 Dlncapital
LLC 检验	-4.1237 (0.0000)***	-0.2662 (0.3950)	-7.5769 (0.0000)***	-9.7390 (0.0000)***
HT 检验	0.9965 (1.0000)	1.0171 (1.0000)	-0.0602 (0.0000)***	0.0222 (0.0000)***
Breitung 检验	11.9865 (1.0000)	11.1179 (1.0000)	-6.3232 (0.0000)***	-6.2238 (0.0000)***
Hadri 检验	30.9691 (0.0000)***	30.6079 (0.0000)***	-0.7436 (0.7714)	0.7865 (0.2158)
IPS 检验	8.2432 (1.0000)	11.9718 (1.0000)	-5.3433 (0.0000)***	-5.1117 (0.0000)***

注:实证结果由 Stata12 软件计算得出;*** 表示在 1% 的显著水平上拒绝原假设;括号中的数据是该统计量的伴随概率。

结果显示,除了变量 lnoutput 的面板序列用 LLC 检验显示平稳外,所有检验方法得出结论基本一致,即变量 lnoutput 和 lncapital 的面板序列接受存在单位根假设,一阶差分后均接受平稳假设。由此可以得出结论:面板数据所有序列都是一阶单整的。对非对数形式的面板序列 output 和 capital 进行单位根检验后,发现结果与对数形式基本相似,这里就不再一一列出。

根据计量原则,对于面板模型,如果变量不平稳,进行回归分析之前有必要检验变量之间的协整关系以避免产生面板数据的伪回归问题。此外,从理论框架的角度来看,S－M方法的一个重要前提就是产能产出和资本存量之间存在长期的稳定关系。因此,还需要对变量lnoutput和lncapital进行协整检验,而所有序列均是I(1)过程的结果,也符合面板协整的前提。面板数据的协整检验方法主要有两类:一类是建立在Engle and Granger二步法检验基础上的面板协整检验,如Pedroni检验和Kao检验;另一类是建立在Johansen协整检验基础上的面板协整检验。为了保证结论的可靠性和稳健性,我们采用Pedroni检验、Kao检验以及Fisher检验三种方法来判断lnoutput和lncapital之间是否存在长期的均衡关系。其中,Pedroni检验和Kao检验的原假设是"不存在协整关系",滞后阶数由SIC准则确定;Fisher检验的原假设有两个,分别是0个协整向量和至少1个协整向量,选择序列有确定性趋势而协整方程只有截距的情况。利用EViews6.0得出检验结果,见表3-3。

表3-3　　　　　　　lnoutput 和 lncapital 面板协整检验结果

检验方法		统计检验量	P 值
Pedroni 检验	Panel v - Statistic	2.534269 ***	0.0056
	Panel rho - Statistic	-0.228014	0.4098
	Panel PP - Statistic	-2.217360 **	0.0133
	Panel ADF - Statistic	-5.213436 ***	0.0000
	Group rho - Statistic	1.926531	0.9730
	Group PP - Statistic	-2.473909 ***	0.0067
	Group ADF - Statistic	-7.105374 ***	0.0000
Kao 检验	ADF	-9.132205 ***	0.0000
Fisher 检验	0 个协整向量	Fisher 联合迹统计量	628.4 ***	0.0000
		Fisher 联合 λ - max 统计量	402.8 ***	0.0000
	至少1个协整向量	Fisher 联合迹统计量	70.19	0.1731
		Fisher 联合 λ - max 统计量	70.19	0.1731

注:***、** 分别表示在1%和5%的显著水平上拒绝原假设;Pedroni(1999、2004)构造的7个统计量中除了Panel v-stat 为右尾检验外,其余统计量均为左尾检验。

佩德罗尼（Pedroni, 1997）的蒙特卡洛模拟实验结果显示，对于大样本，所有 7 个统计量的检验效力都很好并且很稳定，但是对于小样本，Group ADF 和 Panel ADF 统计量是相对最有效力的。从表 3-3 的检验结果来看，除了 Panel rho 和 Group rho 两个统计量不显著外，其余 5 个统计量均在 1% 或 5% 的显著水平上拒绝不存在协整关系的原假设，由于研究样本属于小样本性质（N = 30，T = 11），因此，更看重 Group ADF 和 Panel ADF 统计量的显著性。Kao 检验和 Fisher 检验的结果也与 Pedroni 检验保持一致。所以，工业总产出和资本存量之间存在协整关系，可以直接进行回归分析。

3.3.1.3 面板模型实证结果

回归分析之前首先必须完成对面板模型形式的设定。面板数据模型一般可以分为混合模型、固定效应模型、随机效应模型、变系数模型四类。由于我国各省市在资源禀赋、经济结构、发展阶段及水平等方面存在明显的异质性，采用不变系数模型一方面无法很好地刻画解释变量的参数随截面或时间的不同而发生的变化，另一方面也会影响模型系数估计的有效性，从而导致各地区产能利用率测算的偏高或偏低。通过对样本数据进行协方差检验，拒绝了 H_1 "$b_1 = b_2 = \cdots = b_n$（系数相同，截距不同）" 和 H_2 "$a_1 = a_2 = \cdots = a_n, b_1 = b_2 = \cdots = b_n$ 系数相同，截距相同" 两个原假设，因此，这里考虑使用变系数模型，回归方程变为：

$$\ln output_{it} = \alpha_{0i} + \alpha_{1i} t + \alpha_{2i} \ln capital_{it} + \varepsilon_{it} \qquad (3.14)$$

其中，i 表示地区，t 表示时间。一般来讲，变系数模型分为随机影响和固定影响两类，如果把经济变量之间的关系，即回归系数看做随机变量，那么则属于随机影响变系数模型；如果把回归系数看做固定常数且随个体变化而变化，那么则属于固定影响变系数模型。随机影响变系数模型一般采用 FGLS 进行估计，而固定影响变系数模型一般采用 SUR 进行系统估计。

为了保证回归的稳健性、有效性，本章将给出随机影响和固定影响两种回归结果。

表3-4　　　　　　　　　　变系数面板模型回归结果

地区	解释变量					
	lncapital		t		constant	
	随机	固定	随机	固定	随机	固定
北京	0.936*** (5.37)	0.893*** (9.14)	0.037 (1.4)	0.041*** (2.69)	1.112 (0.89)	1.433** (2.04)
天津	0.014 (0.09)	-0.126* (-1.8)	0.202*** (8.18)	0.221*** (18.13)	7.667*** (6.8)	8.673*** (17.25)
河北	0.606*** (3.58)	0.312** (1.97)	0.172*** (5.56)	0.228*** (7.43)	3.344*** (2.61)	5.546*** (4.65)
山西	0.732*** (4.2)	0.403** (1.97)	0.175*** (5.45)	0.243*** (6.04)	1.734 (1.37)	4.053*** (2.77)
内蒙古	0.776*** (5.3)	0.576*** (4.72)	0.159*** (4.42)	0.211*** (6.72)	1.237 (1.29)	2.527*** (3.2)
辽宁	0.607*** (3.63)	0.646*** (5.79)	0.185*** (7.34)	0.182*** (10.47)	3.159*** (2.38)	2.84*** (3.19)
吉林	0.656*** (3.86)	0.785*** (6.73)	0.144*** (5.48)	0.125*** (6.85)	2.595** (2.19)	1.69*** (2.08)
黑龙江	0.446** (2.34)	0.191 (0.55)	0.181*** (6.38)	0.212*** (5.01)	4.073*** (2.92)	5.961** (2.32)
上海	0.714*** (4.07)	0.257 (1.43)	0.083*** (3.67)	0.132*** (6.08)	3.02** (2.16)	6.712*** (4.65)
江苏	0.808*** (6.2)	0.645*** (5.26)	0.076*** (2.75)	0.109*** (4.11)	2.561** (2.42)	3.893*** (3.9)
浙江	0.823*** (5.4)	0.616*** (5.05)	0.066** (2.36)	0.102*** (4.42)	2.38** (1.98)	4.02*** (4.18)
安徽	0.596*** (4.85)	0.486*** (5.04)	0.176*** (6.92)	0.199*** (9.85)	3.007*** (3.6)	3.754*** (5.74)
福建	-0.173 (-0.93)	-0.237* (-1.83)	0.244*** (8.61)	0.254*** (12.78)	9.088*** (6.82)	9.545*** (10.28)
江西	0.748*** (4.24)	0.526*** (5.46)	0.189*** (5.16)	0.24*** (10.92)	1.707 (1.52)	3.075*** (5.05)
山东	0.983*** (7.2)	0.98*** (6.99)	0.072*** (2.63)	0.072** (2.48)	0.929 (0.84)	0.953 (0.84)
河南	0.853*** (5.12)	0.681*** (6.04)	0.138*** (4.26)	0.174*** (7.32)	1.449 (1.16)	2.72*** (3.23)

续表

地区	解释变量					
	lncapital		t		constant	
	随机	固定	随机	固定	随机	固定
湖北	0.437 ** (2.45)	-0.008 (-0.08)	0.169 *** (5.15)	0.25 *** (11.58)	4.378 *** (3.3)	7.674 *** (10.01)
湖南	0.51 *** (3.36)	0.479 *** (10.17)	0.208 *** (6.92)	0.216 *** (19.57)	3.556 *** (3.43)	3.754 *** (11.61)
广东	0.544 *** (3.65)	-0.079 (-0.41)	0.115 *** (4.7)	0.211 *** (6.76)	4.822 *** (3.87)	10.075 *** (6.18)
广西	0.723 *** (4.34)	0.682 *** (9.3)	0.164 *** (5.31)	0.172 *** (11.64)	1.818 * (1.69)	2.072 *** (4.37)
海南	0.496 *** (3.08)	0.134 (1.16)	0.125 *** (4.23)	0.181 *** (8.37)	2.714 *** (3.36)	4.547 *** (7.89)
重庆	0.423 *** (4.26)	0.455 *** (9.06)	0.184 *** (10.07)	0.178 *** (18.6)	3.948 *** (6.31)	3.743 *** (11.82)
四川	0.451 *** (3.31)	0.457 *** (7.66)	0.201 *** (7.6)	0.201 *** (16.00)	4.07 *** (4.12)	4.017 *** (9.27)
贵州	0.478 ** (2.52)	0.49 *** (9.37)	0.167 *** (5.05)	0.165 *** (15.83)	3.225 *** (2.71)	3.147 *** (9.56)
云南	0.305 (1.46)	0.197 *** (5.88)	0.177 *** (4.74)	0.194 *** (17.16)	4.745 *** (3.44)	5.466 *** (23.79)
陕西	0.588 *** (2.94)	0.51 *** (4.13)	0.189 *** (5.23)	0.205 *** (8.77)	2.689 * (1.93)	3.222 *** (3.76)
甘肃	0.099 (0.46)	-0.507 *** (-12.79)	0.236 *** (6.23)	0.335 *** (22.32)	5.817 *** (4.18)	9.693 *** (35.96)
青海	0.525 *** (2.69)	-0.075 (-1.24)	0.195 *** (5.32)	0.304 *** (18.06)	1.877 * (1.69)	5.23 *** (14.88)
宁夏	0.424 ** (2.33)	0.186 *** (2.65)	0.189 *** (4.95)	0.237 *** (13.74)	2.95 *** (3.06)	4.194 *** (11.28)
新疆	0.463 ** (2.36)	0.131 *** (2.84)	0.209 *** (5.87)	0.277 *** (13.77)	3.274 ** (2.48)	5.406 *** (16.43)

注：***、**、* 分别表示在1%、5%和10%的水平上显著；括号内为该系数的 z 统计量。

在随机影响变系数模型的回归过程中，得到一个检验参数稳定性的 χ^2 统计量及其 p 值，强烈拒绝参数不变的原假设，再次证明了采用变系数模型的正确性。对比固定影响变系数模型和随机影响变系数模型的估计结果,大部分估计系数都比较接近。一般来说,究竟是使用固定影响模型还是随机影响模型主要取决于是否在个体特征基础上做出统计推断,如果是,则应该使用固定影响模型,反之则应使用随机影响模型。从经济现实考虑,由于区域发展不平衡是我国的重要国情,不同地区总产出与资本存量的关系理应随个体变化而变化,而且基本固定;从统计检验的角度来看,固定影响模型的结果无疑更加显著。因此,这里采用 SUR 系统估计的结果进行产能产出以及产能利用率的估算和分析。表 3 - 4 的结果显示,绝大多数地区的资本与产出之间的关系均显著为正,只有天津、福建和甘肃例外,原因可能有三:一是存在一定的过剩资本,二是地区技术选择不具备比较优势,三是产业结构中劳动密集型或技术密集型产业占比较大。根据表 3 - 4 的数据,计算得出各地区 2001~2011 年的产能利用率。

表 3 - 5   2001~2011 年各地区工业产能利用率

地区	2001	2002	2003	2004	2005	2006	2007	2008	2009	2010	2011
北京	0.86	0.91	0.97	0.97	0.99	1.05	1.04	0.94	0.89	0.91	0.90
天津	1.01	0.96	0.83	0.99	1.02	1.04	0.995	0.997	1.04	0.88	0.94
河北	0.87	0.77	0.73	0.88	0.98	0.97	0.89	0.88	0.98	0.72	0.76
山西	0.90	0.80	0.82	0.99	1.1	1.12	1.02	0.93	0.92	0.75	0.78
内蒙古	1.03	0.94	0.90	1.06	0.99	1.06	1.02	1.00	1.12	0.911	0.94
辽宁	0.98	0.86	0.81	0.88	0.91	0.92	0.94	0.85	0.87	0.719	0.73
吉林	0.97	0.95	0.94	0.94	0.87	0.90	1.02	0.95	0.93	0.83	0.93
黑龙江	1.03	0.88	0.71	0.80	0.89	1.00	1.02	0.97	1.04	0.73	0.83
上海	0.89	0.89	0.94	1.05	1.03	1.06	1.10	1.07	0.93	0.89	0.86
江苏	0.75	0.77	0.76	0.81	0.79	0.82	0.86	0.82	0.77	0.69	0.73
浙江	0.89	0.94	0.93	0.95	0.95	0.98	1.07	0.99	0.85	0.81	0.84
安徽	0.96	0.90	0.83	0.88	0.93	0.91	0.95	0.90	0.81	0.92
福建	0.84	0.85	0.86	0.93	0.95	0.95	0.94	0.92	0.94	0.85	0.87
江西	1.03	0.94	0.83	0.89	0.90	1.00	1.16	0.99	1.00	0.82	0.91
山东	0.74	0.78	0.77	0.84	0.86	0.85	0.85	0.82	0.78	0.68	0.76
河南	1.04	0.93	0.88	0.91	0.99	1.01	1.16	1.04	0.95	0.82	0.87
湖北	1.20	1.05	0.85	0.81	0.82	0.83	0.84	0.92	0.97	0.91	0.94
湖南	1.02	0.93	0.85	0.88	0.95	0.93	0.98	0.99	0.97	0.82	0.89

续表

地区	2001	2002	2003	2004	2005	2006	2007	2008	2009	2010	2011
广东	0.92	0.89	0.89	0.96	0.97	1.01	1.02	0.97	0.93	0.84	0.76
广西	1.01	0.99	0.88	0.91	0.97	0.99	1.04	0.99	0.98	0.83	1.04
海南	0.95	0.94	0.95	0.91	0.82	0.85	1.08	0.98	0.89	0.72	0.73
重庆	0.93	0.90	0.91	0.94	0.88	0.87	0.92	0.91	0.91	0.83	0.92
四川	1.01	0.98	0.90	0.93	0.97	1.02	1.03	1.03	1.04	0.88	0.94
贵州	0.96	0.92	0.87	0.92	0.93	0.95	0.99	0.95	0.97	0.81	0.93
云南	0.97	0.91	0.82	0.85	0.94	0.99	1.03	0.99	0.97	0.74	0.81
陕西	1.07	0.95	0.87	0.97	0.94	0.99	1.09	1.02	1.04	0.91	0.84
甘肃	1.24	1.03	0.75	0.84	0.88	0.97	1.11	1.04	1.09	0.83	0.92
青海	1.20	0.97	0.78	0.88	0.96	1.05	1.16	1.16	1.10	0.86	0.91
宁夏	1.03	0.81	0.77	0.92	0.95	0.95	0.99	0.92	0.97	0.79	0.81
新疆	1.19	0.96	0.72	0.85	0.98	1.10	1.23	1.14	1.20	0.70	0.89

注：根据回归结果计算得出。

对比发现，2001~2011年各地区工业产能利用率的波动情况与经济周期变化基本保持一致，2006年左右我国经济出现过热苗头，各地区的产能利用率也达到高位，2008年以来受国际金融危机的影响，几乎所有地区的产能利用率均显现出下降态势。对于产能过剩的评价，我国尚未公布官方的判断标准，国际上一般采用根据产能利用率进行经验判断的方式，即产能利用率的正常区间为79%~83%，低于79%则为产能过剩，高于90%则为产能不足。[①] 从表3.5的结果中，可以得出结论，（1）从总体上看，绝大多数地区的产能利用率基本稳定在85%~100%，依照这一指标我国并未出现地区层面的普遍过剩；（2）如果将最近两年产能利用率低于80%作为判断产能过剩的标准的话，目前可能存在产能过剩问题的省份有河北、山西、辽宁、江苏、山东以及海南，此外，广东近几年的产能利用率不断下降，2011年跌破80%，也应防止出现产能过剩风险；（3）依据回归结果，进一步测算各地区的资本产出比，结果与很多学者，如王友广等（2005）、赵志耘等

---

① 国内许多学者，如江源（2006）、韩国高等（2011）、沈坤荣等（2012）均利用这一标准进行产能过剩判断。

(2005)一致,即2001~2011各地区的资本产出比均呈现下降趋势,其中,河北、山西、辽宁、江苏、山东、广东的资本产出比最低,这一方面说明这些地区的技术选择具有一定的比较优势,另一方面也印证了在整体技术水平较低的情况下,这些地区容易出现产能过剩风险的观点。海南的产能利用率较低则可能是由2010年国际旅游岛利好急剧催生的房地产泡沫所导致。

3.3.2 随机前沿生产函数法

为了进行结果对比,验证结果的稳定性和可靠性,这里还将运用随机前沿生产函数法对式(3.12)进行回归分析。

3.3.2.1 变量、数据说明与统计性描述

(1)超越对数随机前沿生产函数模型变量。

式(3.12)中解释变量为总产出,被解释变量有九个,分别是资本、劳动、时间、资本的平方项、劳动的平方项、时间的平方项、资本和劳动的交互项、资本和时间的交互项以及劳动和时间的交互项,其核心解释变量有三个,为资本、劳动和时间。为了方便对比研究结果,使用与协整方法相同的样本数据,即总产出的样本数据为2001~2011年中国按地区分组的规模以上工业企业的工业总产值,剔除价格因素并取对数后,得到解释变量lny;资本的样本数据为各地区规模以上工业企业固定资产净值,剔除价格因素并取对数后,得到被解释变量lnK;时间为趋势变量,按年份分别赋值为1,2,3,…,11。劳动的衡量指标一般有两种选择:一是直接使用就业人员总数指标(王志刚等,2006;蒋萍等,2009);二是将就业人数与就业人员平均受教育年限等指标结合测算有效劳动力(王志平,2010)。此外,国外一些国家还使用工作时间来衡量劳动的投入量。出于数据的可得性和一致性考虑,选择各地区规模以上工业企业全部从业人员平均人数指标,取对数后得到解释变量lnL,样本数据来自《中国工业经济统计年鉴》(2002~2012),2004年数据来自于《中国经济普查年鉴》(2004)。

(2)生产效率方程变量。

式(3.13)中的被解释变量为技术无效率水平,即实际产出与最优产

出之间的距离，可以通过对超越对数随机前沿生产函数模型的估计得到。主要的解释变量有三个，分别是市场因素（mar）、政府干预程度（gov）以及经济周期（cyc）。其中，市场因素和政府干预程度属于供给冲击，而经济周期属于需求冲击。

市场因素。科尔奈（Kornai，1986）认为市场经济受需求约束，本身是一种过剩经济。在张伯伦等人那里产能过剩作为一种企业策略是与垄断竞争的市场结构密切相关的。国外学者普遍认为企业维持过剩产能主要有两个目的：一是应对经济波动和需求变化的不确定性（Balanchandran et al.，2007），二是作为进入壁垒防止新企业进入（Dixit，1980；Brander & Spencer，1983；Benoit & Krishna，1987；Horiba & Tsutsui，2000）。国内学者中，也有一种理解是产能过剩是市场失灵的产物，代表性的观点如林毅夫等（2007，2010）的"投资潮涌"论。因此，市场因素是影响我国产能过剩的重要因素，由于产能过剩归根结底是通过企业的投资、生产等行为来实现，所以这里的市场因素应主要表现为企业家才能。企业家才能主要是指企业家对市场机会做出判断和把握机会的能力。大多数文献对企业家才能的衡量主要采用抽样调查的形式，孙早、刘庆岩（2006）提出了一个使用官方正式公布的统计资料中教育、培训以及从业经验等指标来衡量的间接方法。本章借鉴这一方法，运用《中国统计年鉴》（2002~2012）中各地区按性别和受教育程度分的人口数据，计算了大专以上人口占6岁及6岁以上人口的比重，并将它作为解释变量mar。其中，2010年只公布了各地区每十万人拥有的各种受教育程度人口情况，用大专以上人口除以十万得到替代数据。

政府干预程度。与发达国家不同的是，我国的产能过剩除了市场因素导致的结构性过剩和周期性过剩，还存在体制性过剩。政府往往习惯于用产业规划去鼓励发展一类产业，用财政、税收、土地、行政审批等手段去诱导投资，这样做的后果是越是发展什么，什么越过剩。对于政府干预程度的测度，一般有宏观和微观两种思路，宏观层面包括：（1）多指标分析，不少学者采用政府干预指数来进行实证研究，王立国等（2012）从地方政府干预动机、干预能力和干预水平三个方面选取指标对地方政府的干预程度进行了测度。（2）单一指标分析，现有的文献主要选择地方财政一般预算收入与地区GDP之比作为衡量政府干预程度的变量（沈能等，2006；蒋萍等，

2009)，张璟等（2008）对此提出了不同看法，他们认为地方政府干预程度的高低与干预动机的大小正相关，而干预动机之一就是财政收支压力，因此应选取地方财政支出占当年财政收入的比重作为衡量指标。陆铭等（2011）指出测算政府干预程度还应该考虑政府的消费能力指标，即地方财政一般预算支出与地区 GDP 之比。微观层面的主要方法有：（1）使用国有公司实际控制人的级别来衡量；（2）用政府持有公司股份的方式来衡量；（3）使用以上指数的交互项来衡量。这实际上是将政府干预看成哑变量进行处理。由于本章研究一直使用的是宏观数据，同时笔者认为政府干预程度的测度应该更加侧重干预能力和干预水平，而非干预动机，因此沿用陆铭等（2011）提出的方法，用地方财政一般预算收入与地区 GDP 之比以及地方财政一般预算支出与地区 GDP 之比两个指标来衡量政府干预程度。数据来源为《中国统计年鉴》（2002~2012）。

经济周期。经济周期的现实表现其实是经济波动，经济波动一直也是理论界持续关注的焦点。经过对大量的实证文献进行梳理，早期经济波动的变量选取较多地使用地区生产总值的增长率指标，随着计量技术的演进，近期对经济波动变量的处理主要有两种方法：一是用 GDP 实际增速的标准差来表示，国内比较好的实证文献有：洪占卿等（2012）运用该方法对国际贸易水平、省级贸易潜力和经济波动三者之间的关系进行了研究。张少军（2013）用滚动标准差来度量经济波动，并分析了外包与经济波动之间的内在机制。二是对实际 GDP 的自然对数进行 HP 滤波或 BP 滤波处理。代表性文献如：邵军、徐康宁（2011）采用这一方法研究了转型期经济波动对我国生产率增长的影响。李强（2012）分析了产业结构变动是加剧还是抑制了经济波动。此外，还有一种处理方法是综合采用以上两种方法，首先利用 HP 滤波分解出实际 GDP 的趋势项，然后对滤波的残差项以一定的时间窗口取标准差。这里选择用两种方法来衡量经济波动：一种是选取 2001~2011 各地区 GDP 的实际增长率指标进行分析，数据来源为《中国统计年鉴》（2002~2012）；还有一种是采用 HP 滤波法进行处理，首先利用价格指数算出各地区实际 GDP，取自然对数后用 HP 滤波法分离出变量中的趋势部分，然后用实际 GDP 减去趋势部分即得到周期性波动部分，真实含义是 GDP 与其长期趋势部分相对偏离的百分比。数据来自于中经网－中国经济统计数据库。

此外，由于我国不同地区的差异非常显著，在估计生产效率方程时将分别采取了加入地区哑变量来控制那些观测不到，且不随时间变化的地区特征以及分组估计两种方法。我们将30个省市划分为东部地区（北京、天津、河北、辽宁、上海、江苏、浙江、福建、山东、广东、海南），中部地区（山西、吉林、黑龙江、安徽、江西、河南、湖北、湖南）以及西部地区（广西、内蒙古、重庆、四川、贵州、云南、陕西、甘肃、青海、宁夏、新疆）。

（3）重点变量的描述性统计。

主要变量的统计性描述见表3-6。

表3-6　　　　　　　　主要变量的统计性描述

变量		观测数	均值	标准差	最小值	最大值
lnL		330	5.0088	1.0609	2.4510	7.3576
mar		330	7.5416	5.1550	1.82836	33.9397
gov	igov	330	8.2556	2.6472	4.747175	18.4980
	ogov	330	17.8492	7.5693	7.670826	57.9171
cyc	rcyc	330	12.2855	2.3225	5.4	23.8
	hpcyc	330	-1.30e-06	2.4158	-8.3122	6.8635

注：结果由Stata12软件计算得出；igov表示地方财政一般预算收入与地区GDP之比，ogov表示地方财政一般预算支出与地区GDP之比，rcyc表示实际GDP增长率，hpcyc表示经HP滤波法处理后得到的周期性波动部分。在估计生产效率方程过程中，经济周期指标以hpcyc为主，政府干预指标以ogov为主。

3.3.2.2　超越对数生产函数的随机前沿模型估计

随机前沿模型的估计方法一般有两步法和一步法，由于两步法存在一定的计量问题，近期的文献主要采用一步的极大似然法估计出所有参数。但是这一观点仍充满争议，王志平（2010）研究发现，当影响经济效率的变量设置较少时，一步法的估计效果确实优于两步法，但当变量数目变多时，如果交叉项过多且统计上又不显著，两步法的估计效果更为显著。这里分别采用两步法和一步法进行初步回归后发现：（1）变量系数基本相差不大；（2）参数显著性基本一致，且多数变量，尤其是交互项的显著性检验无法通过；

(3) 对数似然函数值比较近似,且 LR 统计量均在 1% 的水平下显著;(4) 随机误差项中技术无效率的比重,即 $\gamma\left(\dfrac{\sigma_u^2}{\sigma_u^2+\sigma_v^2}\right)$ 均不显著为 0,两步法的结果更好,γ 接近于 1,说明实际产出偏离前沿产出主要是由生产无效率而非白噪声所引起,故采用随机前沿模型是正确的。为区分地区特征对生产函数的影响,本章还将:(1) 分东、中、西三大区域使用两步法估计超越对数生产函数;(2) 采用一步极大似然估计超越对数生产函数,并引入地区虚拟变量 D_1(东部为 1,其余地区为 0)、D_2(中部为 1,其余地区为 0)、D_3(西部为 1,其余地区为 0),估计结果详见表 3 - 7。

表 3 - 7　　　　超越对数生产函数的随机前沿估计

变量	全国 原始模型	全国 修正模型	东部 原始模型	东部 修正模型	中部 原始模型	中部 修正模型	西部 原始模型	西部 修正模型
$\ln K$	-0.736 (0.894)	-1.840*** (0.371)	0.364 (1.381)	-0.959** (0.432)	3.092 (1.946)	2.739*** (0.526)	-1.921 (1.237)	-2.212*** (0.641)
$\ln L$	0.865 (0.660)	1.722*** (0.199)	0.408 (1.085)	1.519*** (0.246)	-4.085** (1.935)	-3.091*** (1.016)	2.738*** (0.819)	2.891*** (0.378)
t	0.495*** (0.133)	0.644*** (0.060)	0.180 (0.168)	0.302*** (0.044)	0.215 (0.319)	0.193*** (0.012)	0.561*** (0.216)	0.618*** (0.094)
$(\ln K)^2$	0.025 (0.124)	0.188*** (0.026)	-0.105 (0.197)	0.100*** (0.025)	-0.399 (0.362)	-0.144*** (0.032)	0.299* (0.166)	0.335*** (0.061)
$(\ln L)^2$	-0.231*** (0.078)	-0.134*** (0.019)	-0.235* (0.132)	-0.093*** (0.018)	-0.044 (0.414)	0.347*** (0.095)	-0.010 (0.114)	
t^2	-0.003 (0.003)		-0.009*** (0.003)	-0.007*** (0.001)	-0.002 (0.007)		-0.001 (0.005)	
$(\ln K)t$	-0.022 (0.036)	-0.066*** (0.008)	0.040 (0.045)		0.047 (0.097)		-0.081 (0.054)	-0.095*** (0.015)
$(\ln L)t$	-0.034 (0.027)		-0.057* (0.035)	-0.023*** (0.007)	-0.072 (0.104)		0.047 (0.037)	0.054*** (0.010)
$(\ln K)(\ln L)$	0.253 (0.191)		0.342 (0.318)		0.677 (0.777)		-0.331 (0.252)	-0.369*** (0.056)
_cons	3.993** (1.709)	5.839*** (0.965)	2.115 (2.466)	4.235*** (1.133)	2.782 (4.938)	1.712 (2.094)	3.915 (2.551)	4.502*** (1.635)

续表

变量	全国		东部		中部		西部	
	原始模型	修正模型	原始模型	修正模型	原始模型	修正模型	原始模型	修正模型
残差项部分参数								
μ	0.216 (0.105)	0.240 (0.096)	-71.646 (843.180)	-6.740 (109.422)	-58.45 (1359.466)	-56.27 (510.513)	-6.814 (97.042)	-9.989 (144.952)
γ	0.615 (0.125)	0.584 (0.123)	0.998 (0.030)	0.976 (0.366)	0.995 (0.119)	0.994 (0.051)	0.964 (0.482)	0.975 (0.350)
对数似然函数值	143.11	142.18	78.09	77.50	64.28	63.38	71.24	71.19
Wald检验	14691.25***	14052.74***	9839.54***	9579.40***	6510.95***	6340.03***	7592.05***	7596.11***

注：两步法实证结果由 Stata12 软件计算得出；***、**、* 分别表示在 1%、5% 和 10% 的水平上显著；括号内为该系数的标准误。

结果表明，全国和东部、中部、西部的模型是非常显著的，但是其中一些解释变量，主要是交互项的显著程度不高，借鉴干春晖等（2009）的做法对这些显著度不高的解释变量进行修正，从而得到修正模型。在四大修正模型中，对数似然函数值和 LR 检验均表明模型非常显著，且各解释变量几乎都在 1% 的水平上显著。本章计算了不同层面的资本和劳动的平均产出弹性，发现我国不论是东部地区还是中西部地区均是典型的劳动要素投入型增长，与经济现实相吻合。

一步法估计了生产无效率方程（见表 3-8），结果显示：不论是原始模型还是修正模型，通过统计显著性检验的只有市场变量以及经济波动变量，两大变量与生产无效率均呈现负相关关系，符合理论预期，但是出人意料的是，在诸多文献中均显著的政府干预变量以及地区哑变量在研究中没能通过显著性检验，且 γ 的结果与两步法相比较不理想，因此，这里采用两步法得出的三大区域的超越对数生产函数来分别估算各地区的产能产出，进而得出产能利用率，见表 3-9。

表3-8　　　　　　随机前沿生产函数的一步极大似然估计

变量	全国	
超越对数生产函数	原始模型	修正模型
$\ln K$	-1.105 (0.703)	-1.065 *** (0.308)
$\ln L$	1.500 *** (0.498)	1.380 *** (0.140)
t	0.503 *** (0.111)	0.523 *** (0.053)
$(\ln K)^2$	0.152 (0.095)	0.125 *** (0.021)
$(\ln L)^2$	-0.048 *** (0.054)	-0.092 *** (0.013)
t^2	-0.003 (0.003)	
$(\ln K)t$	-0.046 (0.030)	-0.050 *** (0.007)
$(\ln L)t$	0.005 (0.021)	
$(\ln K)(\ln L)$	-0.078 (0.139)	
_cons	4.075 (1.330)	4.177 *** (0.815)
生产无效率方程		
mar	-0.012 * (0.007)	-0.016 ** (0.009)
hpcyc	-0.015 *** (0.005)	-0.012 ** (0.006)
ogov	0.001 (0.003)	0.000 (0.003)
D_1	-0.127 (0.502)	-0.233 (0.506)
D_2	0.120 (0.501)	0.162 (0.501)
D_3	0.189 (0.501)	0.231 (0.502)
_cons	0.182 (0.504)	0.160 (0.505)

续表

变量	全国	
超越对数生产函数残差项部分参数	原始模型	修正模型
σ^2	0.026 *** (0.003)	0.029 *** (0.003)
γ	0.076 (0.177)	0.203 (0.184)
对数似然函数值	136.221	132.958
LR	107.615 ***	103.104 ***

注：实证结果由 Frontier4.1 软件计算得出；***、**、* 分别表示在 1%、5% 和 10% 的水平上显著；括号内为该系数的标准误。

表 3–9　　2001~2011 年各地区产能利用率

地区	年份										
	2001	2002	2003	2004	2005	2006	2007	2008	2009	2010	2011
北京	1.04	0.97	0.96	0.92	0.89	0.90	0.85	0.75	0.72	0.71	0.72
天津	0.92	0.91	0.90	1.03	1.00	1.08	1.04	1.02	0.84	0.74	0.89
河北	0.61	0.58	0.58	0.72	0.82	0.85	0.84	0.88	0.93	0.79	0.92
辽宁	0.56	0.53	0.53	0.60	0.65	0.70	0.77	0.73	0.80	0.76	0.94
上海	1.04	1.00	1.01	0.95	0.86	0.85	0.89	0.87	0.70	0.76	0.83
江苏	0.99	0.98	0.93	0.89	0.84	0.84	0.87	0.80	0.75	0.71	0.80
浙江	1.01	0.98	0.89	0.81	0.78	0.78	0.86	0.82	0.69	0.73	0.83
福建	0.80	0.79	0.74	0.74	0.75	0.74	0.74	0.71	0.67	0.71	0.83
山东	0.81	0.80	0.77	0.82	0.85	0.85	0.87	0.86	0.84	0.78	0.94
广东	0.96	0.92	0.90	0.91	0.86	0.81	0.87	0.90	0.76	0.70	0.88
海南	0.99	0.87	0.95	0.95	0.82	0.84	1.10	1.04	0.99	0.86	0.99
山西	0.71	0.65	0.69	0.79	0.90	0.95	0.94	0.91	1.04	0.86	1.02
吉林	1.23	1.15	1.09	1.04	0.99	0.93	0.99	0.93	0.93	0.83	0.90
黑龙江	1.07	0.93	0.82	0.91	1.00	1.11	1.09	1.00	1.08	0.76	0.89
安徽	1.18	1.09	0.99	1.01	1.06	1.02	0.99	0.92	0.97	0.80	0.97
江西	1.02	0.97	0.88	0.95	0.93	1.03	1.20	0.99	1.09	0.88	1.04
河南	1.02	0.94	0.89	0.90	0.98	1.07	1.23	1.10	1.13	0.91	0.92
湖北	1.33	1.24	0.90	0.97	0.93	0.95	0.93	0.93	0.88	0.82	0.94
湖南	1.13	1.06	0.95	0.97	1.05	1.02	1.04	1.00	1.03	0.86	0.96
广西	1.01	0.99	0.85	0.86	0.92	0.96	1.05	1.00	1.04	0.89	1.22
内蒙古	0.82	0.76	0.76	0.87	0.80	0.86	0.83	0.79	0.90	0.80	0.92

续表

地区	年份										
	2001	2002	2003	2004	2005	2006	2007	2008	2009	2010	2011
重庆	1.16	1.09	1.04	1.02	0.93	0.91	0.93	0.87	0.89	0.84	0.99
四川	0.98	0.97	0.88	0.90	0.93	0.99	0.99	1.02	0.97	0.87	1.04
贵州	0.92	0.84	0.75	0.77	0.76	0.77	0.82	0.76	0.79	0.67	0.80
云南	1.14	1.09	0.97	1.01	1.05	1.00	0.97	0.95	0.83	0.64	0.77
陕西	0.88	0.79	0.73	0.81	0.80	0.86	0.98	0.95	1.02	0.98	0.91
甘肃	1.00	0.88	0.67	0.78	1.01	1.02	1.24	1.16	1.05	0.73	1.06
青海	0.99	0.92	0.74	0.83	0.94	1.03	1.12	1.16	1.00	0.74	0.99
宁夏	1.14	0.91	0.81	0.87	0.91	0.96	1.01	0.98	1.01	0.85	0.86
新疆	1.06	0.89	0.74	0.85	0.99	1.19	1.29	1.24	1.11	0.75	1.09

注：根据回归结果测算得出。

可以得知：(1) 大多数地区的产能利用率变动情况与经济周期基本一致，2006、2007 年左右出现相对高点，2008 年受国际金融危机的影响，产能利用率呈现明显的下降趋势，2010 年左右跌至谷底，2011 年有所回升；(2) 大多数地区的产能利用率相对稳定，东部地区的整体水平略低于中、西部地区，东部地区的变化幅度略高于中、西部地区，这与东部地区制造业比重以及市场经济发展水平总体高于中、西部地区等因素密切相关；(3) 东部地区产能利用率变化的经济周期特征不如中、西部地区明显，东部的大多数地区产能利用率整体上表现出一定的下降趋势；(4) 如果以 80% 左右为划分门槛，考察近几年各地区的产能利用率，目前可能存在产能过剩风险的地区有北京、辽宁、江苏、浙江、福建、贵州，主要集中在东部地区，全国范围的产能过剩似乎尚未出现。

3.3.3 结果比较与分析

比较协整方法以及随机前沿生产函数法估算出的 2001~2011 年各地区工业产能利用率，可以认为两种方法得出的结果是基本一致的。判断的依据主要有四：第一，各地区产能利用率的整体水平大体接近；第二，产能利用率的变化趋势均呈现出明显的经济周期特征；第三，东部地区的产能利用率均低于中西部地区；第四，目前可能存在产能过剩风险的地区均主要集中在东部地区。

需要指出的是，产能利用率指标仅仅衡量了微观企业的或主动或被动的生产决策行为，即实际生产规模与产能规模之间的距离，但是考虑到产能过剩在我国往往被更多地理解为重复建设、过度投资后导致的供求失衡，因此，只考察产能利用率指标肯定无法全面、准确地反映我国各地区的产能过剩情况。换句话说，产能利用率的下降可能是供给大大超过需求所造成的，但是反过来却不一定成立，而我们需要警惕的恰恰是供求过度失衡这类现象，所以，还必须综合比较企业存货水平以及其他经济效益指标等。这里选择库存变动率（见图3-1）、产品销售率（见图3-2）以及工业成本费用利润率（见图3-3）三个辅助指标考察近几年各地区产品销售以及企业盈利能力情况（见表3-10），其中，存货数据来自于各年《中国工业经济统计年鉴》，工业成本费用利润率以及产品销售率数据来自于各年《中国统计年鉴》。

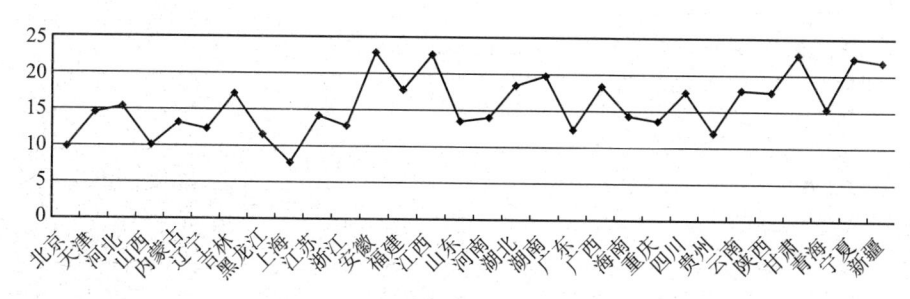

图3-1　2009~2011年各地区库存平均变动率（单位：%）

注：根据《中国工业经济统计年鉴》中存货数据算出库存变动率，再将2009~2011三年的库存变动率平均得出。

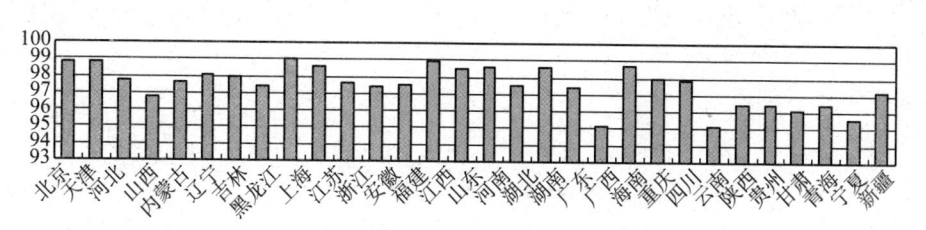

图3-2　2009~2011年各地区产品平均销售率（单位：%）

注：根据2009~2011各年产品销售率平均计算得出。

计算2005年以来各地区规模以上工业企业库存变动率，除2009年个别省份的库存变动率出现负值以外，其余年份所有地区均表现出库存增加的特征；大多数地区的库存变动率在2008年左右达到峰值，2006年投资过热带来的后遗症在后面几年逐渐凸显；几乎所有地区正经历着漫长的去库存化过程。从近三年各地区库存平均变动率来看，中西部地区的库存积累情况更加严重。进一步，计算2005年以来各地区规模以上工业企业产品销售率的变动率后，发现各地区工业企业的产品销售情况并不理想，大多数地区的大部分年份产品销售率呈现下降趋势，但是东部地区工业企业的产品销售情况明显好于中西部地区。以上指标反映的信息似乎与协整法以及随机前沿生产函数法得出的产能利用率信息有所矛盾，一个相对合理的解释是，虽然中西部地区工业企业的销售和去库存情况不如东部地区，但是产品销售率仍然处于95%以上，去库存化正在好转，加上一些非市场的外部因素影响，如政府的财政、税收优惠政策等，导致中西部地区工业企业的产能利用率高于东部地区。

表3-10　　2009~2011年东中西三大区域产品销售率及库存变动率　　单位：%

地区	产品销售率			库存变动率			工业成本费用利润率		
	2009	2010	2011	2009	2010	2011	2009	2010	2011
东部地区	98.13	98.22	98.38	3.72	23.30	13.11	6.95	8.25	6.79
中部地区	97.82	97.94	97.90	5.84	28.95	16.97	7.64	9.21	8.66
西部地区	96.12	96.96	96.52	8.35	24.98	19.86	8.97	11.47	11.18

注：根据2009~2011各地区产品销售率、库存变动率以及工业成本费用利润率平均计算得出。

为了得出确切的结论，进一步考察各地区工业企业的盈利情况，选择指标是工业成本费用利用率。

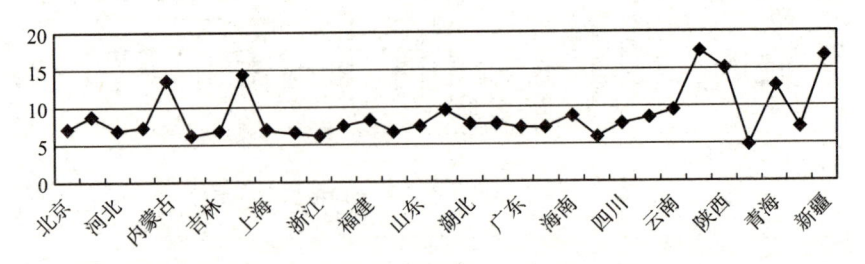

图3-3　2009~2011年各地区工业成本费用利润率（单位：%）

注：根据2009~2011各地区工业成本费用利润率平均计算得出。

结果显示，2009~2011年期间工业成本费用利润率偏低的地区基本都集中在东部，计算三大区域工业成本费用利润率后发现，东部地区的工业成本费用利润率明显低于中西部地区，也就是说东部地区工业企业的盈利能力不如中西部地区的工业企业，虽然这其中可能会有国家对中西部地区企业补贴较高，劳动力、土地成本较低等因素的影响，但这与产能利用率得出的结论是相吻合的。由于产能利用率指标的变化相对于企业库存以及经济效益等指标具有一定的滞后性，综合考虑三方面结果，笔者认为，我国的产能过剩风险可能正向全局蔓延。由此，可以将我国30个省区市（不含西藏）划分为三类（见表3-11）：第一类是确定性产能过剩，第二类是可能性产能过剩，第三类是潜藏产能过剩风险。主要判断依据依然是广泛采用的产能利用率评价指标，其中，确定性产能过剩指通过协整法和随机前沿生产函数法估算出的产能利用率均较低的省份或地区，可能性产能过剩指一种方法测算的产能利用率较低的省份或地区。之所以将其余类型归纳为潜藏产能过剩风险，主要是出于我国强势政府以及投资驱动的发展方式的考虑。我国政府习惯于根据自身偏好（如产值大、就业高等）用产业规划、产业政策等正面清单管理手段来诱导投资，鼓励产业发展，由于经济发展一定阶段的主导产业基本相同，各个地区的一哄而上必然导致产能过剩。所以，潜藏产能过剩风险与不过剩的界限也非常模糊。

表3-11　　　　　　　　我国三类产能过剩地区划分

过剩类型	地区
确定性产能过剩	江苏、辽宁
可能性产能过剩	河北、山西、山东、广东、浙江、福建、贵州、海南、北京
潜藏产能过剩风险及不过剩	天津、上海、吉林、黑龙江、河南、湖北、湖南、江西、安徽、内蒙古、广西、重庆、四川、云南、陕西、甘肃、青海、宁夏、新疆

以上结果值得我们对此保持足够的警惕，更何况单一的产能利用率指标无法全面、准确地反映出所有可能存在产能过剩矛盾或潜藏产能过剩风险的地区。就已掌握的结果进行分析，目前存在确定性产能过剩以及可能性产能过剩的地区主要有以下三大特征：一是工业，尤其是制造业占国民经济比重较高。资料显示，目前我国产能过剩主要集中在制造业领域，此外还包括一

些战略性新兴产业。国务院 2009 年的 38 号文曾经重点指出过九大产业需要抑制产能过剩和重复建设，分别是钢铁、水泥、平板玻璃、煤化工、多晶硅、风电设备、电解铝、造船、大豆压榨，其中制造业行业占了 2/3，随后的 2010 年 7 号文以及 2013 年 41 号文又再次提及相关产业。实际上，传统产业中大部分行业都存在产能过剩，根据国家统计局公布的数据，2013 年上半年全国工业产能利用率为 78%，是 2009 年四季度以来的最低点。很多学者也针对制造业不同行业的产能过剩问题进行了反复研究，如钢铁（江源，2006；江飞涛，2008；韩国高等，2012；白江涛，2013；陈剩勇等，2013；冯梅等，2013）、煤化工（杨智璇等，2011）、电解铝（王立国等，2012；张日旭，2012）等。确定性产能过剩和可能性产能过剩地区基本属于我国的制造业集聚地，单单江苏一个省的制造业总产值就占到全国的近 15%。

二是市场经济发展相对发达。市场经济是一种过剩经济，西方世界历次经济危机的根源几乎无一例外都是市场失灵导致的过度过剩。目前，我国存在确定性和可能性产能过剩的地区绝大多数都是市场经济发展相对发达的区域，给出的可能的解释是：第一，我国制造业产能形成的一个重大背景就是在全球产业转移浪潮和地方政府竞争的制度安排下，大量国内企业以廉价生产要素加入全球价值链（GVC），从事低端的生产制造环节。东部地区的率先开放以及区位优势使其成为承接发达国家制造业转移，发展加工贸易的排头兵。2008 年国际金融危机，使发达经济体陷入漫长的复苏，发达国家消费，资源性国家供给原料，新兴发展中国家生产这一原先的供求格局被打破，加上欧美一些国家开启再工业化过程，种种因素导致国际供求关系长期失衡，而我国外贸依存度较高、外向型经济发达的东部地区显然受冲击最大。第二，相对于国内其他地区，这些地区的市场发展环境较好，投资者方便获取一定的市场信息，加上地方政府的积极引导很容易吸引大量的投资。但是相对于国外发达的市场经济体，这些地区的发展还远未成熟，林毅夫等（2010）就认为我国的产能过剩更可能是投资层面的原因，发展中国家的企业很容易对下一个有前景的产业产生共识，投资上容易出现"潮涌现象"。第三，这些地区的市场机制相对完善，企业自主决策的能力较强，企业家可以根据市场信息很快调整产能利用率。例如，一旦发达地区的企业家捕捉到产品价格下跌或库存增加的信息就可以及时反应调整，而其他地区由于市场传导机制的受阻可能会反应滞后或者受地方政府干预等外部因素影响仍然维持较高的产能利用率。

三是政府的干预能力较强。我国财政分权体制以及以 GDP 为核心的政绩考核体制，使得地方政府有强烈动机利用各种优惠政策招商引资和干预企业投资，低价出让土地、弱化环境约束以及帮助获取金融资源成为地方政府吸引投资的重要手段。耿强（2011）提出了地方政府的政策性补贴，扭曲了要素市场价格，压低投资成本，从而形成产能过剩的重要观点。江飞涛等（2012）通过建立模型进一步论证了该观点，并认为在地方政府低价供地等所导致的补贴效应以及协调配套贷款等行为的影响下，企业自有投资过低导致严重的风险外部化效应，扭曲了企业的投资行为，出现了产能过剩。这一结论也与王立国等（2013）提出的内部成本外部化观点不谋而合。大量的研究政府干预的文献都将其分为干预动机、干预能力以及干预水平三个方面，干预动机主要来自于政治晋升压力和财政收支压力（张璟等，2008），在相同的体制安排下，各地政府的干预动机应相差不大，各地的差距主要体现在政府干预能力和干预水平上。政府干预水平是一个很难精准测度的变量，不少文献选用国有及国有控股工业总产值占行业工业总产值指标进行衡量，但这一度量并不全面，事实上，政府干预水平是在近似相同的干预动机下各地政府干预能力强弱的体现。因此，政府干预能力才是与产能过剩正相关的变量。毫无疑问，先发地区的政府掌控资源的数量和质量均明显要高于其他地区，故容易导致产能过剩的发生。

3.4 产能过剩影响因素分解

国内理论界通常将我国的产能过剩划分为三种类型，分别是周期性产能过剩、结构性产能过剩以及体制性产能过剩。所谓周期性产能过剩就是经济走向萧条或衰退时，需求冲击导致富余产能增加，达到一定程度就形成产能过剩。结构性产能过剩一般有两种理解：一种是在产业发展过程中，供给结构与需求结构不匹配造成富余产能，进而形成产能过剩；另一种是垄断竞争市场上在位企业为防止新厂商进入而故意形成的过剩产能。被更多地接受的主要是第一种理解，例如我们经常观察到钢铁、平板玻璃、造船等行业出现低端产能过剩，而高端产能不足的典型事实。体制性产能过剩是中国特有的一种产能过剩，它是转型时期，体制机制的不完善导致一些非市场因素直接或间接影响供求关系，从而形成产能过剩。目前，这一类产能过剩越来越被政界和学界的精英们关注并广泛讨论。为了分解出周期因素、结构因素以及体制因素对产能过剩的影响，建立以下计量模型：

$$cu_{it} = \beta_0 + \beta_1 mar_{it} + \beta_2 gov_{it} + \beta_3 cyc_{it} + u_i + \varepsilon_{it} \quad (3.15)$$

其中，cu_{it}代表产能过剩的程度，mar_{it}表示市场因素，gov_{it}表示政府干预因素，cyc_{it}表示经济周期因素，u_i表示不可观测的个体固定效应，ε_{it}表示随机误差项，服从正态分布。cu_{it}的数据来自于协整法得出的2001~2011年各地区工业产能利用率，该值越小表明过剩强度越强；mar_{it}、gov_{it}和cyc_{it}的选取指标和数据来源与上一部分技术效率方程的估计一致，分别是mar_{it}用各地区大专以上人口占6岁及6岁以上人口的比重来表示；gov_{it}选用地方财政一般预算收入与地区GDP之比（$igov_{it}$）以及地方财政一般预算支出与地区GDP之比（$ogov_{it}$）两个指标来表示；cyc_{it}采用两种方式进行度量，即各地区实际GDP的增长率（$rcyc_{it}$）以及HP滤波法趋势分离（$hpcyc_{it}$）。这里将分别从全国和区域两个层面进行回归分析。

3.4.1 全国层面

首先，从全国层面分解市场、政府干预以及经济周期三大因素对产能过剩程度的影响。第一步，进行初步回归，针对主体模型的不同形式分别采用混合回归、固定效应模型以及随机效应模型进行估计。所有方程的F检验均显示，拒绝个体效应为0的原假设，固定效应明显优于混合回归，随后采用Hausman检验发现在1%的显著性水平下拒绝接受原假设，表明应选择固定效应模型。

观察固定效应模型的回归结果，发现不同方程的很多解释变量均不显著，和理论推导结论大相径庭，推测可能是计量方法存在一定的问题。因为无法回避内生性问题，固定效应估计的一致性要求解释变量都是外生的，与误差项无关，但这里的解释变量可能存在严重的内生性问题，例如，政府干预变量就可能与产能利用率之间存在双向因果关系。为了解决这一问题，使用动态面板的 GMM 估计，并以两步系统 GMM 的计量结果作为最终的输出结果（见表 3–12）。

表 3–12　　　　　　　全国层面的产能过剩影响因素分解

解释变量	模型 1 cu	模型 2 cu	模型 3 cu	模型 4 cu	模型 5 cu	模型 6 cu
mar	-1.447*** (0.148)	-0.817*** (0.121)	-0.079 (0.059)	-0.410*** (0.065)	-1.447*** (0.227)	-0.797*** (0.179)
cyc	1.632*** (0.046)			1.565*** (0.055)	1.617*** (0.071)	
$hpcyc$		0.667*** (0.025)	0.699*** (0.030)			0.679*** (0.032)
$ogov$			-0.180*** (0.038)	-0.009 (0.049)	-0.155** (0.068)	-0.287*** (0.049)
$igov$	1.477*** (0.209)	0.766*** (0.134)			1.805*** (0.283)	1.253*** (0.249)
$L.cu$	0.425*** (0.017)	0.431*** (0.007)	0.456*** (0.006)	0.459*** (0.011)	0.418*** (0.016)	0.427*** (0.007)
$\_cons$	30.839*** (2.001)	52.025*** (0.945)	53.545*** (0.767)	32.836*** (1.493)	31.749*** (2.094)	53.223*** (1.177)
Wald 检验	5055.39 [0.0000]	5078.18 [0.0000]	14940.03 [0.0000]	21092.88 [0.0000]	4789.85 [0.0000]	5251.46 [0.0000]
Sargan test	29.289 [0.2520]	29.483 [0.2442]	29.678 [0.2366]	29.309 [0.2512]	29.05 [0.2618]	29.404 [0.2474]
观测值	300	300	300	300	300	300
地区数目	30	30	30	30	30	30

注：实证结果由 Stata12 软件计算得出；***、**、* 分别表示在 1%、5% 和 10% 的水平上显著；圆括号内为该系数的标准误；方括号内为 p 值。

（1）模型 1~6 的 Sargan 过度识别检验显示，无法拒绝"所有工具变量均有效"的原假设，因为 p 值均显著大于 0.1，这表明工具变量的设定具有一定的有效性。此外，误差项的二阶序列相关（AR(2)）检验结果也支持在 1% 的显著水平上，不存在二阶自相关的假设，且各模型均通过了 Wald 检验，说明了模型设定的合理性和稳健性。大多数解释变量的估计系数都比较接近，以模型 6 作为最终的计量结果。经济周期性因素对产能利用率的影响非常显著，且呈现出顺周期特征，即经济繁荣时，产能利用率提高，而经济萧条时，产能利用率下降，这一结论与理论分析及中国经济现实高度一致。当经济增长提高 1%，将导致产能利用率增加 0.679%。经过 30 多年的超高速增长之后，我国的发展战略逐渐由集中有限要素实现单兵突破的非均衡发展向"五位一体"的均衡发展转变，资源的均衡化使用必然会影响我们的积累和投资能力，从而使经济发展速度相对减速，并回归正常的发展序列。同时，原先依靠要素成本驱动的增长动力也发生了彻底改变，劳动力、能源、土地等过去偏低的要素价格正在被重估，人口红利以及低成本的模仿学习红利逐渐消失，如果不能通过要素生产率的提升消化成本上升趋势，中国经济将面临陷入"滞涨"的困境。因此，企业生产、投资决策适应宏观经济从超高速增长向中速增长转变将是一个漫长的过程，周期性的产能过剩极有可能长期存在，试图通过投资拉动增长以消化过剩产能的做法将不再有效。

（2）衡量市场发展水平的企业家能力指标与产能利用率之间存在明显的负相关关系，具体来看，企业家能力每提高 1%，产能利用率就下降 0.797%。这是非常令人困惑的一个结论，张新海等（2009）认为企业认知偏差是产能过剩的重要原因，因此企业家能力的提高，会大大增加企业对市场需求预判的准确性，从而降低结构性产能过剩的发生概率。事实上，企业家能力、市场发展水平等与产能利用率之间存在着多种作用机制。除此之外，至少还有：第一，在市场发展仍不完善的背景下，企业家素质、能力的少许提高，可能会使他们更容易对某些所谓前景产业形成共识，从而形成"投资潮涌"，出现产能过剩。第二，企业家能力的提高可能会使他们掌握更多的"市场武器"维护自身利益，比如某些在位企业为防止新企业进入会故意增加一些过剩产能。第三，企业家能力和市场发展水平的提高，会使得企业决策的自主性以及竞争程度进一步提高，而原先由于受政府干预往往不得不使产能利用率维持在一个较高的水平。

（3）财政一般预算支出与地区 GDP 之比指标与产能利用率之间存在明显的负相关关系，当财政一般预算支出与地区 GDP 之比提高 1%，产能利用率就下降 0.287%。财政一般预算支出与地区 GDP 之比代表了政府的消费能力，也在一定程度上反映了政府对经济的扭曲能力。耿强（2011）、江飞涛等（2012）提出的地区补贴性竞争是导致我国产能过剩问题的主要原因的观点对这一实证结果提供了有力支撑。这也很好地解释了为什么"政府发展啥，啥就一定会过剩"的中国式困境。因此，一个合理的政策建议就是，在当前产能过剩已经成为我国宏观经济重要风险之一的情况下，必须削弱地方政府对企业的干预能力。十八届三中全会明确指出要推动经济体制改革，处理好政府和市场的关系，使市场在资源配置中起决定性作用。新一届政府班子上台之后，致力于取消和下放行政审批权，主要涉及生产经营领域，并试点了负面清单的管理方式。种种现象表明，中央政府在化解产能过剩问题上已经切中肯綮。

（4）财政一般预算收入与地区 GDP 之比指标与产能利用率之间存在正相关关系，当财政一般预算收入与地区 GDP 之比增加 1%，产能利用率就提高 1.253%。财政一般预算收入与地区 GDP 之比也在某种程度上反映了政府干预能力，因为政府干预企业运营主要通过土地价格、财政补贴、税收优惠、环境约束等手段进行，其中，除财政补贴是支出干预外，其余均是收入干预。但是财政一般预算收入与地区 GDP 之比指标与政府干预能力之间的关系并不是简单的单调关系，该比值的下降或上升都有可能表示政府对经济干预程度的加强，例如，在地方竞争的制度背景下，如果政府通过减免税赋、低价出让土地等收入手段来干预企业运营必然导致该比值的下降，同时也会刺激企业投资，从而可能形成过剩产能，当然也有可能会促进企业生产，提高产能利用率，但是从各地区的情况来看，政府干预企业的投资环节更多一些，在生产环节企业决策的自主权相对更大。这就是为什么财政一般预算收入与地区 GDP 之比指标与产能利用率的关系跟财政一般预算支出与地区 GDP 之比指标完全相反的原因。

3.4.2 区域层面

由于我国经济发展不平衡，为了反映出各区域产能过剩影响因素分解的地区特征，进一步分东、中、西三大区域对方程（3.15）进行了回归，表 3-13 报告了各区域拟合程度和显著性最好的两个模型。模型 1~6 整体拟合效果良好，均通过了模型有效性检验——wald 检验，AR(2) 检验的结果也说明误差项不存在二阶自相关，同时 Sargan 检验的 p 值显著高于 0.1，说明不能拒绝工具变量有效性假设。比较东、中、西部不同模型的系数，发现均大体差不多，说明计量回归具有一定的稳健性，实证结果是可靠的。根据表 3-13 的结果以及前文的分析，主要以模型 1、模型 4 以及模型 5 作为最终的分析依据。

表 3-13　　　　　区域层面的产能过剩影响因素分解

解释变量	东部地区		中部地区		西部地区	
	模型 1 cu	模型 2 cu	模型 3 cu	模型 4 cu	模型 5 cu	模型 6 cu
mar	0.517 ** (0.240)	0.807 *** (0.263)	-4.593 *** (1.699)	-4.070 *** (1.370)	-5.976 ** (2.493)	-1.319 (0.852)
hpcyc	0.426 ** (0.205)	0.739 *** (0.212)	1.007 *** (0.255)	1.202 *** (0.357)	0.804 *** (0.180)	0.590 *** (0.139)
ogov	-1.553 *** (0.389)			2.099 ** (1.047)	0.939 ** (0.382)	
igov		-2.326 *** (0.485)	4.977 ** (2.205)		3.536 ** (1.607)	1.458 (0.918)
L.cu	0.706 *** (0.053)	0.772 *** (0.059)	0.319 *** (0.110)	0.313 *** (0.095)	-0.137 (0.224)	0.302 *** (0.032)
_cons	41.456 *** (7.426)	34.245 *** (8.483)	0	0	6.619 *** (17.623)	61.944 *** (2.213)
Wald 检验	658.37 [0.0000]	353.60 [0.0000]	850.69 [0.0000]	28.43 [0.0000]	272.60 [0.0000]	217.40 [0.0000]
Sargan test	9.260 [0.9317]	9.913 [0.9072]	7.760 [0.9714]	8.452 [0.9559]	6.680 [0.9873]	10.364 [0.8877]
观测值	110	110	80	80	110	110
地区数目	11	11	8	8	11	11

注：实证结果由 Stata12 软件计算得出；***、**、* 分别表示在 1%、5% 和 10% 的水平上显著；圆括号内为该系数的标准误；方括号内为 p 值。

(1) 对比市场因素对产能过剩的影响，发现三大区域具有明显的异质性。其中，东部地区的企业家才能对产能利用率的影响为正，中西部地区两者的关系为负。这一结果表明代表市场发展水平的企业家才能对产能利用率的影响是动态变化的。中西部地区市场基础相对薄弱，企业投资、生产决策很大程度上受政府偏好等非市场因素的影响，因此，企业家才能的提高可能会更多地导致企业决策自主性的增强、"投资潮涌"以及形成进入壁垒，从而降低产能利用率；而东部地区的市场经济发展水平相对较高，企业家才能的提高将更有助于增强企业决策的理性和降低认知偏差，从而减少产能过剩的出现。从影响程度来看，西部地区的影响程度最强，影响系数为5.976%，高于中部地区的4.070%以及东部地区的0.517%。这说明随着市场发育的逐步完善，企业家才能的提高对产能利用率的影响将趋于减小，结构性产能过剩的发生概率也将随之降低。

（2）经济波动对产能利用率的影响均显著为正，且东、中、西部经济波动对产能利用率的影响系数分别为0.426%、1.202%、0.804%。由此，可以得出这样几点结论：①我国不同区域的产能利用率均呈现出顺周期特征。林发彬（2010）研究我国的存货投资波动后发现，与西方国家顺周期特点不同的是，我国的存货投资波动表现出逆周期特征，这也从另一个角度印证了我们的观点。②中西部地区经济波动对产能利用率的影响程度远大于东部地区。前文利用随机前沿生产函数法估算各地区的产能利用率曾得出的结论——东部地区产能利用率变化的经济周期特征不如中、西部地区明显，东部的大多数地区产能利用率整体上表现出一定的下降趋势。以上两个观点高度一致，由于东部地区将率先进入中速增长轨道，经济的周期性波动也将逐步减小，加上东部地区的产能利用率普遍低于中西部地区，如何有效化解东部地区的产能过剩将显得更加复杂。

（3）进一步考察不同区域政府干预对产能利用率的影响，东部地区政府支出干预对产能利用率的影响显著为负，影响系数为1.553%；中西部地区政府支出干预对产能利用率的影响均显著为正，影响系数分别为2.099%、0.939%。这说明：①东部地区政府通过财政补贴等手段刺激企业投资极易导致产能过剩，这一结论也与耿强（2011）、江飞涛等（2012）的观点一致。②中西部地区的市场经济不发达，投资吸引力不如东部地区，加上区域间的市场壁垒，政府通过支出手段补贴企业，更有可能促进企业生产，从而提高产能利用率。③由于西部地区政府财力较弱，政府收入干预的影响相对更大，综合考虑，东、中、西部政府干预对企业产能利用率的影响呈现递增趋势，这与我国的经济现实也是非常吻合的，东部地区的市场经济发展相对更加发达。④东部地区影响产能利用率的三大因素中，政府干预的影响程度最大，这表明化解东部地区的产能过剩重中之重就是减少政府对经济的扭曲，而中西部地区的首要之义则是努力提升市场经济发展水平。

3.5 结　　论

本章利用协整法和随机前沿生产函数法对 2001～2011 年我国 30 个省（市）的工业产能利用率进行了测度，并对其影响因素进行了分解，主要得出以下几点结论：

第一，虽然各地区产能利用率的具体值存在着一些差异，但是两种方法得出的结果是基本一致的。因为：①各地区产能利用率的整体水平大体接近；②产能利用率的变化趋势均呈现出明显的经济周期特征；③东部地区的产能利用率均低于中西部地区；④目前可能存在产能过剩风险的地区均主要集中在东部地区，有一定的交集。从我国各地区经济发展的实际情况来看，协整法得出的结果相对更好。

第二，如果单纯考察产能利用率指标，我国大多数地区的工业产能利用率基本保持在85%～100%的区间中，并未出现全国性的产能过剩。但是综合考察了各地区企业库存变动以及经济效益相关指标之后，发现东、中、西三大区域的工业企业经营情况均不是很理想，尤其是库存变动，中、西部地区企业的"去库存化"进程比东部地区更加严峻。由此认为，我国的产能过剩风险可能正向全局蔓延。东部地区由于市场发育较为完善，产能过剩较快地传导反映至产能利用率指标上。

第三，市场因素是影响我国产能过剩的重要因素，但是市场因素与产能利用率之间的关系是动态变化的。因为，市场因素对产能利用率的影响有多个中间传导机制，比如增强企业决策的理性和降低认知偏差、企业决策自主性的增强、"投资潮涌"以及形成进入壁垒等。不同传导机制反映在两者之间的关系上是不同的。从全国层面来讲，两者是负相关关系；而从区域层面来看，东部地区两者的关系为正，中西部地区两者的关系为负。这应该与各地区市场经济的发展阶段密切相关。

第四，经济波动是影响我国产能过剩的另一重要因素。不论是从全国层面，还是区域层面，它与产能利用率之间的都保持着显著的正向关系，表明我国企业的产能利用率呈现出顺周期特征。中西部地区经济波动对产能利用率的影响程度远大于东部地区。随着我国逐步扬弃非均衡的发展战略，转向均衡发展战略，我国的经济发展将逐渐进入并长期保持在中速轨道，这使得原先通过投资拉动增长以消化过剩产能的做法将不再有效。同时，我国，尤其是东部地区的经济波动将逐渐收敛，周期性产能过剩的出现概率将进一步降低。

第五，对于我国，尤其是东部地区来说，政府干预是导致产能过剩的最重要的因素。虽然与中、西部地区相比，东部地区政府干预对企业运营的影响最小，但是与市场因素以及经济波动的影响相比，政府干预对东部企业产能利用率的影响程度最大。而中、西部地区，市场因素的影响显然相对更大。因此，可以说，东部地区的产能过剩主要是体制扭曲性的过剩，而中、西部地区的产能过剩主要是结构性产能过剩。东部地区产能过剩的化解当务之急是减少政府干预，实现负面清单管理，而中、西部地区则主要是加快完善市场经济体制，进一步扫除计划经济管理思维。

第四章

中国产能过剩的成因

4.1 引　言

产能过剩并不是我国的特有现象，例如，第二次世界大战后的美国和日本就多次发生了伴随着经济衰退，生产能力利用率不断下降的现象。巴塔耶（Bataille）曾经有一个著名的论断就是"任何增长都是有限制的，在个体的增长触及极限后，它就不得不将原本用于增长的过剩的能量消耗掉，保持自己不致崩溃"。因此，欧美发达国家往往通过输出过剩产能、淘汰落后产能、启动内需消化产能、海外投资转移过剩产能等举措来化解过剩产能。我国也曾出台相似的政策措施试图解决产能过剩问题，比如国发［2009］38号、国发［2010］7号、国发［2013］41号，但收效甚微。表面上看，原因主要在于我国的产能过剩与发达国家相比存在着一些重要不同：第一，发达国家基本上是个别产业的局部过剩，而我国过剩范围日益扩大，且都是拉动经济发展的支柱性行业；第二，发达国家已经完成"经济服务化"转型，制造业的过剩并不影响经济全局；第三，发达国家主要是周期性过剩，而我国产能过剩类型复杂多样；等等。实际上，最根本的原因还是对我国产能过剩的成因缺乏清晰、深刻的认识，政策措施无法切中肯綮。

对比中央发布的关于化解过剩产能的几个重要文件，可以发现至少有两个明显的变化：一是化解产能过剩从单一目标管理，如淘汰落后产能，向多管齐下管理转变；二是管理方式从主要依靠项目审批的行政手段向综合使用财税、金融、环保等多种经济手段转变。这体现了政府对我国产能过剩成因的认识的进一步深化。本章以转型时期我国产能过剩的成因作为主要研究内容，毫无疑问，只有深刻理解我国产能过剩的形成以及"久治不愈"的原因，才能真正有效缓解产能过剩矛盾，使我国经济整体保持健康有序发展，从这一层面上讲，本章的研究具有一定的现实意义。

4.2 我国产能过剩的典型事实与现状分析

西方国家的严重的产能过剩往往导致经济危机的产生，并随着经济的复苏而逐渐缓解，市场机制发挥着产能过剩调节器的作用。而我国正处于转型期，国内需求和经济社会体制正处于一个动态变化的阶段，因而产能过剩更多地表现出结构性和体制性方面的特征。

4.2.1 产能过剩的基本特征

根据掌握的资料，笔者认为，我国当前的产能过剩至少表现出下述几个基本特征。

4.2.1.1 产能过剩从局部性逐渐扩大到普遍性

国际金融危机之前，也就是我国的第一轮和第二轮产能过剩，过剩产业主要存在于钢铁、水泥、化工、汽车、造船、机械等传统产业，其中还包括部分的落后产能。国际金融危机之后，即本轮产能过剩，过剩的范围进一步扩大到多晶硅、风电设备等新兴产业。统计数据显示，2012年，我国钢铁、水泥、电解铝等传统产业的产能过剩分别达到21%、28%以及35%等；而战略性新兴产业更加严重，比如太阳能光伏电池的产能过剩甚至达到了95%。相对于前两轮的过剩，本轮过剩除了趋向全局性外，程度也在恶化。2013年上半年全国工业产能利用率是2009年第四季度以来的最低点。

4.2.1.2 产能过剩产业具有强烈的政府偏好

依据国家关于产能过剩的相关文件，我国的钢铁、水泥、平板玻璃、煤化工、多晶硅、风电设备、电解铝、造船、大豆压榨等行业产能过剩问题非常突出，此外，还有一些行业潜藏着产能过剩危机，例如纺织、电力等。这些行业既有传统制造业，也有战略性新兴产业，但它们有着一些共同特点，即增长率较高、产业关联度较大，对区域经济发展具有较强的带动作用，故而往往为各级政府所偏好，成为重点发展的主导产业或支柱产业。翻开各地的产业规划，可以惊人地发现不少地区都将钢铁、纺织、化工等产业定位为本地的主导产业或支柱产业。虽然这有其一定的合理性，但是在经济发展的同一阶段，不同地区驱动发展的主导产业大体保持一致且集中在少数领域。例如，日本的主导产业演进就经历了纺织工业——钢铁、机械、化学工业——汽车、家电工业——电子工业等高技术产业的过程，这与我国非常相似。根据观察，政府大力发展的产业最终有相当大的概率演变成为产能过剩产业，其中原因，与我国现行的产业发展模式有着非常密切的关系，这将在下一部分作具体分析。

4.2.1.3 低端产能过剩与高端产能不足同时存在

由于我国企业依赖于技术引进，自主创新能力不强等原因，当前不少产能过剩产业在库存巨大、亏损严重的同时，一些高端的产能的缺口却只能依靠进口。例如，钢铁产品中低档产品占20%左右，高性能的冷轧薄板、涂镀层板和硅钢等需要大量从国外进口。玻璃深加工率不高，产品档次、技术含量和附加值偏低。风电设备中1兆瓦以下的小风机产能普遍过剩。船舶制造用低速机、曲轴、通讯导航等高端配套产品生产能力严重不足。海洋工程装备核心设备和系统主要依靠进口，缺乏全球性营销服务网络，产业服务保障体系不完善。

4.2.1.4 产能过剩产业频频陷入"越过剩越投资"的怪圈

调查发现，虽然我国钢铁、水泥、电解铝、平板玻璃等产能过剩行业的产能利用率均不足75%，明显低于国际通常水平。但这些过剩行业仍有一批在建、拟建项目,比如过剩严重的啤酒行业中龙头企业华润雪花收购河南悦泉啤酒后,又投资3.2亿元扩产,在原悦泉10万吨产能的基础上,将收购的啤酒生产设备进行改造并新增设备,扩产至20万吨。这并不是个案,而是代表了一种普遍现象,以水泥制造业为例,当前我国水泥制造业的固定资产投资总额保持高速增长,部分省区增幅高达200%~300%。另外,重复淘汰等现象长期存在。例如,一些往年已经淘汰的企业在新公布的名单中仍旧会出现,还有一些企业会采取暂时停工、更换更大产能的新机器等办法来躲避淘汰。以上种种反常现象直接导致了产能过剩程度日益加剧。

4.2.2 产能过剩的统计分析

科尔奈(1986)曾经讨论过描述生产中短缺和滞存的指标,比如未得到满足的初始需求、强制替代、排队长度、搜寻、存货周转率、未利用的服务能力等。受其思路的启发以及借鉴国内一些学者衡量产能过剩的指标,这里打算以我国产能过剩最为严重和集中的领域——制造业30个二位码行业为例,从存货情况和经济效益两个角度选取指标对我国产能过剩的现状进行统计分析。所有数据均来自于相关年份的《中国工业经济统计年鉴》、《中国统计年鉴》。

4.2.2.1 亏损状况

选择企业亏损面指标,产能过剩会导致产业中企业的普遍亏损,一般来讲,亏损面越大的产业产能过剩的程度越严重。

其计算公式为:企业亏损面 = $\frac{亏损企业数量}{全部企业数量} \times 100\%$

表4-1结果表明,虽然绝大多数制造业产业2011年的企业亏损面相对于前几年有所减小,但是:第一,除农副食品加工业、烟草制造业、木材加工及木、竹、藤、棕、草制品业等少数几个行业的企业亏损面相对较小外,其余行业的企业亏损面基本都保持在一个较大的水平上;第二,重工业行业的企业亏损面总体大于轻工业行业;第三,30个制造业行业中有9个行业的企业亏损面维持在两位数水平,包括石油加工、炼焦及核燃料加工业、化学纤维制造业、黑色金属冶炼及压延加工业、有色金属冶炼及压延加工业、

通信设备、计算机及其他电子设备制造业、废弃资源和废旧材料回收加工业、交通运输设备制造业、电气机械及器材制造业、文教体育用品制造业。

表4-1　　　　　　2007~2011年制造业分行业企业亏损面　　　　　单位：%

行业	2007	2008	2009	2010	2011
农副食品加工业	10.66	10.17	8.04	8.04	5.35
食品制造业	14.78	14.53	11.91	11.91	8.03
饮料制造业	14.77	13.31	11.45	11.45	8.62
烟草制造业	4.67	4.49	3.16	3.16	5.41
纺织业	13.27	15.33	12.78	12.78	9.19
纺织服装、鞋、帽制造业	16.01	18.20	15.37	15.37	8.94
皮革、毛皮、羽毛（绒）及其制品业	11.89	13.62	12.07	12.07	7.04
木材加工及木、竹、藤、棕、草制品业	10.28	10.22	8.99	8.99	4.49
家具制造业	14.67	18.23	14.65	14.65	9.21
造纸及纸制品业	14.61	16.40	14.05	14.05	9.43
印刷业和记录媒介的复制	15.52	15.97	14.91	14.91	9.32
文教体育用品制造业	16.20	20.72	16.58	16.58	10.59
石油加工、炼焦及核燃料加工业	17.87	21.48	21.01	21.01	19.71
化学原料及化学制品制造业	12.68	14.09	13.48	13.48	9.22
医药制造业	19.92	18.16	14.91	14.91	9.23
化学纤维制造业	15.55	20.45	13.63	13.63	13.37
橡胶制品业	12.40	14.52	10.87	10.87	8.11
塑料制品业	13.66	15.75	12.89	12.89	9.09
非金属矿物制品业	13.97	13.78	12.69	12.69	8.14
黑色金属冶炼及压延加工业	15.15	22.12	22.55	22.55	16.78
有色金属冶炼及压延加工业	16.03	21.45	17.42	17.42	13.08
金属制品业	11.37	13.94	13.41	13.41	8.65
通用设备制造业	9.41	11.49	11.17	11.17	6.21
专用设备制造业	11.80	14.56	13.55	13.55	7.61
交通运输设备制造业	13.89	15.87	13.09	13.09	10.30
电气机械及器材制造业	12.51	15.02	13.58	13.58	10.21
通信设备、计算机及其他电子设备制造业	19.81	23.54	21.29	21.29	16.05
仪器仪表及文化、办公用机械制造业	14.34	16.07	14.45	14.45	8.80
工艺品及其他制造业	13.22	15.80	13.36	13.36	8.07
废弃资源和废旧材料回收加工业	8.59	28.06	19.74	19.74	14.58

注：根据《中国工业经济统计年鉴》中相关数据计算得出。

4.2.2.2 存货水平

选择库存变动率指标,该值为负表明库存减少,为正则说明库存增加。在产能过剩的情况下,产品销售困难会导致企业的库存积压。

其计算公式为:库存变动率 = $\frac{年末存货 - 年初存货}{年初存货} \times 100\%$

从制造业各行业近年来库存变动率的情况来看(见表4-2),除极个别行业在少数年份库存变动率为负,即存货出现下降外,其他各行业2007~2011期间的存货均不断增加,库存变动率保持在较高水平(大于15%)的行业占到制造业所有行业的一半,包括:饮料制造业、烟草制造业、石油加工、炼焦及核燃料加工业、化学原料及化学制品制造业、医药制造业、化学纤维制造业、非金属矿物制品业、有色金属冶炼及压延加工业、金属制品业、专用设备制造业、仪器仪表及文化、办公用机械制造业、工艺品及其他制造业、废弃资源和废旧材料回收加工业。当然,库存增加不一定代表产能过剩,也有一些企业是出于市场增长的预计,但是至少在一定程度上反映了我国当前制造业产能过剩的情况。

表4-2　　　　2007~2011年制造业分行业库存变动率　　　　单位:%

行业	2007	2008	2009	2010	2011
农副食品加工业	37.30	12.89	15.43	28.96	13.32
食品制造业	28.05	21.34	4.81	15.58	14.98
饮料制造业	21.17	20.26	6.16	16.26	23.36
烟草制造业	10.68	18.43	18.52	12.89	19.67
纺织业	17.24	5.24	0.12	17.04	7.73
纺织服装、鞋、帽制造业	17.36	19.12	2.97	17.70	6.67
皮革、毛皮、羽毛(绒)及其制品业	13.91	6.28	-2.49	15.80	7.68
木材加工及木、竹、藤、棕、草制品业	29.36	25.63	-2.53	12.04	6.84
家具制造业	19.51	18.47	-2.54	19.00	5.80
造纸及纸制品业	13.58	22.86	-3.93	21.09	13.34
印刷业和记录媒介的复制	19.05	18.33	0.09	13.59	-2.48
文教体育用品制造业	15.67	17.40	-7.17	11.11	4.25
石油加工、炼焦及核燃料加工业	24.29	4.43	26.39	24.82	29.35

续表

行业	2007	2008	2009	2010	2011
化学原料及化学制品制造业	22.72	21.42	-1.35	25.80	16.88
医药制造业	17.86	16.03	9.90	20.73	19.55
化学纤维制造业	36.35	-11.38	6.34	28.04	25.59
橡胶制品业	18.53	21.70	-3.37	23.13	14.85
塑料制品业	19.58	11.24	2.89	16.66	4.64
非金属矿物制品业	14.81	34.40	1.19	16.43	18.08
黑色金属冶炼及压延加工业	34.63	16.16	0.74	25.34	8.86
有色金属冶炼及压延加工业	19.83	13.00	16.36	40.43	18.98
金属制品业	22.00	24.89	5.45	14.18	18.06
通用设备制造业	25.92	36.55	-3.93	20.15	15.06
专用设备制造业	25.58	39.80	2.73	20.23	19.18
交通运输设备制造业	27.80	23.77	7.01	26.66	14.65
电气机械及器材制造业	21.61	13.67	10.82	24.44	14.86
通信设备、计算机及其他电子设备制造业	15.61	3.90	3.50	29.10	11.27
仪器仪表及文化、办公用机械制造业	17.35	20.22	9.60	17.35	24.78
工艺品及其他制造业	27.26	12.19	16.88	25.45	39.21
废弃资源和废旧材料回收加工业	51.22	97.87	22.20	6.97	54.02

注：根据《中国工业经济统计年鉴》中相关数据计算得出。

4.2.2.3 产品价格

选择价格指数变动率指标。产能过剩会造成供大于求的情况，进而引起企业之间的价格战，导致企业产品价格的下降。

其计算公式为：$价格指数变动率 = \frac{年末价格指数 - 年初价格指数}{年初价格指数} \times 100\%$

产品价格（见表4-3）与企业亏损面和库存变动率所反映出的情况基本一致。近几年我国制造业各行业的产品价格普遍呈现出下降趋势，尤其以纺织业、石油加工、炼焦及核燃料加工业、化学原料及化学制品制造业、化学纤维制造业、黑色金属冶炼及压延加工业、有色金属冶炼及压延加工业以及废弃资源和废旧材料回收加工业等行业的价格下降幅度最大。以上三个角度的统计分析充分证明了从行业层面看我国当前的产能过剩已经从局部过剩转向普遍过剩，且过剩程度非常严重。

表 4-3　　　　2008~2012 年制造业分行业价格指数变动率　　　　单位：%

行业	2008	2009	2010	2011	2012
农副食品加工业	0.96	-16.05	9.89	4.80	-7.60
食品制造业	5.25	-6.37	2.18	2.85	-3.82
饮料制造业	2.47	-2.97	2.28	1.48	-2.38
烟草制造业	0.12	-0.02	-0.07	-0.12	1.04
纺织业	0.65	-3.13	10.43	2.36	-13.01
纺织服装、鞋、帽制造业	1.43	-2.17	1.74	1.97	-1.34
皮革、毛皮、羽毛（绒）及其制品业	-0.13	-3.69	3.22	2.82	-2.10
木材加工及木、竹、藤、棕、草制品业	0.49	-5.06	2.73	2.53	-1.85
家具制造业	1.81	-3.02	1.20	0.96	-0.72
造纸及纸制品业	4.72	-10.71	9.54	-0.44	-4.33
印刷业和记录媒介的复制	2.08	-2.60	0.73	1.21	-1.40
文教体育用品制造业	0.40	-1.55	2.09	1.27	-1.85
石油加工、炼焦及核燃料加工业	14.58	-24.24	29.24	-2.47	-11.61
化学原料及化学制品制造业	7.12	-20.79	22.63	1.63	-12.56
医药制造业	1.62	-3.47	3.09	-0.71	-2.31
化学纤维制造业	-3.78	-8.98	26.10	-1.72	-21.51
橡胶制品业	1.55	-5.08	4.21	5.99	-9.59
塑料制品业	0.64	-6.38	6.43	2.32	-5.06
非金属矿物制品业	6.52	-7.43	2.20	4.81	-7.83
黑色金属冶炼及压延加工业	10.97	-29.91	27.98	2.24	-18.57
有色金属冶炼及压延加工业	-15.00	-13.85	40.59	-3.65	-17.60
金属制品业	4.00	-9.29	5.02	2.44	-4.84
通用设备制造业	3.46	-5.87	1.47	2.56	-2.75
专用设备制造业	1.79	-3.17	1.17	0.27	-1.18
交通运输设备制造业	1.44	-1.62	0.44	0.03	-0.89
电气机械及器材制造业	-2.56	-5.95	8.53	-0.01	-5.49
通信设备、计算机及其他电子设备制造业	0.79	-2.58	2.73	-0.08	-0.46
仪器仪表及文化、办公用机械制造业	1.37	-1.15	0.04	0.63	0.46
工艺品及其他制造业	1.15	-4.77	3.01	1.76	-4.17
废弃资源和废旧材料回收加工业	4.35	-21.95	26.47	3.96	-17.56

注：根据《中国统计年鉴》中相关数据计算得出。

4.2.3 基于产能利用率的分析

产能利用率是国际通用的衡量产能过剩的核心指标，其估算的难点在于产能产出的预测。国外不少学者对此进行了反复探讨，目前，估计产能产出的方法除了直接调查法之外，主要有峰值法、生产函数法、成本函数法、协整方法、结构向量自回归（SVAR）法以及数据包络（DEA）和随机前沿（SPF）分析法等。以上方法各有优劣，这里选择使用谢赫和毛杜德（2004）首次提出的协整方法对我国制造业各行业的产能产出进行估算，该方法的好处在于不需要对函数形式进行设定，回避了主观误差。

4.2.3.1 模型、变量说明及数据来源

谢赫和毛杜德（2004）认为，长期中产能产出与资本存量存在着稳定关系，并经过推导得出回归模型：

$$\log Y(t) = a_0 + a_1 \cdot t + a_2 \cdot \log K(t) + e(t) \quad (*)$$

该模型的被解释变量为产能产出，解释变量为资本存量以及代表技术进步的时间趋势项。这里用工业总产值来衡量产能产出，并用各行业工业品出厂价格指数进行平减以得到实际工业总产值；用固定资产净值来代表资本存量，固定资产净值由固定资产原值与累计折旧作差得出，再利用固定资产投资价格指数剔除价格因素影响。样本个体为除工艺品及其他制造业、废弃资源和废旧材料回收加工业以外的 28 个制造业行业，区间选择 1999～2011 年，工业总产值、固定资产原值与累计折旧数据来自于历年《中国工业经济统计年鉴》，其中，2004 年的数据来自于《中国经济普查年鉴》（2004）；工业品出厂价格指数以及固定资产投资价格指数来自于历年《中国统计年鉴》。实际工业总产值与实际固定资产净值取对数后分别得到回归模型的因变量和自变量。

4.2.3.2 产能利用率计算结果

首先，样本数据的面板单位根检验结果显示，所有序列均是一阶单整；协整检验表明固定资产净值与工业总产值之间存在稳定关系。考虑到行业异

质性，分别采用固定效应模型、随机效应模型以及变系数模型进行回归，其中，变系数模型的回归结果最好，本章采用这一结果估算产能产出，进而得到各行业时序变化的产能利用率。评判产能过剩的标准依然是国际上广泛使用的79%～83%区间，即产能利用率低于79%则表明产能过剩。根据计算结果（见表4-4、表4-7），以2011年的产能利用率为主要参考值甄别出目前可能存在产能过剩问题的行业有12个，占所有行业数量的比例接近50%。

表4-4　　　　1999～2011年产能过剩行业产能利用率　　　　单位：%

行业	1999	2000	2001	2002	2003	2004	2005	2006	2007	2008	2009	2010	2011
纺织服装、鞋、帽制造业	0.98	0.96	0.94	0.93	0.91	0.86	0.85	0.84	0.83	0.78	0.80	0.76	0.74
家具制造业	0.97	0.90	0.92	0.91	0.92	1.00	0.93	0.86	0.83	0.85	0.84	0.81	0.78
石油加工、炼焦及核燃料加工业	0.50	0.66	0.57	0.49	0.51	0.57	0.60	0.61	0.58	0.56	0.47	0.51	0.49
化学原料及化学制品制造业	0.77	0.72	0.64	0.60	0.61	0.65	0.61	0.57	0.58	0.54	0.48	0.46	0.45
化学纤维制造业	0.48	0.57	0.49	0.49	0.56	0.56	0.56	0.54	0.60	0.52	0.47	0.51	0.51
橡胶制品业	0.98	0.92	0.86	0.91	0.92	0.91	0.89	0.88	0.84	0.82	0.80	0.79	0.79
非金属矿物制品业	0.73	0.68	0.69	0.69	0.70	0.69	0.68	0.69	0.74	0.73	0.71	0.68	0.68
黑色金属冶炼及压延加工业	0.73	0.66	0.64	0.61	0.71	0.87	0.79	0.67	0.66	0.64	0.48	0.43	0.42
有色金属冶炼及压延加工业	0.74	0.76	0.70	0.65	0.71	0.83	0.82	1.00	1.03	0.83	0.68	0.66	0.68
通用设备制造业	1.03	0.92	0.88	0.89	0.93	1.04	0.98	0.98	1.00	0.97	0.90	0.85	0.78
交通运输设备制造业	1.01	0.92	0.91	0.98	1.04	0.97	0.84	0.84	0.87	0.80	0.84	0.85	0.74
通信设备、计算机及其他电子设备制造业	0.89	0.89	0.83	0.86	0.91	0.88	0.82	0.78	0.72	0.64	0.58	0.48	0.56

注：根据模型回归估计出产能产出，再用（产能利用率=实际产出/产能产出）得出产能利用率。

整理出所有产能过剩行业的产能利用率的变化趋势以及产能过剩的强度（见表4-5），发现除石油加工、炼焦及核燃料加工业，化学纤维制造业，非金属矿物制品业以及有色金属冶炼及压延加工业的产能利用率基本保持在一个稳定水平外，其余过剩产业的产能利用率均呈现下降趋势。与沈坤荣等

（2012）在产能利用率低于79%的前提下借助产销率差值来判断过剩强度的方法不同，本章的判断分两个步骤，首先是从产能过剩行业中选出产能利用率相对较低的行业，同样以2011年的产能利用率为参考值，以70%为评价标准；其次，辅助指标企业亏损面、库存变动率以及产品价格变动情况中至少有2个指标反映出过剩倾向的，将其判断为强过剩，其余则为弱过剩。此外，按照李江涛（2006）等很多学者确定的我国产能过剩经历的三个高峰，将1999~2011年划分为三个阶段，其中，1999~2002年为第一阶段，2003~2007年为第二阶段，2008~2011年为第三阶段，分别反映了我国三轮产能过剩的情况。

表4-5　　产能过剩行业产能利用率的变化趋势及过剩强度

行业	CU变化趋势	CU均值 I	CU均值 II	CU均值 III	过剩强度 强	过剩强度 弱
纺织服装、鞋、帽制造业	↓	0.95	0.86	0.77		√
家具制造业	↓	0.93	0.91	0.82		√
石油加工、炼焦及核燃料加工业	→	0.55	0.58	0.51	√	
化学原料及化学制品制造业	↓	0.68	0.60	0.48	√	
化学纤维制造业	→	0.51	0.57	0.50	√	
橡胶制品业	↓	0.92	0.89	0.80		√
非金属矿物制品业	→	0.70	0.70	0.70		√
黑色金属冶炼及压延加工业	↓	0.66	0.74	0.49	√	
有色金属冶炼及压延加工业	→	0.71	0.88	0.71	√	
通用设备制造业	↓	0.93	0.99	0.87		√
交通运输设备制造业	↓	0.95	0.91	0.81		√
通信设备、计算机及其他电子设备制造业	↓	0.87	0.83	0.57	√	

注：根据表4数据整理得出，其中，↓表示下降趋势，→表示基本保持不变趋势；I，II，III分别代表1999~2002，2003~2007，2008~2011三个阶段。

上述结果表明（见表4-6），我国制造业产业中产能过剩的范围正在逐渐扩大，以三阶段各产业产能利用率的均值为参考值进行比较后发现，本轮产能过剩的过剩产业相对于前两轮过剩有一定幅度的增加；如果以2011年的产能利用率为参考值，那么过剩产业的数量将更大。12个可能存在产能过剩的产业中，重工业产业占到了将近85%，其中有6个产业被判定为强过剩，分别是石油加工、炼焦及核燃料加工业，化学原料及化学制品制造业，化学纤维制造业，黑色金属冶炼及压延加工业，有色金属冶炼及压延加工业以及通信设备、计算机及其他电子设备制造业，且所有被判断为强过剩的产业其产能利用率要么保持不变，要么呈下降趋势，说明过剩情况很难改善，甚至会进一步恶化。其余被判定为弱过剩的产业，除非金属矿物制品业的产能利用率基本稳定外，剩下的均表现出继续下降的态势，也就是说如果不能得到有效化解，现在弱过剩的产业很有可能变成强过剩产业。

表 4-6　　　　　　　　分阶段产能过剩行业变动情况

序号	阶段	过剩产业数量	过剩产业占比
1	1999~2002	6	21.43%
2	2003~2007	5	17.86%
3	2008~2011	8	28.57%

注：根据三个阶段各产业产能利用率的均值与79%的阈值比较后判断得出。

表 4-7　　　　　　1999~2011年其余行业产能利用率　　　　　　单位：%

行业	1999	2000	2001	2002	2003	2004	2005	2006	2007	2008	2009	2010	2011
农副食品加工业	1.05	0.96	0.94	0.96	1.00	1.03	1.03	0.99	1.04	1.04	1.00	0.96	0.97
食品制造业	1.02	0.99	0.99	1.00	1.01	0.97	1.01	1.00	1.03	1.01	1.02	0.98	0.99
饮料制造业	1.06	1.01	0.97	0.96	0.95	0.95	0.99	1.02	1.06	1.00	0.99	0.95	1.01
烟草制造业	1.00	0.92	0.98	1.08	1.06	1.05	0.99	0.99	1.01	1.03	1.01	0.99	0.97
纺织业	0.97	1.01	1.00	1.00	1.01	1.04	0.98	1.04	1.03	1.05	0.98	0.98	0.99
皮革、毛皮、羽毛（绒）及其制品业	0.96	0.95	0.97	0.99	1.04	1.01	1.02	1.01	1.04	0.96	0.95	0.94	0.89
木材加工及木、竹、藤、棕、草制品业	1.06	0.97	0.96	0.95	0.95	0.96	1.01	1.03	1.12	1.01	1.04	0.95	1.01
造纸及纸制品业	1.08	1.02	0.99	1.02	1.03	1.07	1.03	1.04	1.09	1.10	1.04	1.06	1.02
印刷业和记录媒介的复制	1.09	1.00	1.00	1.02	1.05	0.97	0.96	0.95	0.99	1.01	1.01	1.00	1.00
文教体育用品制造业	1.02	1.01	1.01	0.99	1.06	1.03	1.04	1.06	1.06	1.00	0.99	1.01	1.00
医药制造业	1.03	1.01	1.00	1.00	1.04	0.94	1.00	0.97	0.99	0.96	1.04	1.03	1.02
塑料制品业	1.03	1.02	0.98	0.98	1.00	0.98	0.99	1.01	1.09	1.03	1.00	1.00	0.98
金属制品业	1.06	1.01	0.97	0.99	0.99	1.01	1.02	1.05	1.12	1.00	0.98	0.98	0.93

续表

行业	1999	2000	2001	2002	2003	2004	2005	2006	2007	2008	2009	2010	2011
专用设备制造业	1.04	1.02	0.95	1.01	1.02	1.07	1.02	1.03	1.08	1.05	1.03	1.00	0.98
电气机械及器材制造业	1.02	1.00	0.95	0.90	0.94	1.02	0.98	1.02	1.07	1.02	0.97	0.95	0.88
仪器仪表及文化、办公用机械制造业	0.89	0.96	0.91	0.92	1.06	1.09	1.09	1.11	1.11	1.00	0.89	0.84	0.86

注：根据模型回归估计出产能产出，再用（产能利用率＝实际产出/产能产出）得出产能利用率。

令人欣慰的是，测算得出的产能过剩产业也正是国家相关文件以及工信部向社会公布淘汰落后产能目标的行业中多次提到的过剩产业。对比韩国高等（2011）测算出的七大产能利用率长期徘徊在79%以下的行业，分别是：黑色金属、有色金属、石化炼焦、化学原料、非金属矿物制品、化学纤维和造纸制品以及沈坤荣等（2012）指出的烟草制品、化学纤维、交通运输设备、通信设备等产能过剩产业，笔者认为，本部分的测算结果与他们基本一致，故而是可信的。

4.3 产能过剩的形成：理论模型

本章赞同国内大多数学者的观点，我国的产能过剩是市场因素和政府干预综合作用的结果，但是遗憾的是，对于产能过剩成因的国内文献要么仅仅是定性分析，要么只是片面化理解，即针对过剩产能的形成或退出等某一阶段进行模型论证。事实上，我国产能过剩问题的成因应该描述成"过剩产能形成——过剩产能化解困难——产能过剩加剧"的动态过程。只针对其中个别阶段进行模型分析的原因主要是：（1）三个阶段涉及的问题和变量众多，很难在一个统一的框架中展现出来；（2）借鉴西方学者的研究，但问题是，发达国家的产能过剩主要是市场因素导致的，市场机制最终可以消化掉过剩产能，故不存在后面两个阶段，只需分析过剩产能的形成。这里将从动态的视角对我国产能过剩的形成原因进行分析。从本质上看，产能过剩是一种企业行为，在我国的转型时期，市场因素和政府干预都会对企业行为造成影响，本章把过剩产能的形成分解成企业的产业选择和产能选择两个过程。

4.3.1 企业的产业选择行为

首先，企业需要对投资何种产业做出决策。受沙尔夫斯泰因和斯坦（Scharfstein & Stein, 1990）思路的启发，假定经济中有两家企业，A 和 B，企业家决定是否投资一个产业，该产业正处在成长或成熟阶段，其中，A 企业先做出决策，B 企业随后做出决策。如果投资，将有两种可能的产出状态，高利润 X_H（大于 0）和低利润 X_L（小于 0），高利润出现的概率为 α，而低利润出现的概率为 $(1-\alpha)$，即使所有企业家都不进行投资，这一信息也都是可以观察到的。在做决策前，企业 A 将获得一个投资是否能够获利的信号：S_G（一个好信号）或者 S_B（一个坏信号）。企业家也有两种类型：高能（smart）和低能（dumb）。所谓高能，意味着当企业家接收到好信号 S_G 时，更可能获得高利润。其中，高能出现的概率为 θ。我们给定高能企业家在高利润条件下接收到好信号的概率为 m，而在低利润条件下接收到好信号的概率为 n，即：

$$\text{Prob}(S_G \mid X_H, smart) = m \tag{4.1}$$

$$\text{Prob}(S_G \mid X_L, smart) = n < m \tag{4.2}$$

如果企业家是低能的，那么其出现的概率将是 $(1-\theta)$，他接收的信号相对并不有效，换句话说，不论是高利润还是低利润，他接收到好信号 S_G 的概率是相同的，即：

$$\text{Prob}(S_G \mid X_H, dumb) = \text{Prob}(S_G \mid X_L, dumb) = z \tag{4.3}$$

假定事前信号的分布对于高能的企业家和低能的企业家是相同，用数学语言来表达就是：

$$\text{Prob}(S_G \mid dumb) = \text{Prob}(S_G \mid smart) \tag{4.4}$$

综合式 (4.1)~式(4.4)，可以得到：

$$z = \alpha m + (1-\alpha)n \tag{4.5}$$

根据以上假设，我们无法从企业家接收到的信号中确定出企业家的类型，如果企业家并不知道自己是高能还是低能，那么简单利用贝叶斯法则就

可以计算出企业家接收到好信号和坏信号是出现高利润的概率,如下:

$$\text{Prob}(X_H \mid S_G) = \mu_G = \frac{[\theta m + (1-\theta)z]}{z}\alpha \qquad (4.6)$$

$$\text{Prob}(X_H \mid S_B) = \mu_B = \frac{[\theta(1-m) + (1-\theta)(1-z)]}{(1-z)}\alpha \qquad (4.7)$$

同理可得:

$$\text{Prob}(X_L \mid S_G) = 1 - \mu_G \qquad (4.8)$$

$$\text{Prob}(X_L \mid S_B) = 1 - \mu_B \qquad (4.9)$$

企业家做出投资决策的重要评判指标就是接收到好信号进行投资的预期收益或者接收到坏信号进行投资的预期收益,分别是:

$$E_G = \text{Prob}(X_H \mid S_G)X_H + \text{Prob}(X_L \mid S_G)X_L$$
$$= \mu_G X_H + (1 - \mu_G)X_L \qquad (4.10)$$

$$E_B = \text{Prob}(X_H \mid S_B)X_H + \text{Prob}(X_L \mid S_B)X_L$$
$$= \mu_B X_H + (1 - \mu_B)X_L \qquad (4.11)$$

一般来讲,企业家收到好信号进行投资的预期收益要大于收到坏信号进行投资的预期收益,故令:

$$\mu_G X_H + (1 - \mu_G)X_L > 0 > \mu_B X_H + (1 - \mu_B)X_L \qquad (4.12)$$

因此,在通常情况下,只有接收到好信号时,企业家才会选择投资该产业,反之则反是。如果该产业属于政府大力发展的产业,政府一般会采用低价拿地、财税优惠、金融支持等补贴方式激励企业家投资。所以,如果考虑到存在政府的投资补贴 D,企业家的预期收益将会变成:

$$E_G = \mu_G X_H + (1 - \mu_G)X_L + D \qquad (4.13)$$

$$E_B = \mu_B X_H + (1 - \mu_B)X_L + D \qquad (4.14)$$

(1) 第一步:企业 A 的投资决策。

如果不存在政府干预,企业 A 将根据市场传递出的信号来估算投资的预期收益,从式(4.12)中,可以得到命题1:

命题1 在不存在政府干预的情形下,企业 A 率先对是否对某一行业进行投资这一问题做出决策,其决策依据是企业家从市场上获得的收益信号。当接收到好信号 S_G 时,才会进行投资;而如果接收到坏信号 S_B 时,则不会进行投资。

如果存在政府干预,这里假设政府对某一重点发展产业进行大力扶持,也就是说，凡是对该产业进行投资的企业均将获得政府的补贴。那么，政府补贴将产生两种效应：一是收益效应，二是信号效应。

命题 2 如果政府对某一产业进行投资补贴，不论企业家从市场上获得好信号 S_G 还是坏信号 S_B，都有可能对该产业进行投资。

这一结论很好解释，从式（4.12）知道，在不存在政府投资补贴的情况下，企业家接收到好信号进行投资的预期收益为正，而企业家接收到坏信号进行投资的预期收益为负，即 $E_G > 0 > E_B$；如果政府进行投资补贴，那么企业家接收到好信号进行投资的预期收益将进一步增大，自然会做出投资决策；而当企业家接收到坏信号时，是否投资则要看政府投资补贴力度的大小，只要补贴力度足够大，使得投资的预期收益由负转正，理性的企业家同样也会做出投资决策，这一结论与江飞涛等人（2012）的分析一致。需要指出的是，政府进行产业投资补贴的各种方式会给企业下一阶段的产能决策产生不同的影响，如果投资补贴的多少与投资规模的大小正相关的话，那么企业在一定程度上会产生增加产能投资的倾向。

命题 3 如果政府对某一产业进行投资补贴，会增大企业家获得好信号 S_G、进而做出投资决策的概率。

政府的投资补贴具有一定的信号作用。企业家获得收益信号的渠道有多种，包括市场（mar）和政府（gov）等。企业家会根据市场、政府等各种渠道反馈的信息来综合判断出收益信号，如果 $mar + gov > 0$，他将接收到好信号 S_G；如果 $mar + gov \leq 0$，他则将获得坏信号 S_B。政府的投资补贴具有明显的正向激励作用，将会增大 $mar + gov > 0$ 出现的概率；在当前我国市场机制仍不完善的背景下，一方面市场传递信息的准确性和时效性会受到一定的影响，另一方面由于信息不对称的存在以及强政府的特征，政府掌握了相对更多的资源和信息，因而，政府信号往往与事实更为接近，且在多数情况下，政府信号与市场信号是同向的。所以，企业家们会更偏向于接收政府信号，一个典型事实就是企业，特别是民营企业政治关联现象的涌现（潘洪波等，2008；邓建平等，2009；潘越等，2009；杨其静，2011；李莉等，2013；等），这就进一步增大了企业家接收到好信号 S_G 的概率。

（2）第二步：企业 B 的投资决策。

企业 B 作为后决策者，除了可以获得自身的收益信号外，还可以观察到企业 A 的投资决策，但是无法得到其具体的收益信号，假设一旦企业 A 进行投资，企业 B 就认为其接收到的是好信号 S_G，否则就是坏信号 S_B。在这种假设条件下，如果企业 A 没有进行投资，或者企业 B 是独立决策的，那么其就相当于是进行第一步率先决策企业的决策过程。这一过程在上一部分已经进行过分析，由于在现实中，更为常见的情形是先决策者的行为会对后决策者产生重要影响，因此，这里重点分析在企业 A 做出投资决策的情形下，企业 B 在接收到不同收益信号时的决策过程。与企业 A 的投资决策过程一样，企业 B 无法得知自己和企业 A 的决策者的具体类型。为了考察企业 B 的投资决策，必须算出企业 B 的预期收益，于是再次利用贝叶斯法则，得到企业 A 和企业 B 在各自接收到收益信号情况下实现高收益或者低收益的概率，如下：

$$\text{Prob}(X_H \mid S_B, S_G) = \frac{\text{Prob}(S_B, S_G \mid X_H) \times \text{Prob}(X_H)}{\text{Prob}(S_B, S_G)}$$

$$= \gamma_B = \frac{[m\theta + z(1-\theta)][(1-m)\theta + (1-z)(1-\theta)]}{z(1-z)}\alpha \quad (4.15)$$

$$\text{Prob}(X_L \mid S_B, S_G) = 1 - \text{Prob}(X_H \mid S_B, S_G) = 1 - \gamma_B \quad (4.16)$$

$$\text{Prob}(X_H \mid S_G, S_G) = \frac{\text{Prob}(S_G, S_G \mid X_H) \times \text{Prob}(X_H)}{\text{Prob}(S_G, S_G)}$$

$$= \gamma_G = \frac{[m\theta + z(1-\theta)]^2}{z^2}\alpha \quad (4.17)$$

$$\text{Prob}(X_L \mid S_G, S_G) = 1 - \text{Prob}(X_H \mid S_G, S_G) = 1 - \gamma_G \quad (4.18)$$

由于假设只要企业 A 进行投资，企业 B 就认为其得到的是好信号 S_G，所以这里不考虑 $(X_H \mid S_B, S_B)$、$(X_L \mid S_B, S_B)$、$(X_H \mid S_G, S_B)$、$(X_L \mid S_G, S_B)$ 四种情形。与式（4.12）相似，也有：

$$\gamma_G X_H + (1-\gamma_G)X_L > \gamma_B X_H + (1-\gamma_B)X_L \quad (4.19)$$

因此，在企业 A 进行投资的情形下，企业 B 接收到好信号 S_G 进行投资的可能性大于独立决策时。这里主要有两种可能的情况：第一种情况是，企业 A 的确是在接收到好信号 S_G 的条件下做出投资决策的。比较联合决策和独立决策两种状态下，企业 B 的预期收益，$\gamma_G X_H + (1-\gamma_G)X_L$ 和 $\mu_G X_H + (1-\mu_G)X_L$ 的大小。由于高能企业家对真实收益情况的判断更为准确，即

$m > z$,故有 $\gamma_G > \mu_G$,$\gamma_G X_H + (1 - \gamma_G) X_L > \mu_G X_H + (1 - \mu_G) X_L > 0$。这说明企业 A 进行投资的决策会增加企业 B 在接收到好信号 S_G 时进行投资的预期收益,进而做出投资决策,这并不是一种"羊群效应",只是理性决策的结果。如果政府进行产业投资补贴,将进一步增加企业 B 的预期收益,从而刺激企业进入投资。

第二种情况是,企业 A 虽然接收到了坏信号 S_B,但由于政府投资补贴的存在,依然做出了投资决策。在这种情况下,企业 B 的两种预期收益与第一种情况无异,结论自然也相同。

此外,企业 A 做出投资决策也具有一定的信号作用,即增大了企业 B 接收到好信号 S_G 的概率。

企业 B 接收到坏信号 S_B 时的决策才是最为关注的问题。在企业 A 进行投资的情形下,企业 B 接收到坏信号 S_B 进行投资的可能性同样大于独立决策时。这里也存在两种情况:第一种情况,企业 A 的确是在接收到好信号 S_G 的条件下做出投资决策的。比较企业 B 在联合决策和独立决策两种状态下的预期收益 $\gamma_B X_H + (1 - \gamma_B) X_L$,$\mu_B X_H + (1 - \mu_B) X_L$,由于 $m > z$,故有 $\gamma_B X_H + (1 - \gamma_B) X_L > \mu_B X_H + (1 - \mu_B) X_L$。但是这只能说明企业 B 接收到坏信号 S_B 时进行投资的可能性要大于独立决策时,不能说明只有企业 A 进行投资,那么企业 B 即使接收到坏信号 S_B 也一定投资。这是由 $\gamma_B X_H + (1 - \gamma_B) X_L$ 与 0 的关系所决定的,只有当 $\gamma_B X_H + (1 - \gamma_B) X_L > 0$ 成立时,才能得出企业 B 一定投资的结论。如果存在政府投资补贴,企业 B 进行投资的条件将进一步放松,投资的可能性进一步加大,只要 $\gamma_B X_H + (1 - \gamma_B) X_L + D > 0$,便可做出投资决策。

第二种情况,企业 A 虽然接收到了坏信号 S_B,但由于政府投资补贴的存在,依然做出了投资决策。这其实隐藏了一个前提条件,就是 $\mu_B X_H + (1 - \mu_B) X_L + D > 0$,因此,可以得到 $\gamma_B X_H + (1 - \gamma_B) X_L + D > \mu_B X_H + (1 - \mu_B) X_L + D > 0$ 的结论。在这种情况下,企业 B 不但做出投资决策的可能性要大于独立决策时,而且其必定会投资。

(3)简单的拓展。

根据以上分析,可以得出这样的结论:在一个序贯进入的产业市场上,如果该产业具有政府偏好,那么会提高潜在投资者的进入概率。世界经济发展的历史经验表明，在特定的发展阶段，只有少数几个产业具有高成长、高利润等支柱产业特征，政府偏好带来的投资补贴将导致对少数产业的集中进入，进而诱发产能过剩。前面的分析，假设企业 A 和企业 B 的市场地位是平等，但是现实中各市场主体的地位并不相同，尤其是在转型期的中国。现在，假设企业 A 是领导者，如现实中的国有企业；而企业 B 是追随者，如现实中的民营企业；政府偏好的产业包括传统产业和新兴产业两类。依照张晖明（2010）的观点，传统行业的产能过剩主要表现为国有企业率先进入，随着市场化进程，民营企业后续大量涌入；而新兴产业的产能过剩则相反，表现为民营企业占位在先。因此，前一部分的分析与传统行业的产能过剩特征更为接近，这里重点分析新兴产业的产能过剩，即在企业 A 不进行投资的情况下，企业 B 的投资行为。由于企业 A 具有较高的市场地位，企业 A 的决策会对企业 B 的决策产生影响，所以，不能将企业 B 的决策简单看成独立决策，而应该计算联合条件概率。

$$\text{Prob}(X_H \mid S_G, S_B) = \frac{\text{Prob}(S_G, S_B \mid X_H) \times \text{Prob}(X_H)}{\text{Prob}(S_G, S_B)}$$

$$= \lambda_G = \frac{[m\theta + z(1-\theta)][(1-m)\theta + (1-z)(1-\theta)]}{z(1-z)}\alpha \quad (4.20)$$

$$\text{Prob}(X_L \mid S_G, S_B) = 1 - \text{Prob}(X_H \mid S_G, S_B) = 1 - \lambda_G \quad (4.21)$$

$$\text{Prob}(X_H \mid S_B, S_B) = \frac{\text{Prob}(S_B, S_B \mid X_H) \times \text{Prob}(X_H)}{\text{Prob}(S_B, S_B)}$$

$$= \lambda_B = \frac{[(1-m)\theta + (1-z)(1-\theta)]^2}{(1-z)^2}\alpha \quad (4.22)$$

$$\text{Prob}(X_L \mid S_B, S_B) = 1 - \text{Prob}(X_H \mid S_B, S_B) = 1 - \lambda_B \quad (4.23)$$

与独立决策状态下的预期收益比较后，可以推演出以下结论：

（1）在领导者企业 A 没有进行投资情况下，追随者企业 B 接收到好信号 S_G 时做出投资决定的可能性小于独立决策时，但只要预期收益大于 0，企业 B 依然会决定投资，而政府投资补贴的存在将加大企业 B 投资的概率。

（2）在领导者企业 A 没有进行投资情况下，追随者企业 B 接收到坏信号 S_B 时做出投资决定的可能性相比较独立决策时更小，但依然有投资的可能，这主要取决于政府投资补贴的大小。

这很好地解释了为什么新兴产业领域的产能过剩主要集中在民营企业的现象。正如沙尔夫斯泰因和斯坦（1990）在分析"羊群效应"时引入了声誉机制一样，如果国有企业（企业A）的掌舵者做出投资与否的决策并不是依据企业投资的期望收益，而是追求个人效用$U(\cdot)$的最大化。影响个人效用的变量主要包括：企业投资的效果，效果越好，掌舵者被提拔的可能性越大；企业投资过程中的寻租，寻租收益一般与投资规模成正比；与政府官员的关系，关系越好，越容易晋升；等等。在我国现有的官员选拔体制背景下，与政府官员的关系对晋升与否的影响往往要大于企业投资效果的影响。将这些变量产生的影响货币化可以得到国有企业掌舵者的个人效用函数。当政府对某一产业具有明显偏好时，理性的国有企业掌舵者必然会做出投资决定，因为他除了可以从中获得投资的寻租收益外，还可以得到与政府官员建立良好关系的收益。此外，由于我国政府掌握了更多的市场信息，其偏好的产业一般都是前景产业或支柱产业，具有高成长或高利润特征，所以，国有企业进入投资的效果往往较好，这也会增加企业掌舵者的个人效用。当然，如果发生小概率的投资效果不好的情况，由于这一变量对企业掌舵者个人效用的影响因子小于其余两个变量，故国有企业掌舵者依然有很大可能做出投资决定。基于以上分析，笔者认为，对于政府大力发展的产业，不论企业接收到好信号还是坏信号，都极有可能出现国有企业率先进入，随后大量民营企业集中涌入的情况；对于新兴产业，虽然国有企业没有像传统产业那样率先进入，对民营企业的进入决策产生了一定的影响，但是其没有率先进入的真正原因可能并不是因为接收到了坏信号，而是考虑到投资的沉没成本、新兴产业的行业特征等因素，因此，高能的民营企业家依然有可能做出率先进入的决策，随后仍然会出现大量集中涌入的情况。

4.3.2 企业的产能选择行为

4.3.1 小节分析了企业的产业选择行为，并认为在当前的转型期，国内企业很容易对少数几个高利润产业或具有强烈政府偏好的产业进行集中投资，这实际上只是我国过剩产能形成的第一阶段，产业选择之后便是产能选择。通过前面的分析，我们也得出了如果政府投资补贴与投资规模相关，企业有可能会产生扩大产能规模的倾向的结论。本小节将具体来分析企业的产能选择行为。

虽然在企业的产业选择分析中为了简便起见只是假设了两家企业——企业 A 和企业 B，且两者的进入决策具有序贯性质，但是实际上经济中 A 类型和 B 类型的企业有很多，借鉴罗勒和西克尔斯（Roller & Sickles, 2000）、迪克逊（Dixon, 1986），尤其是马（Ma, 2005）的分析框架，假定：（1）两类企业的产能决策是同时进行的，第一步是决定固定要素投入，即产能规模；第二步是选择可变要素投入，如原材料、劳动力等，这决定了产出规模。（2）所有企业都生产同质产品，且面临的反需求函数如下：

$$P(Q) = a + b(q_i + Q_J) \tag{4.24}$$

其中，P 表示产品价格；Q 表示市场需求量，q_i 表示 i 企业的产出量，两者之间的关系为 $Q = \sum_{i=1} q_i$；Q_J 表示除 i 以外所有企业的产出量之和，即 $Q_J = \sum_{j \neq i} q_j = Q - q_i$。

由于在长期，企业可以调整固定要素投入，而在短期，企业只能调整可变要素的投入，因此，企业的成本结构是：

$$C_i^{LR}(q_i, k_i) = C_i^{SR}[q_i(l_i) \mid k_i, r_i] + r_i k_i \tag{4.25}$$

其中，C_i^{LR} 为长期成本函数，C_i^{SR} 为短期成本函数，l_i 为可变要素投入，k_i 为资本存量，代表着企业的产能规模，r_i 为固定资本价格。给定一个固定的产能规模（$k_i = k_i^0$）和资本价格（$r_i = r_i^0$），短期成本就可以由 q_i 决定。

为了求解企业的产能规模，这里采用逆向归纳法：

（1）产量规模的决定。

首先，每个企业都会选择可变要素的投入水平以保证利润最大化，即：

$$\max_{l_i} \pi_i = P(Q)q_i - C_i^{SR}(q_i) = P[q_i(l_i \mid k_i^0, r_i^0) + Q_J]q_i(l_i \mid k_i^0, r_i^0) - w_i l_i \tag{4.26}$$

假设已知固定资本投入规模 k_i^0 及其价格 r_i^0，可变要素的价格 w_i 是外生决定的，求解式（4.26）的一阶条件，可得：

$$P \frac{\partial q_i}{\partial l_i} + b(1+\varphi)\frac{\partial q_i}{\partial l_i} q_i - w_i = 0 \tag{4.27}$$

其中，$\frac{\partial q_i}{\partial l_i}$ 表示可变要素的边际产出，$\varphi = \frac{\partial Q_J}{\partial q_i}$，令每个企业的产出水平

相同，即 $q_i = q$，所以每个企业的产出水平对其余企业产出的影响相同。式 (4.27) 可以写成以下形式：

$$P - \frac{w_i}{\frac{\partial q_i}{\partial l_i}} = -b(1+\varphi)q_i \qquad (4.28)$$

由于可变要素的价格等于边际收益，且寡头垄断市场的均衡条件为 $MR = MC_i$，因此将 $w_i = MR * \frac{\partial q_i}{\partial l_i}$ 代入式 (4.28)，一阶条件变为：

$$\frac{P - MC_i}{P} = (1+\varphi)\frac{-bq_i}{P} = (1+\varphi)\frac{s_i}{\varepsilon} \qquad (4.29)$$

上式中，$s_i = \frac{q_i}{Q}$，其经济含义是企业的市场份额，$\varepsilon = -\frac{P}{bQ}$，表示需求价格弹性。结合式 (4.24) 和式 (4.27)，我们可以得到企业 i 相对于其他企业产出量的反应函数：

$$q_i = \frac{MC_i - a - bQ_J}{b(2+\varphi)} \qquad (4.30)$$

(2) 产能规模的决定。

现在返过头来分析第一步产能规模的决定，假设企业的均衡产出是自己的产能规模和竞争对手的产能规模的函数，即 $q_i^*(k_i, K_J)$，K_J 是其余企业产能规模之和，这表明企业可以通过产能选择来影响竞争对手的产出水平。企业在做出产能规模决定时的利润最大化条件是：

$$\max_{k_i} \pi_i = P[q_i^*(k_i, K_J) + Q_J]q_i^*(k_i, K_J) - r_i k_i - w_i l_i \qquad (4.31)$$

相应的一阶条件为：

$$P\frac{\partial q_i}{\partial k_i} + b\left[(1+\varphi)\frac{\partial q_i}{\partial k_i} + \frac{\partial Q_J}{\partial k_i}\right]q_i - r_i = 0 \qquad (4.32)$$

与式 (4.29) 类似，可以将 (4.32) 式改写成：

$$\frac{P\frac{\partial q_i}{\partial k_i} - r_i}{P} = \frac{s_i}{\varepsilon}\left[(1+\varphi)\frac{\partial q_i}{\partial k_i} + \frac{\partial Q_J}{\partial k_i}\right] \qquad (4.33)$$

这里 $\frac{\partial q_i}{\partial k_i}$ 表示固定要素的边际产出，$\frac{\partial Q_J}{\partial k_i}$ 表示企业 i 的产能规模对竞争对

手产出水平的影响,假设$\frac{\partial Q_J}{\partial k_i}$为常数,且在不同企业间是相同的。

(3)均衡分析。

将产量规模选择的最优条件式(4.29)代入产能规模选择的最优条件式(4.33)中,可得:

$$r_i - \frac{\partial q_i}{\partial k_i}MC_i + \frac{\partial Q_J}{\partial k_i}\frac{Ps_i}{\varepsilon} = 0 \qquad (4.34)$$

这样就将产能变化的效应划分为利润效应$\left(r_i - \frac{\partial q_i}{\partial k_i}MC_i\right)$和策略效应$\left(\frac{\partial Q_J}{\partial k_i}\frac{Ps_i}{\varepsilon}\right)$两类。其中,$\left(r_i - \frac{\partial q_i}{\partial k_i}MC_i\right)$是固定要素价格与固定要素的边际收益之差,代表了企业产能变化对企业利润的直接影响;而$\left(\frac{\partial Q_J}{\partial k_i}\frac{Ps_i}{\varepsilon}\right)$则衡量了企业$i$的产能规模对其竞争对手产出的影响。根据理论分析,一般来讲,$\frac{\partial Q_J}{\partial k_i} < 0$,换句话说就是,企业$i$维持过剩产能将会导致竞争对手产量的降低。其内在作用机制主要有二:第一,寡头垄断市场上,产能过剩可以作为一个可置信的威胁。即如果某个企业不按照串谋协议安排产量,那么其他所有企业均会增加产出,从而导致价格下跌以及许多企业破产。第二,产能过剩会使企业短期成本下降,从而可以获得更多的市场份额。根据式(4.34),$\frac{\partial Q_J}{\partial k_i} < 0$意味着$r_i - \frac{\partial q_i}{\partial k_i}MC_i > 0$,也就是固定要素的价格大于其边际收益,这一条件往往在资本密集型产业中得到满足。由此可知,产能过剩的形成具有一定的行业异质性,资本密集型产业一般更容易产生产能过剩问题。

研究表明,资本密集型以及一些技术密集型产业通常满足$r_i - \frac{\partial q_i}{\partial k_i}MC_i > 0$条件,而劳动密集型产业一般满足$r_i - \frac{\partial q_i}{\partial k_i}MC_i < 0$的条件,故$\frac{\partial Q_J}{\partial k_i} > 0$,企业$i$保持过剩产能并不会导致竞争对手产量的降低,因而,这类行业的企业没有扩大产能的动机,产能过剩更容易在资本密集型以及一些技术密集型产业中发生。

此外，产能过剩也与市场结构密切相关，垄断竞争和寡头垄断行业经常更容易产生产能过剩问题。在完全竞争的市场结构中，企业是价格的接受者，每个企业都是既定价格的背景下独立进行生产，故 $\frac{\partial Q_J}{\partial k_i} = 0$，即企业 i 的产能决策并不能影响其他企业的产出规模，所以企业也不具有维持过剩产能的动机；同理，在完全垄断的市场结构中，只有一家在位企业，它是价格、产量的制定者，故也满足 $\frac{\partial Q_J}{\partial k_i} = 0$，企业同样不产生保持产能过剩的倾向。

企业维持过剩产能主要有两大目的：一方面是为了降低成本，增加利润；另一方面也是为了影响竞争对手的产出水平，获取更多的市场份额。这两大目的分别对应了企业的利润效应 $\left(r_i - \frac{\partial q_i}{\partial k_i} MC_i\right)$ 和策略效应 $\left(\frac{\partial Q_J}{\partial k_i} \frac{Ps_i}{\varepsilon}\right)$。

以上结论与我国产能过剩的现实情况非常一致。

4.4 化解产能过剩的障碍：基于吸纳框架的分析

根据 4.3 节的模型分析，可以得出结论：在产业的选择阶段，企业一般选择进入高利润、高成长的产业，由于中央及各地政府的产业规划引导以及投资补贴激励，使得投资由分散趋向集中，各类企业不断大量进入少数产业。我国当前总体处于工业化的中后期，属于重化工阶段，企业集中涌入的产业基本上是资本密集型的制造业以及部分技术密集型的新兴产业，而这类企业在产能选择阶段又有保持过剩产能的倾向，从而导致产能过剩的形成。综观政府干预在我国产能过剩形成过程中的影响，笔者认为，其主要作用于企业的产业进入阶段，而产能投资、产品生产阶段的决策基本是企业的自主行为。遗憾的是，前面分析无法解释我国产能过剩持续时间相对较长以及经常陷入"越过剩越投资"的怪圈等问题。这些产能过剩形成之后反常现象的出现实际上反映了我国过剩产能的消化机制产生了问题。

为了更好地解释我国化解产能过剩的重要机制，在科尔奈（1986）的基础上发展出一个全新的"吸纳模型"分析框架（见图4-1）。该框架将企业活动划分为进入决策、产能投资、产品生产、去库存四个阶段，其中，产能投资、产品生产、去库存三个阶段类似于一个"蓄水池"，进入决策阶段则类似于"进水龙头"，而去库存的不同渠道或机制代表了"出水龙头"。市场信息会对企业各个阶段的行为产生重要的影响，而在当前的转型期，现有的体制安排将使得政府干预也会企业行为产生一定的影响。但是，与市场因素的影响不同的是，政府干预主要对"水龙头"而非"蓄水池"实施影响，对"进水龙头"施加影响的典型事实如各地政府通过各种举措积极开展招商引资、鼓励投资，具体举措包括审批绿色通道、低价出让土地、减免税费、放宽环保标准以及金融支持等（江飞涛等，2012）；而对"出水龙头"施加影响措施则主要包括研发补贴、市场分割、政府采购、协助企业免遭淘汰等。就掌握的资料来看，现阶段，几乎找不到各级政府对"蓄水池"施加影响的任何举措。

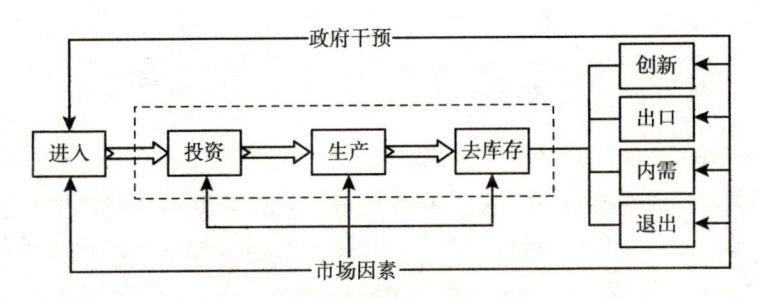

图4-1 产能过剩的吸纳模型

在当前市场经济体制下，对于一般产业来说[①]，政府干预的影响相对较小，企业不同阶段的行为主要受市场因素影响，市场的分散决策不太可能导致大量企业的集中进入，企业进一步的发展或退出基本上是自主决策，也就是说"进水龙头"和"出水龙头"都是按市场机制正常运转的，故整个"蓄水池"的水量大体会保持在一个相对合理的状态；而对于具有政府偏好的产业来说，市场预期加上政府的宣传、政策引导以及投资补贴会导致企业的投资潮涌，当产能出现过剩之后，政府出于经济、社会、政治等多方面的

---

① 这类产业不属于政府大力发展的主导产业或支柱产业，基本上是偏完全竞争的市场结构。

考虑①，会对企业下一阶段的决策施加影响，与市场因素的影响叠加后，导致"进水龙头"水流猛增，而"出水龙头"水流较小、甚至为零，从而"蓄水池"的水量不断增加，产能过剩愈发严重。

发达国家化解产能过剩的各种举措的本质其实是加大了"出水龙头"的"排水量"。一般来讲，企业去库存的渠道至少有四条，分别是创新升级、出口转移、扩大内需以及产能退出。国际金融危机后，全球经济复苏缓慢，一些发达国家实施再工业化战略，国际经贸关系格局也呈现重大调整，TPP（跨太平洋伙伴关系协议）、TTIP（跨大西洋贸易和投资协议）等双边或区域协作关系成为高于 WTO 新的治理结构，加上人民币升值、劳动力和原材料价格上涨等内外部因素的影响，使得我国无法再像原先那样依靠国际代工出口低端、廉价产品，发展外向型经济，消化过剩产能的"出水龙头"之一——出口的"排水量"将会长期小于国际金融危机之前，这是大势所趋。政府目前所能做的不是加大出口补贴，而是加快企业"走出去"，即由产品出口转向产能出口。在世界经济再平衡的背景下，刘志彪（2012，2013）曾提出，我国当前应及时启动基于内需的全球化战略，即"利用本国的市场用足国外的高级生产要素，尤其是利用其创新要素发展本国的创新经济"。但是，我国只是潜在的市场规模巨大，由于现实中市场没有完全开放、存在分割，同时购买力又不强，现实的市场规模并不是很大。扩大内需是一个系统工程，其最终实现需要国内统一市场的构建、社会保障的完善、居民收入水平的提高、产品结构的升级等多方面的共同改进，因此，扩大内需难以短期内一蹴而就，未来较长时间内依靠内需来消化过剩产能的目标将很难达到。事实上，不同的"出水龙头"之间也是相互影响的，本部分重点分析过剩产能的创新机制和退出机制。

4.4.1 创新

通过创新来提高产品质量或改善产品结构是化解产能过剩的一个重要途径。阿罗（Arrow，1962）曾经提出过市场失灵会导致创新不足的观点，为

---

① 政府官员的效用函数中包括 GDP、就业、晋升等多个变量，大量的文献研究了我国地方政府的行为，如沈立人等（1990）、周黎安（2004，2007）、王永钦等（2007）、皮建才（2008）等。

政府支持企业创新提供了理论依据。世界创新型国家的发展历程也论证了政府支持的重要性。一般来讲,政府支持企业创新的措施主要分为两类:一类是从供给端为企业的创新活动提供帮助,如研发补贴、税收优惠、知识产品保护等;另一类则是从需求端为企业创新降低市场风险,如政府采购等。但如果政府支持企业创新的政策效果不理想,企业的创新投入依然会低于社会的最优水平,过剩产能的这一"出水龙头"将会关小甚至关闭。熊彼特早期认为,创新的主体是小企业,后期强调应是大企业,原因在于前者创新意愿更强,而后者创新能力更强。实际上,创新能否最终实现与创新意愿以及创新能力密切相关,任何一点不具备都不会产生成功的创新。这里从以上两个方面分别阐述我国产能过剩产业缺乏创新的原因及内在机制。

4.4.1.1 创新意愿

理论上讲,造成企业创新意愿不足至少有以下三个机制:

机制一:创新具有的内在的不确定性降低了企业从事创新活动意愿。

创新是一个在"试错"中不断地学习的过程,因此,任何创新活动均有内在的不确定性。不确定性主要来自于两方面,一方面是创新活动本身的成功与否带有一定的风险,另一方面是创新的市场接受度存在一定的未知因素,也即在技术和商业结果上具有不可预知性。资料表明,世界范围内企业创新成功的概率普遍远低于5%。相对于成熟市场经济体制,市场机制不成熟、政府拥有大量资源的情况下,企业的创新动力会受到进一步抑制(李新男,2012)。发达国家的政府往往通过R&D补贴、政府采购等方式降低企业创新的不确定性以增强其创新意愿。但是,大量的实证研究表明,我国的创新鼓励政策并未有效实现政策目的。余泳泽(2011)利用我国省域数据进行空间面板计量分析后发现,政府支持对科研机构和高校创新效率的影响具有不确定性,而对企业则具有负影响。原因可能在于:(1)信息不对称以及受寻租、行政关系等的影响,政府支持无法有效配置;(2)政府对扶持资金缺乏有效的监督机制。李婧(2013)针对不同产权性质的企业进行了研究,并发现,政府R&D资助对国有企业技术创新有显著的负向影响,而对非国有企业有显著的正向影响。还有一些学者从补贴方式的角度开展了研究,唐清泉等(2008)认为间接补贴(如税收优惠)是引导企业成为自主创新主体的更为有效的方法,但是在我国由于产权、企业效益等多种因素影响效果并不明显。胡凯等(2013)研究发现中国的政府采购没有促进技术创新,甚至阻碍了技术创新,竞争不足是根本原因。

机制二:路径依赖降低了企业从事创新活动意愿。

亚瑟(Authur,1994)强调指出,创新型企业需要警惕路径依赖这个潜在问题。所谓路径依赖,即当一个企业选择了一种技术模式之后,可能会受各种自我加强的效应影响最终被路径锁定。一般来讲,路径依赖主要源自于三个方面:第一,昂贵的沉没成本;第二,企业管理团队的惰性;第三,个体认知的局限性。笔者认为,路径依赖在国内企业,尤其是集中了大多数产能过剩的制造业企业中更为明显。首先,制造业企业,尤其是重工业企业通常需要前期投入巨额的技术、设备,由于资产专用性造成沉没成本巨大。其次,国内制造业企业大量的技术引进减弱了创新冲动。目前,我国对外技术依存度超过40%(郭铁成等,2012;朱发仓,2012)。国际经验表明,对外技术依存度超过30%则可判断产生了对外技术依赖,欧美发达国家的对外技术依存度基本在5%左右。一些学者提出技术引进会对自主创新产生"挤出效应"(Mytelka,1987;Mohanan,1997),该观点也曾得到过实证检验。再次,转型背景下,政治关联而非创新成为企业的理性选择。邓新明等(2014)认为制度缺陷使企业的经营战略更偏好于利用人际关系网络而非市场。在我国,政府掌握了大量影响企业发展的重要资源(如创新资助、金融支持等)并拥有在不对称信息条件下配置资源的权力,因此,政治关联成为企业的理性选择。实证结果也表明,政治关联的确在一定程度上可以改善企业的经营绩效(Faccio,2006;Boubakri et al.,2011;Dombrovsky,2008;余明桂等,2008;黄灿,2013;田利辉等,2013)。最后,制造过程的复杂性使得制造业的发展日益专业化和职业化(Georghiou et al.,1996),企业发展的未来方向取决于它们以前学会了什么。

机制三:不完善的知识产权保护制度降低了企业从事创新活动意愿。

熊彼特在其早期的研究中曾经强调,创新要快速进行,以防后来者跟进。这实际上是指出了知识产权保护制度在鼓励创新方面的重要性。过去我们讲不完善的知识产权保护制度主要是指知识产权保护力度不够的情况,这会增强外部性,导致搭便车现象的产生,一方面影响了创新者垄断利润的获得，衰减了其创新意愿；另一方面由于低成本的模仿成为可能，因而也刺激了跟随者进行模仿而非创新。研究显示，制造业 R&D 溢出每增加 1%，相关企业成本将下降 0.2%。但事实上，知识产权保护过强也不利于企业创新。因为严格的知识产权保护会维持创新者的垄断利润，削弱其进一步创新的动力（Helpman，1993；Shapiro，2001）。另外，对于追随者来说，学习模仿成本的提高也不利于其开展创新。奥多诺霍和魏德米勒（O'Donoghue & Zweimuller，2004）曾将知识产权保护与技术创新之间的关系归纳为"倒 U 型"假说。一般来说，发展中国家所适用的最优知识产权保护力度与发达国家不同（庄子银，2009；王华，2011；郭春野等，2012），且知识产权保护对创新的影响还与市场结构、技能水平、初始保护力度等因素密切相关。目前，我国的知识产权保护制度对企业创新的影响是不确定的。从区域角度来看，东部和中部地区知识产权保护促进技术进步的效应明显，而西部地区尚未发生作用（周经等，2011；胡凯等，2012）。从政策目标和措施的角度来看，侵权惩戒目标显著限制了技术创新，最主要的行政措施对技术创新的影响很小，而真正起作用的财税措施没有得到足够的重视（盛亚等，2012）。

4.4.1.2 创新能力

很多机构与学者对国家创新能力进行过深入研究。虽然中国科学技术发展战略研究院发布的《国家创新指数报告2012》指出，目前，我国国家创新能力正处在一个"超常规"跃升的上行轨道。但是，根据2012年美国信息技术与创新基金公布的《国家创新能力评估报告》，我国的创新能力却被评为"中低"（报告将各国创新能力分为"高"、"中高"、"中低"和"低"四档）。从创新产出的角度来看，近几年，我国专利授权量迅速增长，但发明专利的比例较低且专利转化率不高；SCI论文总量我国位列世界第二，但被引用次数的增幅远小于论文数增幅。这些证据表明我国整体创新产出的质量不高，创新能力的提高主要依赖于研发投入的大幅增长。笔者认为，造成我国目前创新能力不强的原因主要在于：

第一，基础研究的力量薄弱。帕维特（Pavitt）在《牛津创新手册》中将创新过程概括为三个步骤，分别是科学和技术知识的生产、将知识转化为用品以及回应并影响市场需求。笔者认为，这三个步骤实际上分别对应的是基础研究、应用研究和试验发展。一般来讲，由于基础研究具有准公共产品性质，外部性较强，而且周期长、投入大，企业大多从事应用研究和试验发展，而国家大多侧重于基础研究。基础研究是应用研究和试验发展的重要源泉，代表了一国综合科技实力。目前，我国基础理论研究的不足已经成为制约国内自主创新以及消化吸收再创新的重要瓶颈。从基础研究投入来看，我国对创新资助的分配更倾向于应用研究和试验发展，衡量基础研究投入的重要指标——GEBR/GERD（基础研究经费/R&D经费）显示，2012年我国该比例为4.8%，远低于美国（18.7%）、法国（24.3%）、俄罗斯（13.9%）、日本（11.8%）、韩国（15.4%）、印度（19%）等其他国家，且近几年还出现了一定的下降趋势。从基础研究人员来看，2012年全国基础研究人员占R&D人员比例为6.5%，低于应用研究人员占比（11.8%）和试验发展人员占比（81.6%），理应承担更多基础研究责任研究与开发机构、高等学校也侧重于应用研究和试验发展，基础研究人员占比分别为16.5%、44.7%。从基础研究质量来看，SCI论文的被引率较低，每篇平均被引用率低于1次（魏守华，2008）。

第二，创新环境仍不完善。刘凤朝（2005）指出环境能力是反映创新能力的一个重要方面。转型时期的一些特殊的体制安排和政策举措除了削弱了创新意愿，还制约了创新能力的提高。主要表现在三个方面：（1）科研激励制度。不论是横向还是纵向比较，我国从事科研，尤其是基础研究的人员薪酬水平普遍较低[①]，他们绝大多数分布在事业单位，而我国事业单位的工资制度长期不适应社会发展的需要。作为理性经济人，自然会到企业拿一份高薪，从事难度较小、具有短平快特征的应用研究和试验发展。这使得我国出现了高等教育培养出的一流学生不是留在高校，而是去了企业或者政府的怪象。以日本为例，2012年其科研工作者中有37%分布在大学，在企业的只有58%，而我国有75%左右科研工作者是分布在企业，只有10%左右分布在高校。为了留住人才，修正被扭曲了的人力资本投资与回报，各科研机构往往通过项目经费的形式进行补贴，而不合理的科研经费管理制度又迫使科研人员将"主营业务"由科研转向了寻找发票，这也导致了大量利用

---

① 在美国，杰出科研人员的年最高收入相当于人均GDP的45倍，我国的台湾和香港也大致是这个比例，而印度则更高。http://www.gmw.cn/01gmrb/2005-07/14/content_268994.htm。

虚假发票套取科研经费案例的发生。（2）地方竞争体制。周业安等（2012）讨论了地方政府竞争对地区创新的影响，并得出结论：如果相邻地区的人均实际教育支出提高1%，本地发明专利与申请专利之比将下降188.4%，R&D经费实际值将下降357.5%，也就是说，如果一个地区增加科技投入，改善了本地的创新条件，吸引邻区科技要素的流入，从而增强本地创新能力，弱化邻区创新能力。这说明，地方竞争造成了创新能力的"零和"提高。（3）调控政策。比如国外发达国家在基础研究投入方面有较好的协调政策，政府和企业是两个独立且相互协调的投入主体。而我国基础研究的投入几乎是政府"独家包揽"，科研项目立项的行政化导向明显，同时，多头部署现象突出。

第三，创新网络尚未广泛形成。创新网络已经成为开展创新活动重要组织形式（Powell，1990；Chesbrough，2003）。几个典型事实如：美国国家研究委员会观察发现，20世纪90年代的11个产业在新产品和新工艺的发展过程中都大量依赖了大学、联合体、政府实验室的研发资源；自然科学领域的研究论文大多需要合作完成，作者也分别来自不同的机构；企业和大学的联系在增多；等等。[①] 创新网络的本质其实是利用外部研究资源合作创新，因此，其表现形式包括：研究联合体、合资企业、战略联盟和转包合同。社会学理论认为，拥有广泛多样的社会关系会使得个体在信息、地位和资源方面产生优势。本人认为，创新网络有助于创新能力的提高，原因主要在于：（1）创新活动的复杂性、异质性以及个体知识的专业性；（2）便于隐性知识、信息及其外溢效应的获取；（3）有利于营造"创新性碰撞"的环境。刘志彪（2012，2013）提出的利用本国市场虹吸国外的创新要素的重要观点本质上也是建议吸收外部创新资源、构建创新网络。目前，我国创新网络尚未流行的一个重要事实就是科研成果的产业化率明显偏低，这里虽然有科研成果质量不高的因素，但是更主要的原因是合作创新机制的制约。资料显示，我国科技成果转化率平均仅为20%，实现产业化不足5%，专利技术交易率只有5%，远低于发达国家水平。[②]

[①] 资料来源：詹·法格博格等：《牛津创新手册》[M]. 北京：知识产权出版社，2009.
[②] 引自：http://news.xinhuanet.com/tech/2009-10/29/content_12356086.htm。

4.4.2 退出壁垒

资料显示，当前，我国产能过剩企业落后产能的淘汰遭遇了很大的阻力，出现了过剩产能扩大、重复淘汰等诸多问题。作为退出机制的另一种形式，近两年国内企业并购比较活跃，但是更多的是购买海外资产，国内企业之间的整合并不活跃。2013 年第一季度，PE/VC 并购交易仅 38 起，涉及金额 8.87 亿美元，同比和环比均有所下降。造成我国企业，尤其是产能过剩企业退出困难的原因，主要是存在较高的市场性和体制性退出壁垒。退出壁垒一方面影响了自身"出水龙头"的"排水量"；另一方面也会对其他"出水龙头"形成影响，例如，周绍东（2008）实证研究发现行政性退出壁垒使工业企业的技术创新行为受到严重扭曲，创新强度也有所降低。

4.4.2.1 市场性壁垒

笔者认为，沉没成本和违约成本基本上构成了企业退出的市场性壁垒。

（1）沉没成本。

根据理论，资产专用性导致了沉没成本的形成。这里的沉没成本，即存量刚性不仅包括厂房、机器设备等有形资产，还包括研发、广告、品牌等无形资产。资产专用性具有行业异质性，纳恩（Nunn，2007）测算了各行业的资产专用性，他以专用性中间品使用密度为衡量指标，结果表明重工业的资产专用性相对于轻工业较强。一般来说，资产专用性越强，生产要素的市场流动性就越差，沉没成本也就越大。目前，我国产能过剩产业主要集中在重工业以及部分新兴产业领域，资产专用性较强，沉没成本的比例较大。随着专业化趋势的发展，资产专用性产生的沉没成本将得到进一步强化。所以，当企业面临经营困难时，并不愿意退出，而是想方设法维持，一个重要途径就是向银行贷款以获得足够的流动资金。由于存在前期贷款，为避免债务风险，银行又不得不继续向企业放贷，形成所谓"棘轮效应"，从而使企业继续"滞留"在过剩行业中。

（2）违约成本。

沉没成本主要是针对企业的固定资产而言，退出带来的流动资产方面的损失我们将其概括为违约成本。与沉没成本一样，违约成本过高也会造成企业退出受到限制。昌忠泽（1997）提出过类似的概念——固定成本退出壁垒，其他学者，如白凤峥（2001）、谢地等（2002）也关注过这类现象，但是他们更侧重于分析劳动力退出的成本。笔者认为，违约成本至少包括以下几种费用：一是企业在合同期内解雇员工必须支付较高的违约金、安置和再培训费用以及精神损失等。二是单方面取消原先订立的原材料等购买合同以及产品销售订单必须赔偿交易对方一定的损失。三是清算以及债务违约会影响企业的征信记录，增加其再贷款成本。与成熟市场经济国家50%的经验比例相比，目前我国规模以上工业企业的资产负债率高达58%，退出带来的违约成本相当高。四是工人失业可能会带来的一些不可预料的不安定因素。

4.4.2.2 体制性壁垒

其实，相对于市场性壁垒，更需要引起注意的是体制性壁垒。当前，我国企业退出的体制性壁垒主要源自于：地区竞争体制、社会保障体制以及市场体制等。

（1）地区竞争体制。

现行的财政分权以及以GDP为核心的政绩考核等体制导致各地陷入"锦标赛"竞争。在这样的制度安排下，地方政府会对产业进入、退出采取截然相反的态度。我们经常观察到的一个典型事实是：凡是中央大力号召、鼓励发展的产业，各地政府都会不论比较优势积极响应，甚至不惜通过扭曲生产要素价格来吸引投资；而中央要求严控或淘汰的落后产能，各地政府普遍持有抵触情绪，甚至会跟企业串谋"瞒天过海"。也就是说，产业进入阶段，中央和地方是"激励相容"的，而产业退出阶段，两者是"激励不相容"的。王晓姝等（2012）认为，当前的体制安排使得中央更关注长期和结构效应，而地方更关注短期和总量效应。造成地方政府不愿意企业退出的原因主要有五：第一，从政治晋升的角度来看，如果放任过剩企业退出，那就意味着GDP的下降并由此引发升迁失败；第二，从经济利益的角度来看，企业的投资活动也是政府官员寻租的一条重要途径；第三，从经济发展的角度来看，企业退出意味着财政收入减少，本地的经济发展会受到冲击；第四，从社会发展的角度来看，企业退出会导致工人失业，从而影响社会稳定；第五，从政府博弈的角度来看，阻止本地企业退出是地方政府的最优策略。刘小鲁（2005）研究发现地方政府阻止亏损企业退出会对其他地区的企业生存形成压力。如果设置壁垒能够给地方政府带来更高的净收益，或者地方政府能够更多地将维持退出壁垒的成本转嫁出去，那么退出壁垒持续的时间将越长。

（2）社会保障体制。

社会保障体制是通过影响政府和工人行为来影响企业退出的，因此，可以将其看成体制性壁垒的间接机制。目前，我国的养老、失业保险等社会保障体制并不完善，主要体现在三个方面：一是保障水平较低。实证研究表明，与西方一些国家相比，我国社会保障水平整体偏低，并且不同地区的社会保障水平差距很大，大多数地区的社会保障水平低于全国平均水平。二是保障覆盖面不广。以覆盖面较大的基本养老保险为例，2012年，我国城镇职工基本养老保险覆盖面只有61.9%。三是保障固态化。社会保障很难或者不能随保障主体的流动而流动。因此，现行的社会保障制度无法给企业退出造成的大规模工人失业形成有力支持，工人为争取自身利益往往采取上访、谈判等方式阻碍企业退出，而政府为了减少社会负担和不安定因素也会干预企业的退出决策。

（3）市场体制。

不完善的市场体制也是体制性壁垒的重要来源，这里的市场体制主要包含三层意思：一是市场机制。目前，我国市场的广度和深度还远远不能与成熟市场经济国家相比，现有的一些体制和政策（如条块管理、多头治理、市场分割等）又限制了市场机制作用的发挥，比如企业退出原有产业进入新产业的信息、资金等搜寻成本非常高；部分法律制度不合理，尤其是执行受人为因素干扰较大等。二是市场体系。我国尚未形成多层次、相对完善的市场体系，中央要求加快统一开放市场的构建实际上并不单单指的是商品市场，而是更侧重更深层次的要素市场，比如资本市场、劳动力市场、产权市场、技术市场等。要素市场的不完善使得过剩企业很难便捷地找到融资渠道投资新产业、进行产权转让或重组、获取进入新产业必需的生产技术、匹配对应的劳动力等。三是公司治理。虽然南开大学中国公司治理研究院公布的2013年我国上市公司治理指数达到了历史最高水平，但是与发达国家企业相比，我国企业的治理水平仍较低，而且产能过剩重灾区的制造业公司治理指数排名靠后，国有控股公司的治理水平明显低于民营控股公司。造成我国公司治理水平低下的主要原因在于政府的过度干预，比如资源配置、企业目标、高管任免等的行政化。这些因素使得过剩企业难以从原产业退出。

4.5 结　　论

本章利用协整方法对我国制造业的产能过剩情况进行了评价和分析，并着重解释转型时期我国产能过剩的形成原因。笔者认为，除了市场因素，政府干预是造成我国过剩产能形成并难以化解、甚至日益加剧的最重要原因。受科尔奈（1986）思路的启发，构建了一个吸纳模型分析框架，将企业活动分为进入决策、产能投资、产品生产、去库存四个阶段，政府对企业活动的影响主要体现在"两端控制"，主要干预手段表现为信号传递和预算软约束两个方面。根据以上研究，可以得出这样几点结论：

第一，在行业层面，我国目前的产能过剩正趋向普遍。如果以各阶段产能利用率的均值为参考值，本轮产能过剩的过剩产业相对于前两轮有一定幅度的增加；如果以2011年的产能利用率为主要参考值，可能存在产能过剩问题的行业有12个，占所有制造业行业数量的比例接近50%，其中，重工业比例接近85%，石油加工、炼焦及核燃料加工业，化学原料及化学制品制造业，化学纤维制造业，黑色金属冶炼及压延加工业，有色金属冶炼及压延加工业以及通信设备、计算机及其他电子设备制造业等行业被判定为强过剩。无论是强过剩产业还是弱过剩产业，绝大多数产业的产能利用率均呈现下降趋势，过剩情况很难短期改善，甚至会进一步恶化。

第二，在企业的进入决策阶段，政府的产业政策或对某产业的投资补贴会产生两种效应：一是收益效应，即改变企业投资预期收益；二是信号效应，即向企业传递投资前景信号，该信号往往比市场信号更能得到企业家的重视。在一个序贯进入的产业市场上，这两种效应会提高率先决策企业的进入概率，而先决策企业的进入行为也会提高后决策企业的进入概率。在先、后决策企业的市场地位不同的情况下，即使具有较高市场地位的先决策企没有做出进入行为，但是政府的鼓励或补贴依然会促使后决策企业率先进入。这说明不论是传统产业的国企率先进入，还是新兴产业的民企率先进入，政府偏好都将会导致大量企业对少数产业的集中进入，进而诱发产能过剩。

第三，在企业的产能决策阶段，企业往往倾向于维持过剩产能，其目的主要是：一方面是降低成本，增加利润；另一方面影响竞争对手的产出水平，获取更多的市场份额。实现以上目标的内在机制：一是寡头垄断市场上，产能过剩可以作为一个可置信的威胁。即如果某个企业不按照串谋协议安排产量，那么其他所有企业均会增加产出，从而导致价格下跌以及许多企业破产。二是产能过剩会使企业短期成本下降，从而可以获得更多的市场份额。一般来讲，资本密集型产业或者垄断竞争、寡头垄断行业更容易产生产能过剩问题。

第四，过剩产能形成后，化解机制的受阻是我国产能过剩"日益严重"、"久治不愈"的重要原因。根据吸纳模型，创新、出口、内需、退出是四个相互作用的主要的"出水龙头"，其中，由于国内外经济现实，出口和内需的状况在短期内难以改变。重点分析创新和退出后，可知：（1）创新方面。创新具有的内在的不确定性、路径依赖降低以及不完善的知识产权保护制度等降低了企业从事创新活动意愿。而基础研究的力量薄弱、创新环境的不完善以及创新网络尚未广泛形成又造成了我国当前创新能力的不足。（2）退出壁垒方面。沉没成本和违约成本基本上构成了企业退出的市场性壁垒，而更需要引起重视的体制性壁垒则主要源自于地区竞争体制、社会保障体制以及市场体制。不论创新，还是退出，政府的不当干预都是导致其"排水量"减小的重要因素。

综上所述，与发达国家不同的是，我国的产能过剩是由政府和市场等多种因素共同作用的结果。在当前的转型时期，政府干预是导致我国产能过剩形成、加剧的最重要原因。从吸纳框架的角度来看，发达国家的产能过剩的成因可以概括为以市场因素为主的"进入端控制"，而我国产能过剩的成因则是以政府干预为主的"进入端和退出端控制"，政府干预导致大量的企业对少数产业集中进入以及过剩企业的难以退出，而企业自身追求利润和市场份额的行为又加强了产能过剩倾向。因此，化解我国产能过剩当务之急是减少政府对企业行为的"两端控制"。

第五章

产业政策与产能过剩

5.1 引言与文献回顾

根据前面利用吸纳框架对我国产能过剩成因的分析，可以得出结论：政府对企业行为的"两端控制"是造成我国产能过剩愈演愈烈、久治不愈最重要的原因之一。从本质上看，政府对企业活动的干预主要是通过产业政策来实现的，例如各地在发展过程中往往用指向性很强，或偏好性过强、很具体的产业规划、产业政策指导或指令企业对产业的投资行动。事实上，产业政策一直为世界各国广泛采用。但是理论界对于产业政策的有效性长期存在着截然相反的两种观点：（1）产业政策有利于获得更快的增长速度（Amsden，1989；Lall，1997）；（2）产业政策并不能促进目标部门的资本积累和TFP的改善（Bhagwati，1978；Krueger，1978；Lee，1996；Lawrence & Weinstein，2001）。近期，越来越多的学者认为产业政策的有效性是有条件的（Pack，2000；Huang，2002；Kiyota & Okazaki，2009；Hodler，2009）。世界经济史表明，不少国家，如美国、日本、韩国等的产业政策在促进经济发展方面都取得了巨大成效，但是也有一些国家，如法国、罗马尼亚等的产业政策成效并不显著。笔者认为，从学理上讲，产业政策可以纠正市场失灵、调整产业结构、推动创新、提升竞争力，其最终的实施效果与产业政策的类型、制度环境、发展阶段等因素密切相关。

在近代以来内忧外患、积贫积弱的特殊背景下，我国为迅速摆脱贫困实施了第一轮赶超战略，其核心思维就是将有限的要素资源集中到少数领域以实现经济建设的单兵突破，即正面清单的管理策略，对应的产业政策自然是垂直型[①]。垂直型产业政策激励一批支柱产业迅速崛起，为"中国经济奇迹"奠定了重要基础，也使得我国逐渐过渡到工业化的中后期。帕克（Pack，2000）指出产业政策有利于经济增长的前提是该国处于工业化的早期阶段。在现实中，垂直型产业政策的实施也逐渐暴露出越来越多的问题，首当其冲就是严重的产能过剩矛盾。其内在机制是：一方面通过向企业传递信号，改变投资预期收益等方式诱使大量企业对少数行业的集中进入，造成"投资潮涌"（林毅夫等，2010）；另一方面在企业的退出阶段，反向激励效应使得企业陷入"越过剩越投资"的怪圈（何记东等，2012）。为了显示出我国产业政策与产能过剩的相关性，利用随机前沿生产函数法来估算制造业产能产出，其中，生产函数假定为超越对数形式，然后用产能利用率指标衡量产能过剩程度，估计样本为1999~2011年制造业分行业的面板数据。产业政策的工具种类较多，比如财政补贴、贸易保护、税收优惠等，出于数据的可得性考虑，这里选择销售税负、出口退税占流转税比重两个指标来表示政策鼓励对内、对外销售的情况。其中，销售税负采用陆（Lu，2000）的方法：

$$真实销售税负 = \frac{工业企业产品销售税金及附加}{(销售收入 - 销售成本)/(1 + R_{VAT})}$$

R_{VAT}表示增值税率，选取平均值17%。以上所有数据分别来自相关年份的《中国工业经济统计年鉴》《中国财政年鉴》《中国统计年鉴》。

散点图（见图5-1、图5-2）显示，虽然不少细分产业产能过剩问题较为突出，但是制造业整体并未表现出明显的产能过剩。产能利用率与销售税负以及出口退税占比拟合较好，说明产能过剩与产业政策具有较强的关联性，但不同政策的效果并不相同。例如，产能利用率与出口退税占比的趋势线斜率为负，表示出口导向政策可能会导致产能过剩；产能利用率与销售税负的趋势线斜率亦为负，表示税收优惠政策可能会提高企业的产能利用率。

[①] 所谓垂直型产业政策就是通过选择赢家，并以特别的补贴、税收、金融甚至行政干预等手段促进产业发展目标的实现。

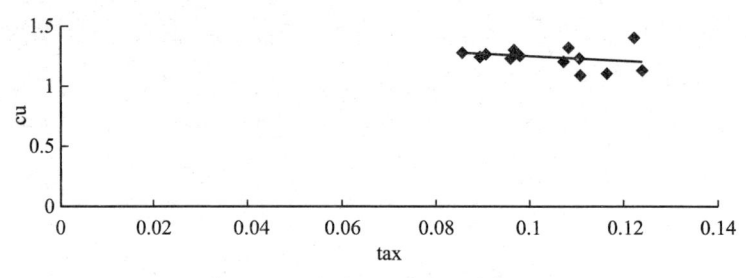

图 5-1　产能利用率与税负关系

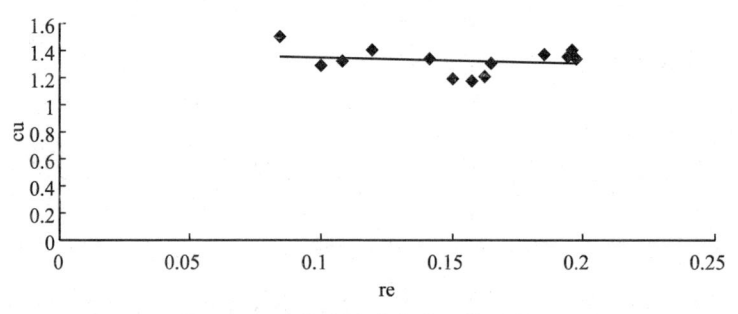

图 5-2　产能利用率与出口补贴关系

  国内学者对产能过剩的研究很少从产业政策的角度切入，不同的政策工具对产能过剩的影响更是鲜有涉及，大多数文献仅仅是笼统地指出了转型体制下政府干预对产能过剩的重要影响。比如，王立国等（2012）认为地方政府干预使得企业内部成本外部化，可以引发企业过度投资，进而造成产能过剩。江飞涛等（2012）指出体制扭曲背景下，地区对于投资的补贴性竞争是导致产能过剩最为重要的原因。王晓姝等（2012）分析了中央和地方政府在诱发产能过剩中的不同责任和在抑制产能过剩中的不同作用。

  而国外学者从政策角度对产能过剩开展的研究主要集中在贸易政策领域。代表性的文献有：斯蒂尔（Steel，1972）研究发现，在进口替代战略背景下，供应商信用以及资本品的低关税刺激了制造业产能的迅速扩张，同时外汇管制以及市场规模较小又影响了原材料的进口，从而导致产能过剩。萨哈（Sahay，1990）持有类似的观点，他认为发展中国家的投入品进口配额造成了制造业的产能过剩，而用关税去替代进口配额可以提高产能利用率。盖莫沃特和纳尔波夫（Ghemawat & Nalebuff，1990）研究了不同政策工具对产能过剩行业技术效率的影响，包括：关税、销售税以及增值税对技术效率的影响为负；有针对性的补贴只有在直接面向最有效率的企业时才是有意义的，没有针对性的补贴只会使技术效率更低；收入税不影响技术效率；并购即使不能产生规模经济也可以提高技术效率。布劳尼根和威尔逊（Blonigen & Wilson，2010）则分析了贸易政策对别国的影响，研究表明发展中国家的出口补贴并不是造成美国钢铁企业过去几十年衰退的显著因素。

经过文献梳理，笔者将产业政策的近期研究归纳为三个方向：一是产业政策的演变趋势。布拉德肖和布莱克利（Bradshaw & Blakely，1999）提出了"第三波国家经济发展战略"的概念，并认为当前的产业政策旨在降低技术创新的高风险，资助重点逐渐由企业项目转向更广泛的地区项目。奥沙利文等人（O'Sullivan etc.，2013）则利用政策矩阵工具分析了最近德国、日本、英国和美国等主要OECD国家制造业相关政策的演变，研究指出现在各国都越来越关注制造业的系统属性和行业之间日益增强的相互依赖给政策制订所带来的挑战。冯晓琦等（2005）在研究了日韩的产业政策转型后，认为政府的职能应当从经济活动的干预者转变为竞争秩序的维护者。二是产业政策的实施效应。陆（2000）认为中国的产业政策对行业间资源配置具有一定的影响，并从激励、贸易和投资开放以及配置效率三个方面进行了分析。哈里斯和罗宾逊（Harris & Robinson，2004）研究指出产业政策（RSA或SMART）对英国制造业TFP的影响甚微。清田和冈崎（Kiyota & Okazaki，2009）通过对1956~1964期间日本的棉纺企业进行实证研究后发现产业政策有利有弊，一方面可以有效控制棉纺企业的产出规模，从而有利于建立一个稳定的市场结构；另一方面迫使资源从低效率的大企业再分配至高效率的小企业，导致了棉纺行业TFP的低速增长。巴布（Babu，2008）以印度制造业为样本对产业政策的进入壁垒效应进行了研究，发现许可和产能限制政策的扬弃并没有使市场进入壁垒降低。法尔克等人（Falck etc.，2010）则分析了集群导向的产业政策对培育创新和地区竞争力的影响，并得出结论：不同的创新举措促使目标产业中企业成为创新者的可能性增加4.6%~5.7%。三是最优产业政策的确定。巴罗斯和尼尔森（Barros & Nilssen，1999）认为由于企业异质性，针对不同企业实施特定的产业政策才是最优的。毫无疑问，这一观点在现实操作中存在着较大难度。霍德勒（Hodler，2009）提出了产业政策只有在制度环境确保政策是适度的前提下才是有效的观点。罗德里格斯-克莱尔（Rodriguez - Clare，2007）研究了促进集聚经济产生的产业政策，并认为政府应该首先推动具有比较优势的现有部门集聚，而不是通过扭曲价格诱导先进部门集聚。内森和欧弗曼（Nathan & Overman，2013）分析了产业政策实施的合理空间规模，针对局部或集群的实施会使一些水平型产业政策取得更大的效果。陈和库（Chen & Ku，2014）比较了中国平板电脑产业的两种相冲突的政策——自主创新和腾笼换鸟，研究认为自主创新这类带有技术跃迁目标的自上而下的政策可能会破坏地方政府采用一个渐进和增量的方式进行产业升级的努力。

综上，现有的成果虽然已经进行了大量深入的讨论，但大多是对产能过剩以及产业政策的独立分析，很少有文献将两者结合起来，研究产业政策与产能过剩之间的关系。本章尝试利用定性和定量的方法重点回答两个问题：①产业政策对我国产能过剩的形成是否存在影响；②不同的政策工具对我国产能过剩的影响是否存在差别。

5.2 产业政策的演变

自20世纪80年代末，我国开始引入产业政策概念，逐渐成为实施产业政策的典型国家。经过30多年的高速发展，我国的产业政策虽然日益强调要发挥市场配置资源的作用，但从本质上看，依然属于垂直型或选择性产业政策。江飞涛等（2010）曾将我国产业政策的特征概括为三点：①几乎涵盖所有产业；②对产业内特定企业、特定产品、特定技术的选择性扶持以及对产业组织形态的控制；③强烈的直接干预市场。

5.2.1 产业政策的阶段性实践

目前，关于我国产业政策实践的归纳总结较多，从时间维度分析的文献中，陈靖（2002）以及陈瑾玫（2011）均将1994年作为我国产业政策演变的一个重要时间节点，因为1994年之前是计划经济向市场经济转轨时期，而1994年之后是市场经济体制逐步确立时期。而李敬辉（2004）则认为改革开放之前的计划经济时期也应单独进行分析。虽然计划经济时期政府对经济的管理主要体现在产业方面，各项经济政策基本属于广义的产业政策，但是真正意义的产业政策实际上是市场经济的范畴，因此，这里将我国产业政策实践主要分为下述三个阶段。

5.2.1.1　1978~1993年

改革开放初期，重工业由于长期的优先发展迅速崛起，但是农业、轻工业、第三产业等的发展严重滞后，产业结构矛盾十分突出。为此，国家相继颁布了《国务院关于清理固定资产投资在建项目、压缩投资规模、调整投资结构的通知》以及《国务院关于当前产业政策要点的决定》，提出了"集中力量发展农业、能源、交通和原材料等基础产业，加强能够增加有效供给的产业，增强经济发展的后劲；同时控制一般加工工业的发展，使它们同基础产业的发展相协调"的基本方向和任务。

在农业领域，创造性地建立了家庭联产承包责任制，充分发挥市场对农业的调节作用，主要包括两方面措施：一是价格支持。比如，大幅度提高粮食、农副产品的购销价格，逐步放开粮油以及部分农副产品价格，实行粮食、油料、棉花合同订购制度等。二是投入支持。"六五"、"七五"时期，不断加大对农业的投入，农业支出占财政支出的比重超过9%。

轻工业领域的政策措施经历了一个转变，在20世纪80年代中后期之前，国家采取了鼓励轻工业发展的态度，包括：①增加轻工业投资，压缩重工业投资；②加大对轻工业支持力度，比如对轻纺工业实行原材料、技术、基建、信贷、外汇、运输六个方面的优先举措。80年代中后期之后，轻工业的重复建设问题日益显现，国家又出台了相应的抑制措施。

能源、交通、基础设施领域的鼓励政策主要包括：税收优惠、建立专项建设基金、信贷支持、财政国外借款等。

这一时期，企业规模小、专业化程度低、资源利用效率不高以及行政垄断等现象广泛存在，中央采取了一系列政策进行干预，主要通过价格规制以及行政手段来实现，取得了一定的成效。在产业布局方面，为强调经济效益，逐渐向东部沿海地区倾斜。

5.2.1.2 1994~2005 年

十四届三中全会的召开标志着我国已经逐步走上了市场化的改革发展之路。1994 年，针对产业发展的现状以及出现的新问题，国家遵循"支持短线产业和产品的发展，对长线产业与产品采取抑制政策"的原则制定了《90 年代国家产业政策纲要》，并提出了亟待解决的六大重要课题：①不断强化农业的基础地位；②大力加强基础产业；③加快发展支柱产业；④合理调整对外经贸结构；⑤加快高新技术产业发展；⑥继续大力发展第三产业。其中，最主要的是发展支柱产业和出口导向型经济。

这一阶段，中央逐渐意识到规模经济和防止不正当竞争的重要性，于是出台了一系列产业组织政策，比如颁布了《反不正当竞争法》、合理转移农村剩余劳动力、鼓励企业兼并等。随着世界范围内高新技术产业的发展，技术成为决定产业国际竞争力高低的重要因素，国家开始采取增加科技投入、鼓励企业技术开发投入、拓宽融资渠道等措施加强技术开发推广、发展高新技术产业。在产业布局上，从"九五"开始，国家就开始加大对中西部地区的支持力度，加强资源性产业和基础设施的建设，扩大财政转移支付。

5.2.1.3 2006 年以后

"十一五"以后，我国产业政策的目标逐渐调整为产业结构的优化升级、产业竞争力的提高以及抑制部分产业的产能过剩。国家"十一五"和"十二五"《规划纲要》中均明确提出了加强农业基础地位，提升制造业核心竞争力，发展战略性新兴产业和现代服务业，促进增长向三次产业协同带动和结构优化升级带动转变的具体思路。为应对国际金融危机的影响，中央又先后出台了钢铁、汽车、船舶、石化、纺织、轻工、有色金属、装备制造、电子信息以及物流十大产业振兴规划对重点产业进行分类指导。

这一阶段的产业政策调控重点由工业逐步向先进制造业和现代服务业转变。产业组织政策方面越来越强调企业兼并重组对产业调整、振兴，尤其是化解产能过剩的重要性，继《关于促进企业兼并重组的意见》、《关于加快推进重点行业企业兼并重组的指导意见》等之后，国务院 2014 年又出台了

《关于进一步优化企业兼并重组市场环境的意见》。产业技术政策方面，国家提出要增强自主创新能力，大力提高原始创新能力、集成创新能力和引进消化吸收再创新能力，并提高环保门槛。在区域协调发展总体战略背景下，产业布局政策更加细致化，针对不同的产业有不同的布局，例如国家"十一五"规划中就对化学工业的布局提出了具体要求。

5.2.2 产业政策比较分析

通过对我国产业政策的演变过程进行分析，可以得出以下几点结论：

第一，各阶段产业政策的主体目标都是产业结构调整。根据以上总结，1978~1993年期间，产业结构调整的目标主要是促进轻工业、农业以及能源、交通、基础设施等基础产业发展，限制重工业发展；1994~2005年时期则主要是加大支柱产业发展，调整对外经贸结构；2006年以后除了促进三次产业协调发展外，产业政策的目标还附加了产业竞争力的提升和部分行业产能过剩的化解。虽然各阶段调整的具体内容不同，且目标日趋多元化，但是主体目标都是产业结构调整。石奇（2012）指出由于国内企业长期参加由发展中国家与发达国家共同组成的垂直分工和垂直竞争体系，故一直以来实施的是以"产业结构政策"为主体的产业政策。

第二，产业政策的影响产业逐渐发生变化。在改革开放初期，国家重点支持了农业、轻工业以及能源、交通和原材料等基础产业的发展，其中，重中之重是大力发展轻工业以满足人民日益增长的消费需求；十四届三中全会之后，为鼓励短线产业发展，中央又提出了要加快支柱产业发展，并明确了机械电子、石油化工、汽车制造和建筑业等重点发展产业；"十一五"以来，针对经济现实以及发展阶段的要求，中央提出了以三次产业协调发展促经济增长的新思路，产业政策开始由主要关注工业向现代农业、先进制造以及现代服务三次产业并重转变。

第三，具体的产业政策工具不断完善、创新。不少学者对我国的产业政策工具进行了整理概括，例如陆（2000）将其归纳为财政手段、行政手段、价格手段、税收手段、金融手段以及贸易保护等几种，此外还有法律、信息等政策工具。这些政策工具的使用频率以及重要性在不同阶段是不同的。在改革开放初期，受计划经济思维的影响，主要使用的是行政、价格、财政等手段；随着改革开放的深入，逐渐演变成行政、财税、金融、信息、外贸、法律等手段；当前，根据赵英等（2012）的专题研究和问卷调查，主要政策工具依次是：财政、金融、行政、国内法律法规、技术标准、国际法律法规、信息、税收、产学研联盟等。其实，相同政策工具的内涵也同样发生着变化，比如行政手段从以投资规模控制为主转变为要素控制；财政手段，随着公共财政体制的建立，财政支出逐渐从竞争性领域转向公共服务领域；加入WTO后，关税和非关税壁垒也无法继续使用；等等。由此可见：①财政、金融等手段仍占主导地位；②我国的产业政策工具越来越重视市场配置资源作用的发挥以及法制化程度的提高。

第四，产业政策体系逐步建立健全。产业政策体系中主要包括结构政策、组织政策、技术政策以及布局政策等。从我国不同阶段产业政策的演变过程来看，在计划经济向市场经济转轨阶段，中央政府主要专注于产业结构政策，呈现出结构政策"一支独大"的局面，而市场经济体制初步建立之后，中央逐渐意识到产业组织、产业技术以及产业布局政策的重要性，在调控过程中不断增加对产业组织、技术以及布局的相关举措，换句话说就是调控重点从产业间逐步转变为产业内。石奇等（2012）指出我国的产业政策正从以"产业结构政策"为主体转向以"产业组织政策"为主体，从以充分利用规模经济、产业结构高度化为目标转向以微笑曲线两端延伸、比较优势环节纵深发展为目标。

第五，产业政策逐渐由外延管理转向内涵管理。在改革开放到20世纪90年代末，大多数产业处于规模扩张时期，产业政策主要表现为投资的鼓励、准入与限制，因此，这一阶段的产业政策目标主要是结构调整，这实际上是一种外延式的管理方式。新世纪以来，产业政策越来越多地关注产品质量、能耗、环保、技术标准等方面，表明产业政策目标开始侧重于产业优化升级，比如国家相继出台了《当前国家重点鼓励发展的产业、产品和技术目录》（2000）、《产品结构调整指导目录》（2005、2011、2013）、《工业转型升级投资指南》（2011）对重点行业的不同产品或技术分别采取鼓励、限制及淘汰三种不同的态度。在产能过剩的治理政策方面，也开始由遏制产能盲目扩张、清理整顿违规产能、淘汰落后产能等举措"单兵突进"向推进企业兼并重组、扩大内需、推动企业走出去、加强企业自主创新等各种举措"多管齐下"转变。

5.2.3 基于产业政策矩阵的分析

为了更加清晰、形象地体现我国各阶段产业政策的演变过程，这里将采用奥沙利文等人（2013）首次提出的产业政策矩阵框架进行进一步的分析。与传统的产业政策分析方法不同的是，产业政策矩阵分析不关注不同政策措施的选择性和作用大小，而聚焦于政策措施的影响对象及干预水平。产业政策矩阵将政策干预水平分为企业、产业、产业间以及宏观环境四个层次，影响对象主要包括知识、劳动力、产能、资源和基础设施、金融等投入要素以及开放经济中的全球生产体系和市场。正如奥沙利文等人（2013）所指出的，产业政策矩阵分析法也存在一定的缺陷，比如一些产业发展变化可能并非是由产业政策因素所导致的、地区层面的产业政策差异也难以反映等。对于我国产业政策实践来讲，产业政策矩阵最大遗憾是无法体现发挥过重要作用的行政管制措施的变化及影响，但这仍不失为是一种比较客观和直观的分析方法，便于我们对我国各阶段产业政策的主题及预期目标作出更精准的把握（见图5-3、图5-4、图5-5）。

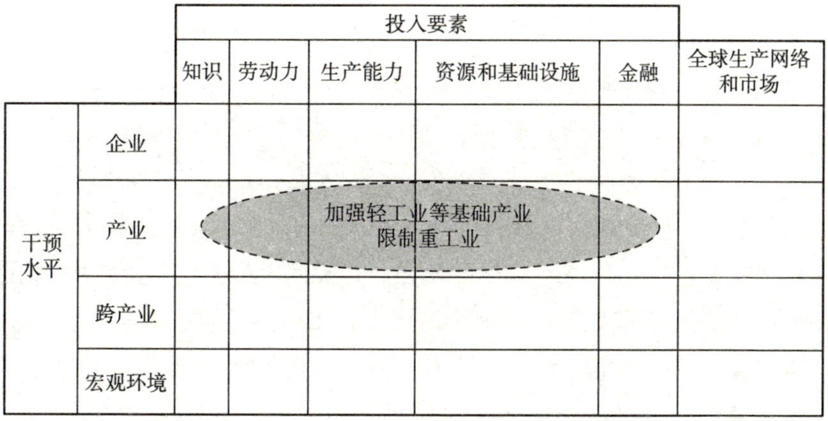

		投入要素					全球生产网络和市场
		知识	劳动力	生产能力	资源和基础设施	金融	
干预水平	企业						
	产业			加强轻工业等基础产业 限制重工业			
	跨产业						
	宏观环境						

图5-3 1978~1993年我国产业政策主题及目标

图 5-4　1994~2005 年我国产业政策主题及目标

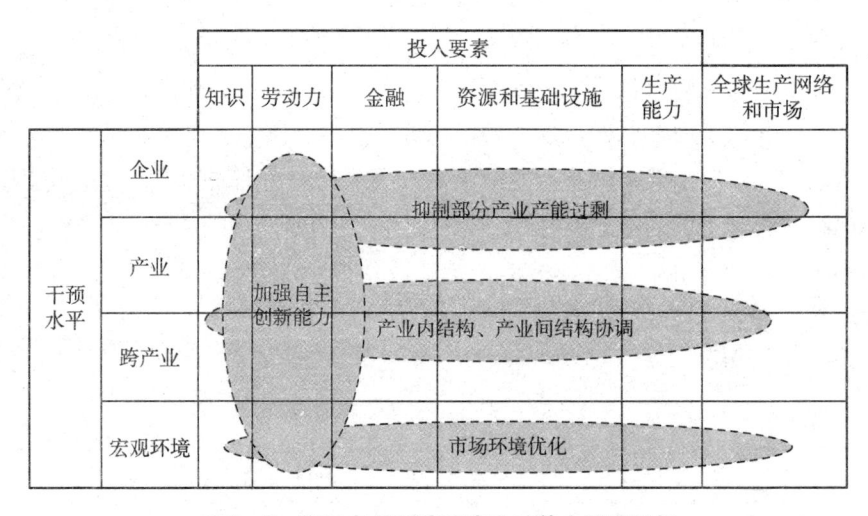

图 5-5　2006 年以后我国产业政策主题及目标

通过对我国产业政策实践的梳理，可以将各阶段产业政策的主题和重要目标归纳如下：(1) 1978~1993 年阶段，产业政策的主题是调整产业结构，主要目标是加强能够增加有效供给的产业，如农业、轻工业以及能源、交通、原材料等基础产业的发展，限制一般加工工业发展。因此，产业政策的干预水平基本上是产业层面，实施的政策工具（如价格支持、财税优惠、信贷支持等）涉及知识、劳动力、产能、资源和基础设施、金融等投入要素。(2) 1994~2005 年阶段，产业政策的主题仍然是产业结构调整，但是内涵更加丰富，包括产业结构、空间结构以及外贸结构等多重含义，主要目标是加快支柱产业、基础产业、高新技术产业等短线产业发展，抑制长线产业发展；加大对中西部地区的产业布局；鼓励高附加值和国际竞争力产品的出口以及新技术、关键设备、零部件、短缺的某些初级产品的进口等。其中，产业结构调整的政策干预水平主要是产业层面，产业空间布局和外贸结构调整的政策干预水平则涉及企业和产业两大层面。政策工具方面，产业结构调整的政策工具主要对知识、劳动力、产能、资源和基础设施、金融等投入要素施加影响，产业空间布局的政策工具主要对产能、资源和基础设施、金融等投入要素施加影响，外贸结构调整的政策工具主要对金融及全球生产体系和市场施加影响。(3) 2006年以后，产业政策的主题演变为产业结构的优化升级及产业竞争力的提高，具体目标包括：三次产业协调发展、产业转型升级、抑制部分产业产能过剩、自主创新能力提高、市场环境的完善等。其中，产业内和产业间结构优化升级、抑制部分产业产能过剩、自主创新能力提高、市场环境优化的政策干预水平分别涉及产业和跨产业层面，企业和产业层面，企业、产业、跨产业和宏观环境层面，宏观环境层面。产业内和产业间结构优化升级、抑制部分产业产能过剩、市场环境优化的政策工具主要影响知识、劳动力、产能、资源和基础设施、金融以及全球生产体系和市场，而自主创新能力提高的政策工具主要影响知识、劳动力及金融。

从表5-1、表5-2、表5-3中，可以得出以下三点结论：(1) 我国产业政策的主题及目标日趋多元化，从主要关注产业间结构调整逐渐转向产业内的转型升级以及产业间的协调发展。(2) 产业政策的干预水平逐渐由产业、企业的偏微观层面转向跨产业、宏观环境的偏宏观层面，体现了产业发展的系统性特征（奥沙利文等，2013）。(3) 产业政策的工具选择越来越强调对知识、劳动力以及全球生产体系和市场的影响。

5.3 产业政策造成产能过剩的内在因素分析

我国是运用垂直型产业政策较多的国家，通过政策的力量改变和培育比较优势，不仅构建起较为完备的产业体系，而且也实现了经济起飞和多年的高速增长，但同时也产生了很多问题，尤其是随着高增长光环的逐渐褪去，这些问题日益凸显，其中，首当其冲的就是不断扩大和加剧的产能过剩问题。这里将对产业政策造成产能过剩的机制提供一个简单的分析框架，并在此基础上提出一些有待检验的理论假说。

第一，非均衡的发展思维。垂直型产业政策从本质上看体现的是非均衡的发展思维，这是一种正面清单的管理方式。国际上实施垂直型产业政策且取得过巨大成功的典型国家有日本、韩国等，其政策背景主要是针对相对落后的产业结构，迅速实现结构升级和经济赶超（Lawrence et al., 2001; Huang, 2002）。与之相似，为迅速摆脱贫困，实现经济起飞，我国借鉴日韩采取非均衡的发展思维，集中有限资源实现某一领域速度和数量的单兵突破。在非均衡的发展思维下，产能过剩形成的具体机制是：（1）由于我国具有强政府特征，中央政府利用垂直型产业政策选择重点发展的产业，并通过各种政策工具主要对供给端进行刺激，导致大量要素和资源对这类产业的集中投入，形成了巨大的超出一定范围的生产能力，从而产生了产能过剩出现的可能。（2）在现有的政治集权、经济分权的制度安排下，各地方政府基于追求政治晋升和经济利益的动机往往忽视本地比较优势，片面照搬中央垂直型产业政策，实施地方版的非均衡发展，出现了大量重复建设、过度竞争现象，进一步加大了重点发展产业发生产能过剩的概率。（3）空间上的非均衡布局，加上长期存在的地方保护、市场分割等因素，使得某些地区相对于其他地区更加容易出现过度投资，进而引发产能过剩。

第二，市场机制尚未完善。在市场发育程度较低的背景下，产业政策通过其自身的信号传递作用极有可能造成产能过剩。当前，我国市场化程度不高主要表现在两个方面：一是市场信号失真；二是市场信息严重不对称。也就是说，企业一般很难通过正常的、公开渠道以较低的成本获得未被扭曲的市场信息，而政府由于掌握了大量的关键要素和资源通常比企业更容易获得更多、更真实的市场信息。因此，俘获政府并由此取得一些重要的有形或无形资源，提升竞争力成为不少企业的理性选择（Krueger, 1974; Hellman et al., 2003）。[①] 基于这样的背景，我国企业的决策行为往往更多地依赖于产

---

① 比如根据上市公司 2012 年的年报，我国上市公司独立董事中有 642 个由各级政府官员担任，其中，市值前 100 名的上市公司中，有 41 位政府退休高官任独立董事。http://finance.ifeng.com/a/20140424/12192166_0.shtml。

业政策。在进入决策时，垂直型产业政策会向率先行动的企业传递信号，诱使其进入具有政府强烈偏好的产业。对于随后行动的企业，产业政策会继续传递同样的信号，而率先行动的企业的进入行为又进一步加强了这种信号效应，刺激企业序贯进入。即使后行动的企业掌握了先行动企业进入薄利或亏损的信息，两种信号的叠加效应和不对称信息下的羊群效应仍然会促进企业"前赴后继"（Scharfstein & Stein, 1990；Banerjee, 1992），从而导致这类产业出现产能过剩。由此，也可以推论，地区间市场发育程度的差异将使得市场化程度较低的地区相对更易爆发产能过剩危机。在退出决策时，一方面垂直型产业政策很少包含退出信息和指导，另一方面由于政府官员自身的认知限制，负面清单的制订并不科学且相对滞后，比如规模门槛的使用很可能产生反向刺激信号，从而加剧了产能过剩（何记东、史忠良，2012）。

第三，企业的预算软约束。作为"双轨制"的产物，我国企业的预算软约束呈现出新的特征，即政府由"博爱"逐渐转向"专宠"，一些重点部门、企业的预算软约束程度非但没有下降反而由于政府干预手段和控制关键资源的增多得到加强。现有的不少研究均提供了我国不同产业部门以及所有制的企业长期存在预算软约束的证据（Ito, 2006；Li, 2008；Eggleston et al., 2009）。预算软约束之所以一直存在，罗宾逊等（Robinson et al., 2009）给出的解释是，在既非民主，又非独裁的制度环境下，虽然牺牲了经济效率，但获得了政治支持。对于我国来说，中央层面的软约束主要是为了经济发展和社会稳定，正如库斯基等（Kousky et al., 2006）所指出的，政府对投资的合理保护会增加边际社会收益；而地方层面的软约束则主要是追求官员个人的政治晋升以及可能存在的寻租。当前广泛施行的垂直型产业政策在一定程度上软化了鼓励发展产业中企业的预算约束，并造成产能过剩。具体来说，其一，地方竞争使得各地为招商引资竞相采用投资补贴措施，并开展补贴竞争，如低价出让土地、财税优惠、降低环保标准、帮助企业获取金融支持等，造成了要素价格的扭曲以及企业投资成本的下降，引发企业集中进入某些产业，形成产能过剩。这一机制正是王立国等（2013）所提出的"企业内部成本外部化"。其二，当企业亏损面临退出时，地方政府又会通过补贴、信贷等"父爱"方式将其维持在市场之中。这一行为实际上是各地政府主导的消耗战博弈的纳什均衡，而且如果设置退出壁垒能够给地方政府带来更高的净收益或者可以实现成本转嫁，那么退出壁垒持续的时间将越长（刘小鲁，2005）。其三，对于国有比重较高的鼓励发展产业，由于企业预算约束相对更弱，因而更容易出现产能过剩。大量的实证研究提供了有力的证据，比如陈等（Chen et al.，2013）利用中国的数据研究发现政府干预与企业协同投资之间存在着显著的正相关关系，且与民营企业和外资企业相比，国有企业的这种关系更显著，相关系数也更大。

第四，产业政策执行不对称。我国长期以来实施的是垂直型产业政策，其本质是政府选择赢家，因而政策内容主要是指出鼓励发展的产业及支持措施。随着经济现实和政府认知的发展，我国产业政策逐渐开始关注、包含限制类以及淘汰类产业目录，并制定了相应的实施举措，比如《产业结构调整指导目录》（2005）、《工业转型升级投资指南》（2011）。地方政府是落实中央产业政策的主体，对鼓励、限制、淘汰三类产业的政策的不同执行态度和力度是导致我国部分产业出现产能过剩的重要原因。之所以会出现产业政策执行不对称的现象，主要是源自于当前的机制设计。在现行的财政分权和以 GDP 为核心的政绩考核体制下，地方和中央在实施鼓励型产业政策方面是激励相容的，而在实施限制型或淘汰型产业政策方面则是激励不相容的。正如王晓姝等（2012）所指出的，中央更关注长期的结构效应，而地方则更多地关注短期的总量效应。因此，对于鼓励类产业，地方政府会坚决执行中央政策，甚至不惜通过扭曲要素价格，开展恶性竞争来吸引相关企业投资入驻，增大了产能过剩的发生概率。比如中央提出要加快战略性新兴产业的布局与发展后，诸多省、市，乃至县都迅速出台了相应的"规划"，上演了一场全国式的经济赛跑，其中不少地区纷纷陷入"拼地价、给补贴、降门槛"的传统发展模式，即所谓"朝阳产业的夕阳式发展"。而对于限制类和淘汰类产业，地方政府往往会与企业串谋，阳奉阴违，打政策的"擦边球"，甚至欺上瞒下，设置各种退出壁垒，从而使过剩或落后产能难以退出，导致产能过剩"久治不愈"。

第五，产业升级的困境。根据经济学理论，产品多样化、质量提升以及产业升级是破解产能过剩危局的重要途径之一。但是我国的产业政策却在一定程度上影响了产业升级的顺利实现，进而导致产能过剩的产生和难以化解。其内在机制主要包括四个方面：一是鼓励以国际代工方式加入GVC，发展出口导向型经济的产业政策虽然可以在短期内使众多国内企业完成较低级的工艺和产品升级，但是由于链主及环节限制等因素却长期被锁定于"微笑曲线"的低端，开展同质化竞争（张少军，2013；Burstein et al.，2008）。二是回顾我国产业政策的演变历史，一直以来为实现经济的迅速赶超，产业政策的目的主要是追求部分产业以速度和数量为核心的快速增长，直到"十一五"时期才正式将增强自主创新能力、提升产业竞争力引入产业政策并突出其重要性，而这一改变很难在短期内对我国产业升级困境产生明显的积极影响。三是产业政策及其支持方式、工具等的不完善使产业升级难以实现。产业升级的本质是创新和技术进步，格罗斯曼和赫尔普曼（Grossman & Helpman，2003）讨论了持续技术进步的经济条件，比如溢出收益、市场规模、研究部门的生产率、居民对新产品的消费态度等。目前，产业政策中知识产权保护内容的缺失或执行不力导致研究部门溢出收益的迅速下降，削弱了其创新动力。另外，鼓励创新的产业政策其干预水平主要集中在企业层面，而对跨产业及宏观层面的基础理论研究的支持力度不够，从而使企业研发生产率难以提高，而且中央及各地广泛采用的是事前的创新投入补贴方式，研究表明，事后的创新产品补贴方式相对更为有效（生延超，2008）。此外，当前的产业政策对创新活动的支持主要表现为供给端刺激，而忽视了需求端的补贴，这使得新产品无法较快赢得市场关注和消费耐心。四是中央和地方产业政策的不协调也对产业升级造成了一定的不利影响。比如，自主创新与腾笼换鸟之争，陈等（2014）研究发现像自主创新这类顶层设计政策很可能会破坏地方政府采取腾笼换鸟这种渐进方式进行产业升级的努力。以上四方面由产业政策所造成的产业升级困境会促使国内企业"潮涌"进入某些产业后，发生产能过剩并将长期存在。

综上所述，本章提出以下理论假说：

假说一：长期实行的垂直型产业政策，会增大我国发生产能过剩的可能性。

假说二：长期实行的垂直型产业政策，主要通过影响企业进入和退出两个渠道导致我国产能过剩的发生且持续存在。

5.4 研究设计

为了对上一部分提出的两个理论假设进行验证，这里引入以下计量经济模型来分析产业政策与产能过剩之间的关系。

5.4.1 计量模型设定

我国产能过剩主要包括体制性、结构性以及周期性三种类型，其影响因素除了政府干预，还有需求冲击导致的被动过剩以及企业为了应对不确定性、追逐市场份额和利润等造成的主动过剩。因此，为对假说一进行检验，这里构建如下计量模型：

$$cu_{it} = \alpha_0 + \alpha_1 poli_{it} + \alpha_2 grow_{it} + \alpha_3 dema_{it} + \alpha_4 prof_{it} \\ + \alpha_5 struc_{it} + \alpha_6 forei_{it} + \alpha_7 indus_i + \mu_i + \varepsilon_{it} \quad (5.1)$$

其中，i 表示行业，t 表示时间；cu 是被解释变量，表示产能过剩程度；$poli$、$grow$、$dema$ 以及 $prof$ 为解释变量，分别表示产业政策、产业的内生增长趋势、外部需求冲击和产业的盈利情况；此外，不少文献还论证了市场结构、国际贸易、行业特征等对产能过剩的影响，因此，为了更好地分析产能过剩的影响因素，这里加入一些控制变量，比如 $struc$ 代表市场结构、$forei$ 表示产业的对外开放度、$indus$ 描述产业的轻、重特征。μ_i 表示不可观测的个体固定效应，ε_{it} 是随机误差项。

从前面的分析中，可以得出这样的结论：我国垂直型产业政策主要通过鼓励进入、限制退出两种机制诱发具有政府偏好行业的产能过剩。为验证假说二，构建如下计量模型：

$$entr_{it} = \beta_0 + \beta_1 poli_{it} + \beta_2 grow_{it} + \beta_3 prof_{i,t-1} + \beta_4 dema_{i,t-1} \\ + \beta_5 struc_{it} + \beta_6 forei_{it} + \beta_7 indus_i + \mu_i + \varepsilon_{it} \quad (5.2)$$

$$exit_{it} = \beta_0 + \beta_1 poli_{it} + \beta_2 grow_{it} + \beta_3 prof_{it} + \beta_4 dema_{it} \\ + \beta_5 struc_{it} + \beta_6 forei_{it} + \beta_7 indus_i + \mu_i + \varepsilon_{it} \quad (5.3)$$

此处，$entr$ 表示企业进入，$exit$ 表示企业退出。

5.4.2 数据和变量说明

5.4.2.1 被解释变量

产能过剩程度（cu）产能过剩的测度一直是学术界讨论的热点，国外学者普遍采用产能利用率指标来衡量产能过剩程度，并针对核心的产能产出的估算开发出多种方法。而国内学者对产能过剩内涵及成因的认识与国外略有不同，因此，一部分学者提出应采用指标体系法才能更全面、客观地把握产能过剩程度（周劲等，2011；冯梅等，2013）。

为了保证研究的一致性、普遍性及可比性，本章仍然选择产能利用率指标来衡量产能过剩的程度。这里对产能产出的估算借鉴康巴哈卡（Kumbhakar, 2000）提出的随机前沿生产函数法进行。

首先设定各行业的随机前沿超越对数生产函数：

$$\ln y_{it} = a_0 + \sum_j a_j \ln x_{ijt} + a_t t + \frac{1}{2} \sum_j \sum_k a_{jk} \ln x_{ijt} \ln x_{ikt}$$
$$+ \frac{1}{2} a_{tt} t^2 + \sum_j a_{jt} \ln x_{ijt} t + \varepsilon_{it} \qquad (5.4)$$

其中，y_{it} 表示 i 产业在 t 期的实际产出，x_{ijt} 和 x_{ikt} 表示 i 产业在 t 期第 j、k 种要素投入，这里主要考虑资本和劳动两种要素，t 是时间趋势变量，表示技术进步，ε_{it} 为复合残差项。重点变量的指标确定和计算方法如下：y_{it} 选择规模以上工业企业实际工业总产值指标，利用各行业名义工业总产值剔除价格因素计算得出；x_{ijt} 为各行业资本存量指标，将固定资产原值与累计折旧作差，再利用固定资产投资价格指数换算成实际固定资产净值；x_{ikt} 以各行业规模以上工业企业全部从业人员年平均人数为衡量指标。出于数据可得性的考虑，本章以 1999~2011 期间我国制造业 28 个细分行业（工艺品及其他制造业、废弃资源和废旧材料回收加工业除外）为研究样本。

由于式（5.4）为非线性模型，通常采用极大似然估计法（MLE）进行回归，方程及变量设置均通过显著性检验，由此估算出各产业的产能产出，进而得到产能利用率。根据测算结果（见表 5-1），对照国际广泛采用的 79%~83% 正常区间标准，可以得出结论：（1）我国制造业中，除了纺织服装、鞋、帽制造业,皮革、毛皮、羽毛(绒)及其制品业,电气机械及器材制造业,通信设备、计算机及其他电子设备制造业等,绝大多数产业均可能存在产能过剩风险。(2)各产业产能利用率的变动基本保持一个较为平稳的态势。(3)轻工业与重工业的产能过剩程度并没有表现出明显差异。

表 5-1　　　　1999~2011 年中国制造业各行业产能利用率

轻工业	1999	2011	均值	重工业	1999	2011	均值
农副食品加工业	0.756	0.800	0.754	石油加工、炼焦及核燃料加工业	0.571	0.645	0.692
食品制造业	0.445	0.479	0.442	化学原料及化学制品制造业	0.546	0.542	0.536
饮料制造业	0.419	0.388	0.354	医药制造业	0.500	0.434	0.404
烟草制造业	0.641	0.673	0.651	橡胶制品业	0.410	0.373	0.371
纺织业	0.602	0.593	0.578	塑料制品业	0.541	0.532	0.502
纺织服装、鞋、帽制造业	0.857	0.812	0.812	非金属矿物制品业	0.433	0.446	0.407
皮革、毛皮、羽毛(绒)及其制品业	0.843	0.904	0.905	黑色金属冶炼及压延工业	0.454	0.550	0.554
木材加工及木、竹、藤、棕、草制品业	0.393	0.561	0.435	有色金属冶炼及压延工业	0.431	0.554	0.508
家具制造业	0.564	0.577	0.546	金属制品业	0.645	0.600	0.637
造纸及纸制品业	0.382	0.292	0.315	通用设备制造业	0.505	0.667	0.618
印刷业和记录媒介的复制	0.301	0.325	0.276	专用设备制造业	0.489	0.560	0.522
文教体育用品制造业	0.695	0.663	0.638	交通运输设备制造业	0.645	0.710	0.698
化学纤维制造业	0.341	0.366	0.338	电气机械及器材制造业	0.797	0.843	0.865
				通信设备、计算机及其他电子设备制造业	1.146	0.907	1.035
				仪器仪表及文化、办公用机械制造业	0.515	0.585	0.588

注:根据回归结果测算得出。

企业进入(entr)根据计量模型和数据特征,这里用各行业规模以上非亏损工业企业数变化率指标表示企业的进入情况。具体计算公式如下:

$$\text{非亏损工业企业数变化率} = \frac{\text{本年非亏损工业企业数} - \text{上年非亏损工业企业数}}{\text{上年非亏损工业企业数}} \times 100\%$$

(5.5)

其中，非亏损工业企业数可由工业企业数减去亏损企业数得出。

企业退出（exit）由于缺乏微观的企业退出、并购等方面的数据，我们用亏损企业数变化率指标替代表示企业的退出情况。具体计算公式如下：

$$\text{亏损工业企业数变化率} = \frac{\text{本年亏损工业企业数} - \text{上年亏损工业企业数}}{\text{上年亏损工业企业数}} \times 100\%$$

(5.6)

5.4.2.2 核心解释变量

产业政策（poli）。产业政策的内涵非常丰富，实证研究对其的处理一般有三种思路：一是通过比较不同产业政策实施阶段被解释变量的变化来说明产业政策的影响。比如巴布（Babu，2008）测算了行政许可和产能限制政策改革前后印度制造业进入壁垒的变化情况，并以此阐述产业政策改革的效果。费利佩等（Felipe et al.，2013）比较了多国 GDP 增长与出口、产品多样性等之间的关系后认为行政许可以及偏向重工业的产业政策是造成印度制造业更加多样化和精密的原因。这种处理方法有效回避了产业政策的定量描述，但是存在一个严重逻辑缺陷，即产业政策只是所有变化的充分不必要条件。二是将产业政策看成一个整体，从行业或时间维度引入哑变量。哈里斯等（Harris et al.，2004）利用柯布－道格拉斯生产函数加入产业政策哑变量（即制造业企业是否加入产业支持计划 RSA 和 SMART）研究了英国产业政策对 TFP 的影响。法尔克等（Falck et al.，2010）分别采用双重差分和三重差分法估计了德国集群导向的产业政策对产业创新的影响。叶玲等（2012）基于我国 A 股上市公司的数据通过引入产业政策哑变量研究了其与管理者投资羊群行为、企业价值三者之间的关系。这种思路实际上也是对政策类变量的一个通用的处理方法（周俊山等，2011；尹银等，2013）。三是将产业政策的不同工具区分开来，再分别选取指标对政策工具进行刻画。李等（Lee et al.，2012）分析了产业保护、限制进入、R&D 支持、减少税费等政策工具对经济增长的影响。菲格雷多（Figueiredo，2008）针对政策作用的不同对象研究了不同举措与企业技术能力发展之间的关系。为了体现实证研究的科学性和严谨性，本章首先选取第二种处理办法，并在5.7节中结合采用第三种处理办法。考虑到限制类、淘汰类产业政策落实不佳以及现行的产业政策主要是正面清单管理方式的情况，根据《当前国家重点鼓励发展的产业、产品和技术目录（2000年、2010年）》《工业转型升级投资指南》《国家"十五"、"十一五"、"十二五"规划纲要》以及各产业规划，将其中涉及的产业赋值为1，未涉及的产业赋值为0。

产业内生增长趋势（grow）。施瓦兹（Schwartz，1984）曾经指出对未来需求增长的预测是企业维持产能过剩的重要原因，与这一观点类似，巴拉钱德兰等（Balanchandran et al.，2007）认为产能过剩实际上是企业为了应对需求变化的不确定性。石井俊（2011）则进一步指出，如果企业发现市场在增长，但是不确定增长幅度和能够获得的市场份额，当保持过剩产能的成本低于期望收益，那么企业就会保持过剩产能。因此，产业内生增长趋势是企业产能决策的重要影响因素。对其的测量，比较粗糙的方法是直接测算工业总产值增长率，这里借鉴多数文献中对经济波动变量的处理办法，即采用趋势分离的方法分解出长期趋势和周期性波动。由于信息保留优势，选用HP滤波法（Hodrick & Prescott，1980）对各行业规模以上工业企业的实际工业总产值增长率进行分解，平滑参数取值100，得出的趋势部分就是产业内生增长趋势。

外部需求冲击（dema）。与企业主动选择过剩不同，外部需求冲击会导致被动过剩的产生。从本质上讲，周期性产能过剩和结构性产能过剩分别是被动过剩在宏观和中观层面的典型表现。比如，孙巍（2008）观察到由生产要素投入到形成生产能力具有一定的滞后性，即所谓要素窖藏行为，宏观经济的波动与冲击会导致产能过剩的形成，这实际上属于周期性过剩。受温根-斯滕伯格（1988）的启发，付启敏等（2011）提出了一种结构性过剩情形，即产业纵向组织不协调使上下游供需关系不对称导致产能过剩。对外部需求冲击的衡量选择实际可支配收入增长率指标，具体计算步骤如下：（1）利用人均可支配收入和可比价可支配收入指数得出人均实际可支配收入；（2）计算人均实际可支配收入增长率。

产业盈利（prof）。追逐利润是企业保持产能过剩的另一动机。其内在机制有二：一是构建进入壁垒。先进入的企业可以通过保持过剩产能形成降价和增产两大可置信威胁以阻止进入（Pashigian，1968；Wenders，1971；Bulow et al.，1985；Nishimori & Ogawa，2004）；二是降低成本。施瓦兹（1984）认为维持产能过剩有利于形成规模经济效应，因而具有一定的经济理性。测度产业盈利程度的指标较多，这里选用工业成本费用利润率指标，因为该指标在某种程度上反映了产业的成本控制和投入——产出效率情况。

5.4.2.3 控制变量

此外，根据产业组织理论以及参照相关实证研究文献，此处再加入一些控制变量：

市场结构（*struc*）。根据张伯伦（1933）的开创性研究，产能过剩总是与垄断竞争"如影随形"，随后的大量文献也对产能过剩与市场结构的关系展开了进一步的深入研究。例如，埃斯波西托等（Esposito et al.，1974）认为在需求增长期，偏竞争的寡头垄断行业更容易出现的产能过剩。而曼等（Mann et al.，1979）则提出了不同观点，他们认为高集中度行业的产能调整比竞争行业更快，因而很难发生产能过剩。现代产业组织理论认为市场结构反映了市场竞争和垄断的情况，而对市场集中度的测度指标较多，比如赫芬达尔指数、Kalecki指数、PCM指数等。由于赫芬达尔指数需要微观层面的数据支持，与白澎等（2008）一样，这里采用张和帕斯卡（Cheung & Pascual，2004）基于Kalecki指数改进后提出的PCM指数来代表市场结构变量。具体计算公式如下：

$$PCM_{it} = \frac{VA_{it} - W_{it}}{F_{it}} \quad (5.7)$$

其中，*VA*表示工业增加值，*W*表示劳动力成本，*F*为工业总产值，*i*代表行业，*t*代表时间。

产业对外开放度（*forei*）。大量的研究表明，对外贸易也会对产能过剩产生重要影响。对于我国来说，吸收FDI、加入GVC、开展加工贸易的发展模式对产能过剩的影响主要表现在两个方面：一是在承接国外产业转移的背景下，FDI可能会导致众多国内的上下游企业集中进入，产生过度投资；二是与FDI的竞争会使得一批国内同类企业破产、倒闭，虽然在短期可能会减少过剩产能规模，但长期来看，将会诱发处于寡头垄断地位的在位企业主动过剩。产业对外开放度用规模以上工业企业出口交货值与销售产值之比来表示。

产业特征（indus）。从理论上讲，由于资本密集型属性，重工业相对于轻工业产能形成的时间更长，资产专用性更强，规模门槛和产能调整的成本也更高。此外，与轻工业偏完全竞争的市场结构不同，我国重工业大多数产业属于非完全竞争行业。因此，重工业应更易出现产能过剩。韩国高等（2011）的研究也证实我国产能过剩行业大多数属于重工业。故在计量模型中引入产业特征哑变量，令重工业各产业为1，轻工业各产业为0。以上变量的定义和数据来源见表5-2。

表5-2　　　　　　　　变量定义和数据来源

cu	产能利用率	历年《中国统计年鉴》、《中国工业经济统计年鉴》、《中国经济普查年鉴2004》
entr	非亏损工业企业数变化率	中经网数据库、《中国工业经济统计年鉴》
exit	亏损工业企业数变化率	中经网数据库、《中国工业经济统计年鉴》
poli	产业政策哑变量，规划涉及产业为1，未涉及产业为0	规划未涉及产业包括：农副食品加工业、食品制造业、饮料制造业、烟草制造业、纺织服装等制造业、皮革等制品业、木材加工等制品业、家具制造业、文教体育用品制造业、橡胶制品业、塑料制品业、金属制品业，其余产业均涉及
grow	产业内生增长趋势，用HP滤波法分解	中经网数据库、《中国统计年鉴》、《中国工业经济统计年鉴》
dema	外部需求冲击，即人均实际可支配收入增长率	中经网数据库、《中国统计年鉴》
prof	工业成本费用利润率	资讯行数据库、《中国工业经济统计年鉴》、《中国统计年鉴》
struc	市场结构，采用PCM指数计算得出	资讯行数据库、国泰安数据库、《中国工业经济统计年鉴》、《中国劳动统计年鉴》
forei	产业对外开放度，即出口交货值与销售产值之比	资讯行数据库、《中国工业经济统计年鉴》
indus	产业特征哑变量，重工业为1，轻工业为0	轻工业包括：农副食品加工业、食品制造业、饮料制造业、烟草制造业、纺织业、纺织服装等制造业、皮革等制品业、木材加工等制品业、家具制造业、造纸及纸制品业、印刷业和记录媒介的复制、文教体育用品制造业、化学纤维制造业，其余产业为重工业

注：本章的实证研究采用的是中国制造业分行业面板数据，即1999~2011年28个制造业行业（不包括工艺品及其他制造业、废弃资源和废旧材料回收加工业）的数据。

5.4.2.4 统计性描述

主要变量的统计性描述摘要见表5-3。

表5-3 变量的统计性描述

变量	观测数	均值	标准差	最小值	最大值
cu	364	0.571	0.191	0.249	1.17
$entr$	364	0.085	0.156	-0.435	0.683
$exit$	364	-0.004	0.306	-0.542	1.65
$poli$	364	0.571	0.496	0	1
$grow$	364	0.181	0.045	0.045	0.29
$dema$	364	0.019	0.022	-0.013	0.056
$prof$	364	0.186	0.077	-0.258	0.414
$struc$	364	0.234	0.092	0.117	0.747
$forei$	364	0.197	0.178	0.005	0.697
$indus$	364	0.536	0.499	0	1

5.5 模型检验与实证分析

在理论分析的基础上，本部分利用行业面板数据对产业政策与产能过剩之间的关系，即假说一进行计量检验。同时，为了分析产业政策的影响机制，这里进一步区分了产业中企业的进入和退出两种渠道。具体的实证步骤和方法如下：（1）由于解释变量中包含哑变量，固定效应模型不适合使用，故首先使用混合OLS和随机效应模型两种方法进行回归；（2）考虑到可能存在的遗漏变量、内生性以及行业异质性等问题，采用动态面板系统GMM估计方法（Blundell & Bond，1998）进行回归。

5.5.1 产业政策对产能过剩影响的回归分析

由于混合OLS和随机效应模型的估计结果并不稳健，且部分解释变量未通过显著性检验，与理论分析不符，因此，本章的实证分析将以动态面板系统 GMM 估计的回归结果为主,并通过逐个加入解释变量,观察变量符号是否发生变化来进行稳健性检验。根据表 5-4 的回归结果,方程 3~方程 10 均通过了 Wald 检验,二阶序列相关(AR(2))检验显示在5%的显著性水平上接受"扰动项差分的二阶自相关系数为0"的原假设,可以使用系统 GMM 进行估计。同时,Sargan 过度识别检验的结果也表明,不能拒绝工具变量有效性假设(p值均显著大于0.1)。因此,可以得出结论:计量模型的设定是合理的,工具变量也是有效的,整体方程是稳健的。考察各估计方程变量系数,发现变量符号均保持一致,且系数大小相差无几,说明估计结果是稳健可靠的。这里以方程 10 作为最终的解释依据。poli 的系数为负,并且通过了1%的显著性水平检验,表明产业政策与产能利用率之间存在着显著的负相关关系,即产业政策会导致产能利用率下降并由此引发产能过剩,初步验证了假说一。

此外,产业内生增长趋势、外部需求以及企业盈利情况与产能利用率之间均存在着显著的正相关关系,即产业内生增长、外部需求的增长以及企业盈利的增长会促使企业短期内加大产出,进而提高产能利用率。具体来看,外部需求、企业盈利以及产业内生增长1%,会导致产能利用率分别提高0.1949%、0.0903%、0.2517%。可见,产业长期的内在增长对企业产能利用率的影响要远大于短期的外部需求冲击和盈利。

控制变量中,市场结构与产能利用率之间的系数为负,但未通过变量显著性检验,与其余方程(方程3~方程9)相比,系数符号均为负,但一部分估计方程的市场结构变量通过了显著性检验,由此可以得出结论:与经典理论不同的是,市场结构与我国产能过剩之间的关系并不确定,可能在部分行业或部分地区偏垄断的市场结构更易发生产能过剩。产业对外开放度与产能利用率之间的关系显著为正,产业对外开放度增加1%就会导致产能利用率提高0.2564%,出现这一结果可能有两方面原因:一是出口导向会激励企业增加产出,二是 FDI 引发的企业竞争会导致一部分落后的、过剩产能退出。令人困惑的是,产业特征的变量系数显著为正,这说明重工业的产能利用率明显高于轻工业,与产能过剩较多出现于重工业的经济现实不相符,可能的解释有:第一,产能利用率只是衡量产能过剩的主要指标之一,并不能完全等同;第二,产业特征可能只对产能过剩形成的某些机制发挥作用,比

表 5-4　计量模型 (1) 的回归结果

估计方法	最小二乘法 (OLS)		两步法系统 GMM 动态面板估计							
模型	Pool	RE								
	方程 1 cu	方程 2 cu	方程 3 cu	方程 4 cu	方程 5 cu	方程 6 cu	方程 7 cu	方程 8 cu	方程 9 cu	方程 10 cu
poli	0.0004 (0.0204)	-0.0734 (0.0696)	-0.2626*** (0.0506)	-0.1300 (0.0995)	-0.2436*** (0.0562)	-0.3313*** (0.0526)	-0.3010*** (0.0520)	-0.1553 (0.1038)	-0.1777** (0.0817)	-0.1891** (0.0864)
grow	0.9250*** (0.2268)	0.4951*** (0.1075)				0.3169*** (0.0685)	0.297*** (0.0642)	0.2070** (0.0854)		0.2517*** (0.048)
dema	0.7832** (0.4005)	0.3895*** (0.1323)			0.2554*** (0.0352)		0.2217*** (0.0361)		0.2444*** (0.0282)	0.1949*** (0.0326)
prof	-0.2435** (0.1199)	-0.0219 (0.0538)		0.0993*** (0.0297)				0.1175*** (0.032)	0.0601** (0.0272)	0.0903*** (0.0314)
struc	0.4431*** (0.1087)	0.2912** (0.1389)	-0.1554*** (0.0516)	-0.0919 (0.0641)	-0.1025 (0.0637)	-0.132** (0.0534)	-0.0874 (0.0591)	-0.0481 (0.0733)	-0.0615 (0.0701)	-0.0537 (0.0673)
indus	0.062*** (0.0203)	0.0825 (0.0690)	0.2742*** (0.065)	0.1632 (0.1002)	0.2802*** (0.0603)	0.3261*** (0.0631)	0.3191*** (0.0558)	0.1847* (0.0987)	0.2311*** (0.0781)	0.2283*** (0.0826)
forei	0.6678*** (0.0545)	-0.0395 (0.0509)	0.153*** (0.0298)	0.2071*** (0.0333)	0.1874*** (0.0377)	0.1921*** (0.0377)	0.2213*** (0.0442)	0.2324*** (0.0370)	0.2274*** (0.0381)	0.2564*** (0.0404)
L.cu			0.8308*** (0.0329)	0.8425*** (0.0373)	0.7943*** (0.0321)	0.7888*** (0.0383)	0.7611*** (0.0403)	0.8161*** (0.0455)	0.7935*** (0.0298)	0.7815*** (0.0446)
_cons	0.1657*** (0.0606)	0.4155*** (0.0636)	0.1094*** (0.0253)	0.0371 (0.0407)	0.0922*** (0.0267)	0.0772 (0.3461)	0.0619* (0.0328)	-0.0001 (0.0431)	0.0521 (0.0369)	0.0072 (0.0408)
R 平方	0.3313	0.1491								

续表

两步法系统 GMM 动态面板估计

估计方法	最小二乘法（OLS）		RE	方程 3 cu	方程 4 cu	方程 5 cu	方程 6 cu	方程 7 cu	方程 8 cu	方程 9 cu	方程 10 cu
模型	Pool	方程 2 cu									
	方程 1 cu										
F 值	26.7 [0.0000]										
Hausman 检验		20.96 [0.0000]									
LM 检验		1422.36 [0.0000]									
Wald 检验		53.61 [0.0000]		1595.7 [0.0000]	1968.98 [0.0000]	2182.66 [0.0000]	5081.43 [0.0000]	2758.99 [0.0000]	2821.15 [0.0000]	2630.59 [0.0000]	2298.58 [0.0000]
AR(2) 检验				-1.7308 [0.0835]	-1.4842 [0.1377]	-1.3873 [0.1654]	-1.7084 [0.0876]	-1.3787 [0.1680]	-1.4173 [0.1564]	-1.2121 [0.2255]	-1.1549 [0.2481]
Sargan 检验				23.5257 [0.2150]	21.9503 [0.2867]	23.3481 [0.2224]	23.2442 [0.2268]	23.1414 [0.2312]	20.8952 [0.3426]	22.5579 [0.2574]	21.4773 [0.311]
行业固定效应	N	N		Y	Y	Y	Y	Y	Y	Y	Y
观测值	364	364		336	336	336	336	336	336	336	336
行业数目	28	28		28	28	28	28	28	28	28	28

注：实证结果均由 stata12 计算并整理得出。(1) ***、**、* 分别表示 1%、5% 和 10% 水平上的显著性；(2) 圆括号内的数字是 t 值，方括号内的数字是 p 值；(3) 方括号内的数字是 p 值；(4) Wald 检验的原假设是变量是外生的，Sargan 检验的原假设为所有工具变量均有效。

如企业进入或退出;第三,重工业的产能过剩可能主要由其他解释变量和控制变量而非产业特征所决定。

5.5.2 产业政策对产能过剩影响机制的回归分析

5.5.2.1 产业政策与企业进入

表 5-5 的估计结果显示了产业政策对我国产能过剩形成机制之一——企业进入的影响,为了检验回归结果的稳健性,与上一部分相同,采用逐步添加解释变量的方式比较系数符号的一致性。根据表 5-5,方程 1~方程 8 中各变量的符号和系数大小均基本不变,说明了回归结果的稳健、可靠。由于一阶滞后的 AR(2) 检验显示方程扰动项存在二阶序列相关,可能影响系统 GMM 的估计有效性,因此,这里引入被解释变量的三阶滞后重新估计。令人欣慰的是,所有方程的 AR(2) 检验均显示扰动项不存在二阶序列相关,Sargan 过度识别检验也表明工具变量具有一定有效性,Wald 检验说明了整体回归方程的稳健。以方程 8 作为最终的计量结果。

表 5-5　　　　　　　　计量模型 (2) 的回归结果

方法	两步法系统 GMM							
变量	方程 1 entr	方程 2 entr	方程 3 entr	方程 4 entr	方程 5 entr	方程 6 entr	方程 7 entr	方程 8 entr
L1. entr	-0.1767*** (0.0369)	-0.2248*** (0.0188)	-0.2661*** (0.0441)	-0.1881*** (0.0390)	-0.2494*** (0.0186)	-0.3156*** (0.0364)	-0.2563*** (0.0416)	-0.3454*** (0.0359)
L2. entr	0.3576*** (0.0373)	0.3286*** (0.0206)	0.2416*** (0.0458)	0.3466*** (0.0397)	0.3071*** (0.0182)	0.2025*** (0.0428)	0.2530*** (0.0418)	0.1794*** (0.0387)
L3. entr	0.4085*** (0.0283)	0.4615*** (0.0205)	0.3266*** (0.0287)	0.3720*** (0.0290)	0.3921*** (0.0169)	0.3856*** (0.0296)	0.3028*** (0.0266)	0.3003*** (0.0322)
poli	0.5704*** (0.1107)	0.4086*** (0.0847)	0.6303*** (0.1287)	0.5753*** (0.1143)	0.3855*** (0.0926)	0.4965*** (0.0928)	0.6837*** (0.1284)	0.5387*** (0.1129)
grow			3.0259*** (0.9012)			3.9156*** (1.0971)	2.6337*** (0.7669)	3.9357*** (1.0281)
L. dema				0.3827*** (0.0645)	0.7580*** (0.0716)		0.3802*** (0.1052)	0.827*** (0.0909)

续表

方法	两步法系统 GMM							
变量	方程1 entr	方程2 entr	方程3 entr	方程4 entr	方程5 entr	方程6 entr	方程7 entr	方程8 entr
L. prof		-1.5437*** (0.2162)			-1.6977*** (0.2801)	-1.8301*** (0.2057)		-1.8702*** (0.2424)
struc	2.3319*** (0.3241)	1.1178*** (0.3317)	2.2617*** (0.3552)	2.2624*** (0.4131)	0.7041 (0.4385)	0.4513* (0.2563)	2.0523*** (0.4654)	0.1546 (0.3027)
indus	-0.0865 (0.1678)	-0.1872* (0.1005)	-0.4127*** (0.1803)	-0.1338 (0.1704)	-0.2478** (0.0961)	-0.6862*** (0.1227)	-0.5294*** (0.156)	-0.8077*** (0.1421)
forei	2.384*** (0.2032)	1.2823*** (0.1772)	2.4449*** (0.2309)	2.3803*** (0.2129)	1.2141*** (0.2069)	1.2786*** (0.2835)	2.4585*** (0.2575)	1.2209*** (0.2755)
_cons	-1.2656*** (0.0915)	-0.3370** (0.1429)	-1.6585*** (0.2479)	-1.2237*** (0.0954)	-0.1492 (0.2084)	-0.5943** (0.2585)	-1.4888*** (0.2149)	-0.4645* (0.2410)
Wald 检验	31308.63 [0.0000]	25493.36 [0.0000]	20432.35 [0.0000]	39146.08 [0.0000]	25077.47 [0.0000]	5417.7 [0.0000]	8189.78 [0.0000]	16756.8 [0.0000]
AR(2) 检验	-1.0106 [0.3122]	0.0370 [0.9705]	-0.6632 [0.5072]	-0.4706 [0.638]	0.8221 [0.4110]	0.2515 [0.8014]	-0.1985 [0.8426]	0.9648 [0.3347]
Sargan 检验	26.7651 [0.6839]	26.6267 [0.6908]	26.5213 [0.6960]	26.8137 [0.6815]	26.4804 [0.6980]	26.8568 [0.6793]	27.2157 [0.6613]	26.8791 [0.6782]
行业固定效应	Y	Y	Y	Y	Y	Y	Y	Y
观测值	280	280	280	280	280	280	280	280
行业数目	28	28	28	28	28	28	28	28

注：实证结果均由stata12计算并整理得出，(1) ***，**，*分别表示1%，5%和10%水平上的显著性；(2) 圆括号内的数字是标准差；(3) 方括号内的数字是p值；(4) Wald检验的原假设是变量是外生的，Sargan检验的原假设为所有工具变量均有效。

表5-5显示，产业政策与企业进入之间存在着显著的正相关关系，即实施产业政策会增加企业对产业的进入，与理论分析相符，比较主要解释变量之间的系数发现，产业政策对我国企业进入的影响较大。被解释变量的三阶滞后均非常显著，其中，企业进入变量的一阶滞后系数为负，二阶和三阶滞后系数为正，说明上一期的企业进入情况对本期的进入具有反向激励，而上两期和上三期对本期的影响为同向，表现出一定的"蛛网"特征。从系数大小来看，上一期的影响要明显大于上两期和上三期。

此外，产业内生增长、上期外部需求与企业进入之间的关系均显著为正，即产业的内生增长以及上期外部需求的增加将会刺激更多企业进入某产业。具体来说，产业内生增长、外部需求增加1%，会导致企业进入增长率分别提高3.9357%以及0.827%。而上期的企业盈利对进入的影响则显著为负，上期企业盈利增加1%会促使企业进入下降1.8702%，其原因可能在于理性预期，企业家内心会对盈利水平产生一个稳态预期，如果上期盈利增加，企业家会认为本期的盈利将会下降，因此，理性选择的结果是减少企业进入。

控制变量中，市场结构与企业进入的关系依然不确定，而产业特征与企业进入之间的关系显著为负，即重工业的企业进入率会低于轻工业，可能的解释是较高的资本、技术等进入门槛、偏垄断的市场结构、资产专用性等造成的高退出壁垒等。产业对外开放度与企业进入之间的关系则显著为正，对外开放度增加1%，会带来企业进入增长1.2209%，一个简单的解释就是，产业对外开放会改善企业的投资预期，从而吸引企业进入。

5.5.2.2　产业政策与企业退出

表5-6是产业政策与我国产能过剩另一形成机制——企业退出的回归结果，比较方程1~方程8的变量符号和系数大小，可以得出回归结果稳健的结论。Wald检验证明了整体方程的稳健性；AR(2)检验结果显示，除方程1~方程3以及方程6存在误差项的二阶序列相关，其余方程均接受"误差项不存在二阶序列相关"的原假设；Sargan过度识别检验表明在5%的显著性水平上，无法拒绝"所有工具变量均有效"的原假设（p > 0.05）。以上说明模型设定的合理性、工具变量的有效性以及回归方法可靠性。这里以方程8作为最终的解释模型。

表5-6　　　　　　　　　　计量模型（3）的回归结果

方法	两步法系统GMM							
变量	方程1 exit	方程2 exit	方程3 exit	方程4 exit	方程5 exit	方程6 exit	方程7 exit	方程8 exit
L.exit	-0.1337*** (0.0133)	-0.1452*** (0.0099)	-0.1403*** (0.0144)	-0.0471*** (0.0120)	-0.0746*** (0.0123)	-0.1639*** (0.0102)	-0.051*** (0.0136)	-0.0913*** (0.0121)
poli	-0.9486*** (0.266)	-1.0659*** (0.2147)	-0.9586*** (0.2642)	-0.0768 (0.2103)	-0.3558* (0.1979)	-0.9944*** (0.1737)	-0.0786 (0.2092)	-0.3704** (0.1781)

续表

方法	两步法系统 GMM							
变量	方程1 exit	方程2 exit	方程3 exit	方程4 exit	方程5 exit	方程6 exit	方程7 exit	方程8 exit
grow			0.7411** (0.3058)			2.4808*** (0.3129)	0.0552 (0.3365)	1.6628*** (0.3991)
dema				5.7067*** (0.2831)	5.3384*** (0.1955)		5.6473*** (0.2807)	5.1921*** (0.1811)
prof		-1.1417*** (0.1262)			-1.1987*** (0.1859)	-1.2842*** (0.1015)		-1.3502*** (0.1915)
struc	2.6827*** (0.2955)	1.3529*** (0.4462)	2.7598*** (0.3089)	5.1696*** (0.7076)	3.4060*** (0.4960)	1.4523*** (0.3747)	5.1498*** (0.7216)	3.3694*** (0.5541)
indus	1.5251*** (0.3068)	1.2459*** (0.3500)	1.4925*** (0.3164)	1.5395*** (0.2564)	-1.2964*** (0.2310)	0.9399*** (0.2634)	1.5157*** (0.2576)	1.1349*** (0.2435)
forei	2.4789*** (0.1019)	1.8419*** (0.1709)	2.4251*** (0.1171)	2.7558*** (0.2128)	2.0453*** (0.1972)	1.6503*** (0.1535)	2.7478*** (0.2138)	1.8903*** (0.2024)
_cons	-1.3578*** (0.1227)	-0.4935* (0.2611)	-1.4683*** (0.1158)	-2.6863*** (0.3267)	-1.5630*** (0.2779)	-0.7823*** (0.2052)	-2.6742*** (0.3199)	-1.7019*** (0.276)
Wald 检验	3251.57 [0.0000]	28694.23 [0.0000]	4385.39 [0.0000]	3202.57 [0.0000]	3192.27 [0.0000]	13808.63 [0.0000]	3707.29 [0.0000]	5480.26 [0.0000]
AR(2) 检验	-2.3348 [0.0192]	-2.3194 [0.0204]	-2.4233 [0.0154]	0.2466 [0.8053]	0.0357 [0.9716]	-2.5341 [0.0113]	0.1400 [0.8886]	-0.5451 [0.5857]
Sargan 检验	25.1395 [0.1211]	26.3870 [0.0912]	25.0252 [0.1242]	26.1251 [0.0969]	26.9856 [0.0793]	26.1584 [0.0962]	26.2758 [0.0936]	27.111 [0.0769]
行业 固定效应	Y	Y	Y	Y	Y	Y	Y	Y
观测值	336	336	336	336	336	336	336	336
行业数目	28	28	28	28	28	28	28	28

注：实证结果均由 stata12 计算并整理得出，(1) ***，**，* 分别表示 1%，5% 和 10% 水平上的显著性；(2) 圆括号内的数字是标准差；(3) 方括号内的数字是 p 值；(4) Wald 检验的原假设是变量是外生的，Sargan 检验的原假设为所有工具变量均有效。

根据表 5-6，产业政策对企业退出的影响显著为负，也就是说实施产业政策会限制企业退出，与前面的理论分析以及经济现实高度吻合。企业退出的滞后项与被解释变量之间的关系也显著为负，说明本期与上一期的企业退出是反向变动，这实际上与企业进入的"蛛网"特征非常相似。比较容易理解的是，企业盈利与企业退出之间的关系显著为负，企业盈利增加

1%，会导致企业退出变动降低 1.3502%。令人困惑的是，产业内生增长与外部需求冲击对企业退出的影响显著为正，外部需求、产业内生增长提高 1%，将分别促使企业退出变动增加 5.1921%、1.6628%，短期的需求变化对企业退出的影响更大。一个较为合理的解释就是对未来发展预期的悲观，产业的高速扩张以及外部需求的迅速增长可能会引发企业对产业可持续发展的担忧，从而导致提前退出。

控制变量中，市场结构、产业特征以及产业对外开放度与企业退出之间的关系均显著为正，其中，产业对外开放度提高 1% 会导致企业退出变动增加 1.8903%。以上结论较为容易理解：（1）相对于偏竞争的市场结构，偏垄断的市场结构会发生更多的企业并购、重组、破产等活动以维持、增强具有更强市场势力企业的垄断地位；（2）重工业企业退出率较高的原因主要是重工业大多是偏垄断的市场结构、重工业企业的固定成本占比较高等；（3）产业对外开放度的提高会增加本土企业与跨国公司以及外国企业的竞争激烈程度，从而使竞争失败的企业退出。

根据以上分析，可以得出结论：现阶段，实施垂直型产业政策会增加企业对具有政府偏好的产业的进入，同时，也会抑制这类产业的企业退出，从而诱发产能过剩。这就初步验证了假说二。

5.6 产业政策影响过剩的异质性：企业规模、产权与技术特征

本节将进一步对产业政策影响产能过剩的异质性进行分析。此处将分别构造产业政策与企业规模、产权性质和产业技术特征的交互项，并将计量模型（5.1）拓展如下：

$$cu_{it} = \alpha_0 + \alpha_1 poli_{it} \cdot nati_{it} + \alpha_2 grow_{it} + \alpha_3 dema_{it} + \alpha_4 prof_{it}$$
$$+ \alpha_5 struc_{it} + \alpha_6 forei_{it} + \alpha_7 indus_i + \mu_i + \varepsilon_{it} \quad (5.8)$$

$$cu_{it} = \beta_0 + \beta_1 poli_{it} \cdot join_{it} + \beta_2 grow_{it} + \beta_3 dema_{it} + \beta_4 prof_{it}$$
$$+ \beta_5 struc_{it} + \beta_6 forei_{it} + \beta_7 indus_i + \mu_i + \varepsilon_{it} \quad (5.9)$$

$$cu_{it} = \chi_0 + \chi_1 poli_{it} \cdot larg_{it} + \chi_2 grow_{it} + \chi_3 dema_{it} + \chi_4 prof_{it}$$
$$+ \chi_5 struc_{it} + \chi_6 forei_{it} + \chi_7 indus_i + \mu_i + \varepsilon_{it} \quad (5.10)$$

$$cu_{it} = \delta_0 + \delta_1 poli_{it} \cdot smal_{it} + \delta_2 grow_{it} + \delta_3 dema_{it} + \delta_4 prof_{it}$$
$$+ \delta_5 struc_{it} + \delta_6 forei_{it} + \delta_7 indus_i + \mu_i + \varepsilon_{it} \qquad (5.11)$$

$$cu_{it} = \varphi_0 + \varphi_1 poli_{it} \cdot high_{it} + \varphi_2 grow_{it} + \varphi_3 dema_{it} + \varphi_4 prof_{it}$$
$$+ \varphi_5 struc_{it} + \varphi_6 forei_{it} + \varphi_7 indus_i + \mu_i + \varepsilon_{it} \qquad (5.12)$$

$$cu_{it} = \gamma_0 + \gamma_1 poli_{it} \cdot low_{it} + \gamma_2 grow_{it} + \gamma_3 dema_{it} + \gamma_4 prof_{it}$$
$$+ \gamma_5 struc_{it} + \gamma_6 forei_{it} + \gamma_7 indus_i + \mu_i + \varepsilon_{it} \qquad (5.13)$$

其中，$poli \cdot larg$、$poli \cdot smal$ 是产业政策与企业规模的交互项，$poli \cdot nati$、$poli \cdot join$ 表示产业政策与企业产权性质的交互项，$poli \cdot high$、$poli \cdot low$ 代表产业政策与产业技术特征的交互项。变量具体定义及数据来源见表5-7。

表5-7 企业规模、产权性质与产业技术特征变量定义和数据来源

企业规模	larg	大中型企业占比，指按行业分大中型企业工业总产值占规模以上企业工业总产值比重	《中国工业经济统计年鉴》、《中国经济普查年鉴2004》、中经网、资讯行数据库
	saml	小型企业占比，即按行业分小型企业工业总产值占规模以上企业工业总产值比重	
产权性质	nati	国有及国有控股企业占比，指按行业分国有及国有控股企业工业总产值占规模以上企业工业总产值比重	《中国工业经济统计年鉴》、《中国经济普查年鉴2004》、中经网、资讯行数据库
	join	外商投资和港澳台投资企业占比，指按行业分外商投资和港澳台投资企业工业总产值占规模以上企业工业总产值比重	
产业技术特征	high	行业中高技术比重，指按行业分新产品产值占规模以上企业工业总产值比重	《中国工业经济统计年鉴》、《中国科技统计年鉴》、资讯行数据库
	low	行业中低技术比重，指按行业分一般产品产值占规模以上企业工业总产值比重	

5.6.1 企业规模

表5-8的结果显示，方程1~方程6的回归效果良好，估计方程的误差项不存在二阶序列相关，工具变量选择有效，整体方程也通过稳健性检验。逐步加入解释变量的结果是各变量的系数符号均保持不变，与计量模型(1)的回归结果相比，也基本一致，这说明了实证结果的可靠与稳健。

第五章 产业政策与产能过剩 | 139

表5-8　　　　　　计量模型（6）~（11）的回归结果

估计方法	动态面板系统 GMM					
变量	方程1 cu	方程2 cu	方程3 cu	方程4 cu	方程5 cu	方程6 cu
L1.cu	0.8672*** (0.0635)	0.9040*** (0.0391)	0.8683*** (0.0654)	0.8613*** (0.0688)	0.8374*** (0.0511)	0.6614*** (0.0877)
L2.cu	-0.1413*** (0.0238)	-0.1686*** (0.0106)	-0.1230*** (0.0357)	-0.1035*** (0.0290)	-0.1581*** (0.0148)	-0.1519*** (0.0324)
poli*nati	-0.0703*** (0.0260)					
poli*join		0.1442** (0.0700)				
poli*larg			-0.0706*** (0.0222)			
poli*smal				-0.2253*** (0.0578)		
poli*high					0.2465*** (0.0674)	
poli*low						-0.3848*** (0.0532)
grow	-0.1408 (0.9969)	-0.2178** (0.0993)	-0.0749 (0.1706)	0.0134 (0.1907)	-0.1125 (0.0870)	-0.0179 (0.1898)
dema	0.2309*** (0.0404)	0.2079*** (0.0523)	0.2406*** (0.0475)	0.1808*** (0.0466)	0.2442*** (0.0445)	0.3042*** (0.0515)
prof	0.0926*** (0.0322)	0.1176*** (0.0220)	0.1292*** (0.0220)	0.1029*** (0.0251)	0.1284*** (0.0362)	0.0945** (0.0491)
struc	0.0587 (0.0511)	0.0427 (0.0499)	0.0488 (0.0511)	0.1111** (0.0542)	0.0705 (0.0612)	0.2188 (0.1887)
indus	0.1066*** (0.0162)	0.0422 (0.0280)	0.1190*** (0.0180)	0.1074*** (0.0204)	0.0556*** (0.0143)	0.4272*** (0.0518)
forei	0.2921*** (0.0431)	0.2043*** (0.0420)	0.2765*** (0.0355)	0.1906*** (0.0453)	0.3004*** (0.0632)	0.2841*** (0.0518)
_cons	0.0427 (0.0352)	0.0646** (0.0319)	0.0243 (0.0399)	0.0421 (0.0380)	0.0536 (0.0378)	0.1380** (0.0638)
Wald 检验	7202.71 [0.0000]	26073.23 [0.0000]	6304.34 [0.0000]	9770.76 [0.0000]	18889.47 [0.0000]	2263.32 [0.0000]
AR(2) 检验	0.1366 [0.8913]	0.2668 [0.7896]	0.0821 [0.9346]	0.1778 [0.8589]	0.3131 [0.7542]	0.3953 [0.6926]

续表

估计方法	动态面板系统 GMM					
变量	方程1 cu	方程2 cu	方程3 cu	方程4 cu	方程5 cu	方程6 cu
Sargan 检验	24.1125 [0.6756]	24.7226 [0.6429]	22.2436 [0.7699]	22.9421 [0.7359]	23.7627 [0.6940]	19.3470 [0.8871]
行业固定效应	Y	Y	Y	Y	Y	Y
观测值	308	308	308	308	308	308
行业数目	28	28	28	28	28	28

注：实证结果均由 stata12 计算并整理得出，(1) ***，**，* 分别表示1%，5%和10%水平上的显著性；(2) 圆括号内的数字是标准差；(3) 方括号内的数字是 p 值；(4) Wald 检验的原假设是变量是外生的，Sargan 检验的原假设为所有工具变量均有效。

根据表5-8中方程3和方程4，产业政策与企业规模交互项的系数均为负，且都通过了1%的显著性水平检验，说明产业政策会通过不同规模的企业降低产能利用率，从而产生产能过剩。从系数大小来看，产业政策对小企业的影响明显要大于对大中型企业的影响，因此，可以得出结论：从企业规模来看，我国产业政策可能主要通过小企业来引发产能过剩；经济体中小企业比重越高，产业政策造成产能过剩的概率就越大。

事实上，从企业规模角度研究政策效果的非对称性很早就为国外学者所关注，但是主要的研究焦点集中在货币政策方面（Gertler et al., 1994; Kiyotaki et al., 1997; Bernanke et al., 1999），国内的研究基本延续了这一思路（肖争艳等，2013；谭之博等，2013），学者们普遍达成的一个共识就是，由于资本市场的不完全性，小企业的"融资约束"更紧。因为，虽然小企业的成长率高于大企业，但是波动性也更高（Mansfield，1962），故出于稳定性和安全性考虑，小企业经常遭到信贷歧视。受这一观点的启发，笔者认为，由于我国要素市场上存在着明显的"年龄依赖"和"规模依赖"，融资约束显著影响了小企业的成长和规模分布（李洪亚等，2014），而垂直型产业政策的本质是政府对某些产业提供包括资金、土地等各类要素在内的生产性补贴，因此，小企业往往会对产业政策更加敏感。产业政策的实施会诱发小企业对某些产业的集中进入，形成所谓"投资潮涌"，从而使得这些产业容易发生产能过剩。可见，经济中小企业数量越多、比重越高，产业政策越容易导致产能过剩。

5.6.2 产权性质

在表 5-8 的方程 1 和方程 2 中，产业政策与国有企业占比的交叉项系数为负，并通过了 1% 的显著性水平检验；而产业政策与外资企业占比的交叉项系数为正，并在 5% 的水平上显著。说明从企业产权角度来看，产业政策主要通过国有企业造成产能过剩的，而产业政策对外资企业的影响可能会提高产能利用率。由此可以得到推论，产业中国有企业比重越高，实施产业政策越有可能发生产能过剩，反之则反是。

之所以出现这一结果，与国有企业的政策工具属性密切相关。由于政策执行成本的优势，国有企业作为一种强制性的政策工具而存在（Howlett et al., 1995），其主要职能在于实现宏观调控、产业发展、社会福利最大化以及保障国家安全等（Estache et al., 2005; Pack et al., 2006）。垂直型产业政策选择了战略发展性产业后，将会产生两种效应：第一，国有企业作为内生性政府规制（Armstrong, 1994）必然率先进入，产生示范效应，吸引民营企业集中进入，在实现产业规模迅速发展的同时，也带来了重复建设和过度投资问题；第二，产品过剩逐渐演变为产能过剩之后，出于地方博弈和社会稳定等动机，各地政府往往通过"预算软约束"构筑起企业的退出壁垒以阻止过剩产能退出，干预对象首当其冲是国有企业，而其目标的多元性使得干预容易实现。由此导致了产能过剩的形成以及长期存在。而外资企业以利润最大化作为最终目标，且决策自主性较强，产业政策的信号传递会诱使其增加产出并强化 R&D，反而会提升产能利用率。与这一分析相似，温和佐佐木（Wen & Sasaki, 2001）也对利润最大化企业和非利润最大化企业决策进行了研究，结果表明在混合垄断的市场结构中，公共企业的子博弈完美均衡是持续保持产能过剩。而西森和小川（Nishimori & Ogawa, 2004）虽然提出了相反的观点，但是也承认了两类企业的决策差异。

5.6.3 产业技术特征

根据方程 5 和方程 6，产业政策与行业中高技术占比交互项的系数为正，而产业政策与行业中低技术占比交互项的系数为负，两者均通过了1%的显著性水平检验。说明从产业技术特征的角度来看，产业政策主要通过行业中低技术的部分引发产能过剩的，所以，行业中低技术的比重越大，产业政策越容易产生产能过剩。我们经常观察到的"低端产能过剩、高端产能不足"的典型现象，以钢铁业为例，作为世界上最大的钢铁生产国，我国每年仍需进口超过1000万吨的高端钢材，而低端产能过剩又使得国内钢铁行业整体利润率严重偏低。[①] 这也从另一方面佐证了研究结论的正确性。

事实上，从指标选择来看，行业中高技术占比以及低技术占比实际上反映了产业的创新程度，而创新是防止和化解产能过剩的重要机制。现行的产业政策在一定程度上制约了创新活动的发生，至少表现在以下几个方面：（1）产业政策中对知识产权保护内容的缺失和执行不力削弱了企业的创新意愿；（2）创新鼓励举措的错配影响了创新效率（余泳泽，2011；李婧，2013；胡凯等，2013）；（3）对基础研究的忽视限制了创新能力的提高；（4）出口导向的产业政策使得大量国内企业以廉价要素的比较优势加入全球价值链（GVC），从事低技术含量的生产制造环节，这种发展模式导致国内企业热衷于技术引进、学习模仿，并逐渐陷入路径依赖。而不创新则意味着过剩，原因主要在于：第一，需求的演变、升级会导致供给出现结构性过剩；第二，复制模仿的增多会使得产能过剩，正如前文所说，垂直型产业政策会促使国内企业对某些产业的集中进入，而大量的研究表明，模仿和技术引进是这些企业的理性选择（孙文杰等，2007；孙建等，2009；庄子银等，2013）；第三，"利用别国市场用足本国低端要素"是我国第一轮追赶战略本质特征（刘志彪，2012），因此，以切片式嵌入GVC的国内企业主要是基于国际市场进行生产的，国外竞争对手以及GVC链主的创新，加上国内市场的尚未开发会导致产能的落后和过剩。缺乏创新所带来的经济脆弱性与奎师纳和列夫琴科（Krishna & Levchenko，2009）提出的发展中国家由于生产复杂程度较低的产品而波动性更大的观点是一致的。

---

① 资料来源：http://news.gtxh.com/news/20140509/jiegougang_765097864.html。

5.7 不同产业政策工具的影响分析

以上分析都是将产业政策作为虚拟变量进行处理的，较深入地探讨了产业政策对产能过剩的影响。为了进一步了解产业政策不同内容或举措对产能过剩所造成的影响，本部分对核心解释变量——产业政策采用前文所提到的第三种处理思路，即将产业政策细化为各种具体的举措进行分别回归。根据第二部分的回归，我国产业政策中较多使用政策工具包括财税优惠、行政审批、价格管制、金融支持以及贸易保护等。考虑到各种政策工具的使用频率、范围以及地位，这里主要选择税收优惠、贸易保护以及创新补贴三种政策工具进行分析，并将计量模型（5.1）拓展为：

$$cu_{it} = \alpha_0 + \alpha_1 tax_{it} + \alpha_2 grow_{it} + \alpha_3 dema_{it} + \alpha_4 prof_{it} \\ + \alpha_5 struc_{it} + \alpha_6 forei_{it} + \alpha_7 indus_i + \mu_i + \varepsilon_{it} \tag{5.14}$$

$$cu_{it} = \beta_0 + \beta_1 trad_{it} + \beta_2 grow_{it} + \beta_3 dema_{it} + \beta_4 prof_{it} \\ + \beta_5 struc_{it} + \beta_6 forei_{it} + \beta_7 indus_i + \mu_i + \varepsilon_{it} \tag{5.15}$$

$$cu_{it} = \lambda_0 + \lambda_1 subs_{it} + \lambda_2 grow_{it} + \lambda_3 dema_{it} + \lambda_4 prof_{it} \\ + \lambda_5 struc_{it} + \lambda_6 forei_{it} + \lambda_7 indus_i + \mu_i + \varepsilon_{it} \tag{5.16}$$

其中，tax 表示税收优惠，选择真实销售税负指标，具体计算方法与前文相同。数据主要来自于历年《中国工业经济统计年鉴》以及《中国经济普查年鉴 2004》。

$trad$ 代表贸易保护，采用指标为出口退税占工业增加值比重，由于出口退税没有分行业的数据，我们选择了一种变通办法，具体计算公式如下：

$$行业出口退税 = \frac{行业出口交货值}{总出口交货值} \times 出口退税总额$$

数据来源为《中国财政年鉴》、《中国工业经济统计年鉴》以及国泰安、资讯行数据库。

$subs$ 是创新补贴，用政府资金占规模以上工业企业 R&D 经费内部支出之比来表示，由于统计条目的变动，2008 年之前的指标是政府资金占科技活动经费筹集总额之比。所有数据均来自于《中国科技统计年鉴》以及资讯行数据库。

以上变量的统计性描述见表 5-9。

表 5-9　　　　　　　　　　变量统计性描述

变量	观测数	均值	标准差	最小值	最大值
tax	364	0.095	0.171	0.010	1.169
trad	364	0.059	0.057	0.001	0.285
subs	364	0.032	0.024	0.002	0.178

5.7.1 税收优惠

为了克服静态面板模型被解释变量的内生性问题，本部分仍然采用标准误更小的动态面板系统 GMM 进行估计。对计量模型（12）的回归结果显示，整体方程和变量系数均具有稳健性；在 5% 的显著水平上，所有方程误差项都不存在二阶序列相关，且不存在过度识别问题，工具变量选择有效。

表 5-10 显示，产业真实销售税负与产能利用率之间存在着显著的正相关关系，即税负增加，产能利用率也随之提高；税负降低，产能利用率也将下降。根据方程8，税负变化1%会使产能利用率变化0.0993%。说明采用税收优惠的政策工具会导致产能过剩的发生。其内在机制主要有二：（1）在进入决策阶段，税收优惠发挥信号传递作用，吸引企业对某些产业的集中进入。在投资决策阶段，根据新古典的理论框架，企业投资遵循边际收益等于边际成本的原则，而税收优惠降低了投资边际成本，刺激投资规模扩大。正如古尔斯比（Goolsbee, 1998）所指出的，税收优惠刺激的主要是针对资本品的投资需求，即产能的扩张。此外，税收优惠对 FDI 也有较强的促进效应（Hartman, 1984; Devereux et al., 1995; Altshuler et al., 1998; Wei, 2000）。大量的实证研究还表明这种促进效应在发达国家和发展中国家同时存在（Hassett et al., 1997; Shah, 1995; Estache et al., 1995）。在退出决策阶段，税收优惠实际上构成了企业的预算软约束，成为退出壁垒，从而使过剩产能无法正常退出。而政府是否对企业进行保护的关键是对边际社会收益与损失的确定和比较（Kousky et al., 2006）。（2）从税收竞争的角度来看，简巴（Janeba, 2000）认为产能过剩是企业理性选择的结果，他构建了一个跨国公司——东道国的基本模型，并证明东道国之间的税收竞争会使得

跨国公司投资过剩产能作为威胁以获取更优惠的税率。事实上，这一解释同样适用于国内公司和地区间的税收竞争。

表5-10　　　　　　　　计量模型（12）的回归结果

估计方法	动态面板系统GMM							
变量	方程1 cu	方程2 cu	方程3 cu	方程4 cu	方程5 cu	方程6 cu	方程7 cu	方程8 cu
L. cu	0.9009*** (0.0137)	0.9126*** (0.0276)	0.8905*** (0.0273)	0.8353*** (0.0190)	0.8585*** (0.0292)	0.8915*** (0.0353)	0.8316*** (0.0269)	0.8387*** (0.0320)
tax	0.0316*** (0.0089)	0.1201*** (0.0149)	0.0403*** (0.0049)	0.0249* (0.0151)	0.0857*** (0.0169)	0.1254*** (0.0128)	0.0271*** (0.0092)	0.0993*** (0.0154)
grow			0.2833*** (0.0285)			0.1731*** (0.0377)	0.2459*** (0.0316)	0.2525*** (0.0646)
dema				0.3662*** (0.0234)	0.2452*** (0.0407)		0.3376*** (0.0259)	0.2080*** (0.0404)
prof		0.1971*** (0.0152)			0.1429*** (0.0171)	0.2028*** (0.0145)		0.1691*** (0.0192)
struc	0.0585*** (0.0214)	0.0769 (0.0560)	0.0829*** (0.0276)	0.1105*** (0.0304)	0.1173** (0.0527)	0.1197** (0.0528)	0.1206*** (0.0329)	0.0976 (0.0710)
indus	0.0190*** (0.0033)	0.0245*** (0.0065)	0.0048 (0.0066)	0.0489*** (0.0042)	0.0437*** (0.0071)	0.0207*** (0.0075)	0.0345*** (0.0054)	0.0341*** (0.0081)
forei	0.1522*** (0.0182)	0.2444*** (0.0261)	0.1775*** (0.0236)	0.2068*** (0.0209)	0.2660*** (0.0257)	0.2698*** (0.0320)	0.2225*** (0.0251)	0.3030*** (0.0293)
_cons	0.0007 (0.0065)	−0.0821*** (0.0110)	−0.0490*** (0.0074)	−0.0087 (0.0076)	−0.0658*** (0.0127)	−0.1164*** (0.0081)	−0.0493*** (0.0088)	−0.1039*** (0.0119)
Wald检验	38766.85 [0.0000]	77278.35 [0.0000]	14785.94 [0.0000]	18787.22 [0.0000]	37536.38 [0.0000]	173158.61 [0.0000]	18826.65 [0.0000]	22619.72 [0.0000]
AR(2)检验	−1.7834 [0.0745]	−1.5426 [0.1229]	−1.7845 [0.0743]	−1.3816 [0.1671]	−1.2525 [0.2104]	−1.5018 [0.1331]	−1.3963 [0.1626]	−1.1988 [0.2306]
Sargan检验	26.9563 [0.1365]	22.3569 [0.3215]	26.9389 [0.1370]	26.2625 [0.1573]	24.0463 [0.2404]	22.7843 [0.2995]	25.8114 [0.1721]	22.7083 [0.3033]
行业固定效应	Y	Y	Y	Y	Y	Y	Y	Y
观测值	336	336	336	336	336	336	336	336
行业数目	28	28	28	28	28	28	28	28

注：实证结果均由 stata12 计算并整理得出，(1) ***，**，*分别表示1%，5%和10%水平上的显著性；(2) 圆括号内的数字是标准差；(3) 方括号内的数字是 p 值；(4) Wald 检验的原假设是变量是外生的，Sargan 检验的原假设为所有工具变量均有效。

5.7.2 贸易保护

计量模型（13）的回归结果显示良好，整体方程的稳健性通过 Wald 检验，各方程相同解释变量的符号基本一致，除方程 1 和方程 3 外，其余方程的误差项在 5% 的显著水平上均不存在二阶序列相关，Sargan 检验也表明工具变量的有效性。

根据表 5-11，贸易保护与产能利用率的关系为正，且通过了 1% 的显著性水平检验。说明贸易保护越强，产能利用率越高，反之则反是。对照方程 8 的结果可知，贸易保护程度增强 1%，可提高产能利用率水平 0.4064%。这一结论与萨哈（Sahay，1990）的研究非常一致，他指出不论是完全竞争市场还是不完全竞争市场，关税保护都会导致完全的产能利用率。而考察 2006~2011 期间我国制造业各行业的出口退税占工业增加值之比指标，可以发现 28 个行业中有 24 个行业的贸易保护程度出现不同程度的下降，占行业总数的 85.7%，与我国制造业普遍存在产能过剩的特征大体一致，且这 24 个行业与前文测算产能利用率得出的可能存在产能过剩风险的行业也基本重合。与现实的吻合也说明了回归结果的可靠性。

表 5-11　　　　　　　计量模型（13）的回归结果

估计方法	动态面板系统 GMM							
变量	方程 1 cu	方程 2 cu	方程 3 cu	方程 4 cu	方程 5 cu	方程 6 cu	方程 7 cu	方程 8 cu
L. cu	0.8641*** (0.0167)	0.8681*** (0.0185)	0.8240*** (0.0177)	0.8062*** (0.0199)	0.8145*** (0.0246)	0.8160*** (0.0203)	0.7869*** (0.0233)	0.7949*** (0.0280)
trad	0.6263*** (0.0464)	0.4610*** (0.0477)	0.6234*** (0.0370)	0.5039*** (0.0444)	0.4462*** (0.0385)	0.4619*** (0.0377)	0.5178*** (0.0413)	0.4064*** (0.0359)
grow				0.3666*** (0.0266)		0.2884*** (0.0325)	0.3231*** (0.0287)	0.2784*** (0.0320)
dema				0.3078*** (0.0272)	0.2760*** (0.0389)		0.2715*** (0.0297)	0.2324*** (0.0400)
prof		0.0819*** (0.0076)			0.0452*** (0.0129)	0.0927*** (0.0092)		0.0826*** (0.0178)

续表

估计方法	动态面板系统 GMM							
变量	方程1 cu	方程2 cu	方程3 cu	方程4 cu	方程5 cu	方程6 cu	方程7 cu	方程8 cu
struc	0.1233*** (0.0443)	0.0853 (0.0564)	0.1474*** (0.0479)	0.1382*** (0.0517)	0.1339** (0.0553)	0.1633*** (0.0423)	0.1675*** (0.0493)	0.1726*** (0.0504)
indus	0.0312*** (0.0048)	0.0374*** (0.0045)	0.0191** (0.0083)	0.0521*** (0.0053)	0.0513*** (0.0071)	0.0327*** (0.0077)	0.0358*** (0.0063)	0.0441*** (0.0085)
forei	-0.0450** (0.0213)	0.0441** (0.0236)	-0.0025 (0.0190)	0.0457* (0.0244)	0.0854*** (0.0251)	0.1023*** (0.0282)	0.0720** (0.0287)	0.1456*** (0.0319)
_cons	0.0027 (0.0084)	-0.0196** (0.0097)	-0.0497*** (0.0121)	0.0049 (0.0144)	-0.0116 (0.0155)	-0.0704*** (0.0120)	-0.0474*** (0.0146)	-0.0715*** (0.0169)
Wald 检验	13408.56 [0.0000]	22028.82 [0.0000]	40380.35 [0.0000]	9052.17 [0.0000]	11675.49 [0.0000]	35208.75 [0.0000]	20057.95 [0.0000]	49195.09 [0.0000]
AR(2) 检验	-2.115 [0.0344]	-1.8728 [0.0611]	-2.0941 [0.0363]	-1.7737 [0.0761]	-1.637 [0.1016]	-1.7827 [0.0746]	-1.7722 [0.0764]	-1.486 [0.1373]
Sargan 检验	25.4806 [0.1837]	22.3059 [0.3241]	23.9776 [0.2434]	25.0412 [0.1999]	24.5572 [0.2189]	23.2706 [0.2757]	24.6119 [0.2167]	23.8771 [0.2478]
行业 固定效应	Y	Y	Y	Y	Y	Y	Y	Y
观测值	336	336	336	336	336	336	336	336
行业数目	28	28	28	28	28	28	28	28

注：实证结果均由 stata12 计算并整理得出，(1) ***，**，*分别表示1%，5%和10%水平上的显著性；(2) 圆括号内的数字是标准差；(3) 方括号内的数字是 p 值；(4) Wald 检验的原假设是变量是外生的，Sargan 检验的原假设为所有工具变量均有效。

其实，从理论上分析，贸易保护与产能利用率之间的关系可能并不是简单的单调关系。梳理改革开放以来我国涉及对外贸易方面的产业政策，我们可以将贸易保护的目标概括为"鼓励出口，管制进口"。短期来看，通过增加出口退税、实行进口配额等方式加强贸易保护可以至少产生以下结果：一是导致出口型企业因成本优势而增加产出；二是使得进口替代型企业因竞争不足以及超额利润的存在产生增加产出的冲动；三是促使混合型企业在国内外差异价格的刺激下增加产出，因为国内过剩的产出完全可以在国际市场上以出清的价格进行消化（Staige et al.，1992）。这些结果都会使国内企业产能利用率得到提高。不少研究支持了本章的结论，虽然他们大多站在了发达国家的立场上，例如豪厄尔等（Howeel et al.，1988）认为外国政府的政策扭曲造成了美国钢铁产业的衰退。马斯特尔（Mastel，1999）进一步指出较高的贸易保护壁垒在化解了外国的过剩的同时也造成了本国的产业萧条。反过来，玛奇拉蒂等（Marchionatti et al.，1997）研究发现出口限制保护会导致生产能力的过剩。同理，减少贸易保护也会降低产能利用率，从而引发产能过剩。

从长期来看，加强贸易保护，一方面资本的逐利性会导致大量的国内企业对出口行业的集中涌入，形成产能的过度扩张；另一方面从产业组织的角度来说，进口管制会使得进口替代型产业与其上下游产业的不协调发展，从而可能造成产业链某一环节的过剩（Steel，1972；Sahay，1990）。也就是说，长期加强贸易保护反而会降低产能利用率，反之则会提高产能利用率。由此可见，贸易保护与产能利用率之间应该存在着一种类似于"倒U型"的关系，具体的确定还需要进一步更深入的研究。但是从目前来看，鼓励出口、管制进口的开放保护政策对我国产能过剩的影响还处于"短期效应"阶段，一个显而易见的建议就是，未来化解产能过剩矛盾应削弱贸易保护，加强国内企业的国际竞争。

5.7.3 创新补贴

由于误差项二阶序列相关的原因，这里引入被解释变量的三阶滞后，虽然损失了一些观测值和样本信息，但是重新回归后结果显示（见表5-12），方程和变量估计整体稳健，方程误差项在5%的显著性水平上不存在二阶序列相关，过度识别检验表明工具变量的选择也有效。

表 5-12　　　　　　　　　　计量模型（14）的回归结果

方法	动态面板系统 GMM							
变量	方程1 cu	方程2 cu	方程3 cu	方程4 cu	方程5 cu	方程6 cu	方程7 cu	方程8 cu
L1. cu	0.9456*** (0.0187)	0.9001*** (0.0274)	0.9353*** (0.0386)	1.0052*** (0.0165)	0.9271*** (0.0399)	0.9942*** (0.0294)	0.9300*** (0.0355)	0.9485*** (0.0299)
L2. cu	-0.0766*** (0.0109)	-0.1171*** (0.0177)	-0.3690*** (0.0330)	-0.0942*** (0.0124)	-0.3431*** (0.0434)	-0.1405*** (0.0249)	-0.3620*** (0.0305)	-0.1356*** (0.1388)

续表

方法	动态面板系统 GMM							
变量	方程1 cu	方程2 cu	方程3 cu	方程4 cu	方程5 cu	方程6 cu	方程7 cu	方程8 cu
L3. cu			0.2726*** (0.0245)		0.2529*** (0.0319)		0.2847*** (0.0319)	
subs	-0.1949* (0.1058)	-0.3212*** (0.1238)	-0.2255** (0.0987)	-0.4092** (0.1622)	-0.2224** (0.1057)	-0.4926*** (0.1695)	-0.2233** (0.1110)	-0.4061** (0.1913)
grow				-0.2551** (0.1243)		-0.3713*** (0.1263)	0.1653 (0.1367)	-0.3518** (0.1596)
dema			0.1596*** (0.0438)		0.1594*** (0.0457)		0.1540*** (0.0473)	0.2051*** (0.0478)
prof		0.1812*** (0.0265)			0.0356 (0.0262)	0.1748*** (0.0204)		0.1590*** (0.0338)
struc	0.0226 (0.0299)	0.1802*** (0.0542)	-0.0062 (0.0635)	-0.0189 (0.0373)	0.0078 (0.0715)	0.0867* (0.0444)	0.0041 (0.0658)	0.1328** (0.0658)
indus	0.0297*** (0.0045)	0.0758*** (0.0190)	0.03270* (0.0173)	0.0331*** (0.0100)	0.0408** (0.0175)	0.0764*** (0.0147)	0.0250 (0.0159)	0.0815*** (0.0252)
forei	0.1434*** (0.0182)	0.2756*** (0.0199)	0.1710*** (0.0302)	0.1102*** (0.0219)	0.1841*** (0.0321)	0.2159*** (0.0296)	0.1808*** (0.0277)	0.2393*** (0.0342)
_cons	0.0311* (0.0179)	-0.0421 (0.0286)	0.0489 (0.0350)	0.0739** (0.0306)	0.0296 (0.0393)	0.0241 (0.0279)	0.0101 (0.0408)	0.0219 (0.0340)
Wald 检验	9244.30 [0.0000]	8743.90 [0.0000]	2867.73 [0.0000]	14733.27 [0.0000]	2442.65 [0.0000]	4152.08 [0.0000]	4178.52 [0.0000]	6339.53 [0.0000]
AR(2) 检验	-0.9912 [0.3216]	-0.0389 [0.9690]	1.6845 [0.0921]	-0.9331 [0.3508]	1.6119 [0.1070]	-0.0263 [0.9790]	1.7376 [0.0823]	0.2386 [0.8114]
Sargan 检验	24.2694 [0.6672]	23.6995 [0.6973]	24.1460 [0.8691]	23.4496 [0.7102]	22.6799 [0.9114]	22.5776 [0.7539]	24.4377 [0.8595]	23.8666 [0.6886]
行业固定效应	Y	Y	Y	Y	Y	Y	Y	Y
观测值	308	308	280	308	280	308	280	308
行业数目	28	28	28	28	28	28	28	28

注：实证结果均由stata12计算并整理得出，(1) ***，**，*分别表示1%、5%和10%水平上的显著性；(2) 圆括号内的数字是标准差；(3) 方括号内的数字是p值；(4) Wald检验的原假设是变量是外生的，Sargan检验的原假设为所有工具变量均有效。

由于2007年我国实行政府收支分类改革以及公共财政的发展趋势，出于数据的可得性、口径的一致性以及政策措施的现实地位考虑，这里我们选择财政补贴中长期稳定存在的一个重要部分——创新补贴进行分析。然而，令人遗憾的是，我国创新补贴与产能利用率之间的关系显著为负。根据方程8，政府创新补贴占比提高1%，将会导致产能利用率下降0.4061%。由于创新有助于提高产能利用率，以上结论实际上表明我国的政府补贴对创新具有负向激励，而许多国外学者的研究却给出了截然相反的结论（Griliches，1995；Mamuneas et al.，1996），邓达斯等（Dundas et al.，2010）甚至认为政府补贴会对企业进行研发活动的比例、产品改进创新以及新产品开发创新三方面都具有积极的促进作用。不少文献还给出了理论机制的证明，比如政府补贴会降低企业知识储备成本（Trajtenberg，2000）、增强企业吸收能力（Cassiman et al.，2002）、有助于企业发展人力资源（Freel，2005）、有利于企业形成良好声誉或产生光环效应（Powell，1998）等。

而国内学者对我国的实证研究大多支持了本章的结论，比如余泳泽（2011）研究发现政府支持对科研机构和高校创新效率的影响具有不确定性，而对企业则具有负影响。冯宗宪等（2011）也证实政府投入与创新活动的技术效率之间呈现出不显著的负相关关系。李婧（2013）从所有制角度切入证明了政府研发资助对国有企业技术创新有显著的负向影响，而对非国有企业有显著的正向影响。其内在机制可以归纳为以下四点：一是补贴方式，目前我国对企业的创新补贴主要采取事前补贴的形式，即创新投入补贴，而研究发现创新产品补贴的方式比创新投入补贴更为有效（生延超，2008）。二是补贴项目，回顾近几年国家或地方创新基金的补助项目，可以发现资助的很大比例都是应用研究，这一方面会导致基础研究的不足和创新吸收能力的弱化，另一方面也可能造成对企业R&D投入的挤出（Gorg et al.，2007）。三是补贴分配，从主观角度来看，创新补贴的分配者可能会出于寻租等个人利益因素的影响而导致资金错配；而从客观角度来看，受个体认知的局限性和信息不对称的影响，创新补贴可能会因违背市场规律而降低其配置效率（Watanabe et al.，2004）。四是补贴管理，即对补贴资金缺乏严格的监督管理，容易发生企业改变资金用途等不良现象。此外，古尔斯比（Goolsbee，1998）还提出了一个观点，政府资助会抬高研发资源的价格，进而增加企业的研发成本。

5.8　结论与启示

改革开放之后,我国借鉴日韩经验,开始逐步推行垂直型产业政策,通过直接干预市场以及限制竞争等手段建立起较为完备的产业体系,创造出了举世瞩目的"中国奇迹"。垂直型产业政策的实施反映出我国强政府的典型特征,经济增长中显现出浓重的政府干预色彩。这一发展模式既是我国迅速实现第一轮经济赶超的重要经验,同时也带来了一系列严重的问题,在高增长光环逐渐褪去后日益凸显,比如产能过剩。国内不少文献均纷纷指出,政府干预所产生的扭曲是导致产能过剩产生的重要原因之一(江飞涛等,2012;王立国等,2013)。

作为政府干预的重要抓手,垂直型产业政策对我国产能过剩的形成有着重要影响。一些学者曾经给出过证明,比如针对中国汽车企业虽然数量众多但是规模较小的典型现象,黄(Huang,2002)比较分析了中国和韩国实行相同的产业政策却给汽车制造业带来不同绩效的原因,他认为产业政策的成功必须克服两大因素:(1)市场失灵,即企业投资规模低于社会最优水平;(2)政府失灵,即企业投资过剩。市场失灵一般通过政府的贸易保护和财政补贴相对容易克服,政府失灵往往采取限制进入、鼓励并购等措施进行克服,但是所需成本更高,而且还必须有一个强有力的制度结构作为保障。韩国之所以能克服政府失灵是因为政府有能力将收益集中到少数企业中,而中国的收益分配则是相对分散的。因此,在我国,垂直型产业政策一般只能克服市场失灵,而无法克服政府失灵,这就导致某些产业中企业分布小而散,整体产能过剩,且长期存在。

为了深入分析产业政策与产能过剩之间的关系,本章提出了一个关于产业政策与产能过剩关系的分析框架和理论假说,利用中国1999~2011年28个制造业行业的面板数据,在运用动态面板系统GMM估计方法等稳健性回归之后,发现产业政策对产能过剩的效应显著为负,并且通过正向影响企业进入和负向影响企业退出两种渠道造成产能过剩。进一步研究还发现,小企业、国有企业和行业低技术的比重越高,产业政策就越有可能造成产能过剩。此外，本章还研究了具体政策工具对产能过剩的影响，并得出结论：（1）税负降低会带来产能利用率的下降，两者显著正相关；（2）贸易保护与产能利用率的关系显著为正，贸易保护程度的增强在短期内会提高产能利用率；（3）创新补贴与产能利用率之间的关系显著为负，政府补贴对创新效率具有负面作用。

　　基于以上分析，笔者认为我国的产业政策以及发展战略亟须作出相应的调整，才能更有效地化解和防止产能过剩，为转型期的经济增长和产业升级创造更稳定的发展环境。

第六章

产能过剩、要素市场扭曲与经济波动

6.1 引言与文献综述

经济波动作为一国宏观调控的重要依据一直都是学术界长期关注的焦点。国内外相关研究层出不穷，大体可以归纳为两种思路：一是将经济波动作为被解释变量探求其原因与分解（Costas et al.，2009；Luciana et al.，2010；Garavaglia，2012）；二是将经济波动看作解释变量分析其影响（Aghion et al.，1998；Basu et al.，2000；Blyde et al.，2010）。其中，对经济波动原因的研究主要有两个视角，分别是：（1）宏观层面的经济冲击，如供给冲击、需求冲击、信贷冲击、结构调整等；（2）微观层面的经济摩擦，如技术变动、政府行为等。前者侧重于运用时间序列或面板数据的方法分析经济冲击所产生的波动效果，而后者则侧重于采用 DSGE 模型等方法研究经济摩擦引起波动的传播过程（蒋涛，2013）。

产能过剩本质上是产能利用率变化的一个状态，虽然体现的是众多微观企业集体行动的逻辑，但是作为一种经济摩擦必然也会对宏观经济波动造成一定的影响。但是，正如耿强等（2011）指出的，现有的文献很少将经济波动与产能过剩结合起来开展研究，或者只是将经济波动作为产能过剩的成因之一进行考虑。比如，不少学者认为企业维持产能过剩是为了应对经济波动和需求变化的不确定性（Schwartz，1984；Balanchandran et al.，2007；

Jun Ishii，2011），与这种主动性过剩相反，还有一部分学者认为经济波动也会引起被动性过剩，其内在机制的解释包括要素窖藏理论等（孙巍等，2008）。虽然经济波动是产能过剩成因的观点占据了相对主流的地位，但也有一些文献对此提出了质疑，比如，布尔纳夫（Bourneuf，1964）利用美国制造业的数据实证研究发现即使产出增长率每年都保持在较为稳定的水平，也会使得过剩产能不断增加。哈勒等（Haller et al.，1991）则通过构建一个包括产能过剩、库存和随机需求的动态模型证明需求冲击并不一定导致企业维持过剩产能。

综观所掌握的文献，现有的研究对经济波动与产能过剩反向关系的探讨明显相对薄弱，经过梳理，可以将已有文献的研究思路概括为二：一是整体分析产能过剩对经济波动的传导机制。格林伍德等（Greenwood et al.，1988）首次加入了产能利用率对 RBC 模型进行了拓展，并认为产能利用率的变化影响了劳动效率和均衡状态下的就业水平，从而导致经济波动。后来的学者在这一基础上进行了更深入的挖掘（Boileau et al.，2003；Gilchrist et al.，2004）。迪克逊等（Dixon et al.，2011）则将产能利用率引入了 CGE 框架，并用产能利用率的变化较好地解释了美国国内需求的波动。二是具体分析产能过剩对可能引起经济波动的某些中间变量的影响。代表性的文献包括：王等（Wang et al.，2007）认为产能利用率与规模报酬递增密切相关，从而会使经济进一步扩张。考斯特尔（Costrell，1984）拓展了 Goodwin 模型，并认为在真实工资的稳态，产能过剩与失业是显著正相关的。保罗（Paul，2000）论证了产能利用率与生产率、效率之间的关系，蒂普等（Tipper et al.，2012）则利用产能利用率对新西兰不同部门的生产率进行了调整测算。戴夫（Dave，2005）以加拿大为例分析了高产能利用率并没有导致通货膨胀的原因。

本章将结合以上两种思路在现有研究的基础上利用经济计量的方法分析产能过剩对经济波动的影响及其传导机制，为该领域的理论研究做一些有益的探索和补充。从现实角度来说，作为我国目前最重要的宏观经济风险之一，研究产能过剩对经济波动的影响及传导途径无疑有利于中央政府开展调控，并实现"经济增长保持在合理区间"的最终目标。

6.2 影响机制与理论假说

研究表明，产能过剩不仅是经济波动的可能结果，同时也会对经济波动产生反作用（图6-1），这里将对产能过剩影响经济波动的机制提供一个简单的理论解释，并提出相应的检验假说。

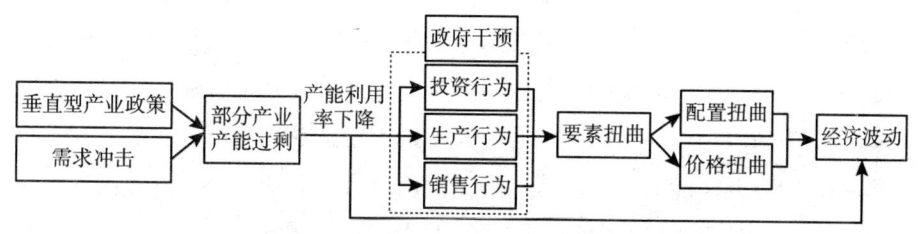

图 6-1 产能过剩对经济波动的影响机制

根据周劲等人（2011）的界定，我国产能过剩一般分为周期性过剩、体制性过剩以及结构性过剩三种类型。由于我国主要属于需求驱动型经济（Gereffi et al.，1994），因此，这里将周期性过剩和结构性过剩的原因主要归结为需求冲击，而体制性过剩则归因为垂直型产业政策的实施。部分产业产能过剩，一方面会导致企业亏损倒闭、产能利用率下降以及工人失业，进而产生经济波动；另一方面会诱发资源错配、环境污染、创新缺乏等，这就进一步加剧了经济波动。本章将以上两个方面分别概括为产能过剩影响经济波动的数量效应和要素扭曲效应。

6.2.1 产能过剩影响波动的数量效应

所谓数量效应，实际上指的是企业在非价格条件下进行数量调节引起经济波动的效应。正如科尔奈（1986）所指出的，数量调节在一切经济制度中都起着非常重要的作用。由于政策刺激和需求冲击，部分产业出现产能过剩，随之产生的一个必然结果就是产能利用率的下降。产能利用率的变化反映了企业数量调节的过程。研究文献表明，产能利用率对经济波动的驱动作用很早便为经济学家所观察（Lucas, 1970; Taubman et al., 1970），直到20世纪90年代左右才逐渐开始利用动态一般均衡框架来分析两者之间的内在关系（Kydland et al., 1991; Bils et al., 1994; Hansen et al., 1995; Burnside et al., 1996）。

这里将产能过剩导致经济波动数量效应的影响机制主要归纳为三：第一，产能过剩造成企业产品滞销、利润下滑，促使企业进行调整决策，其中重要举措之一便是开展非价格条件下的数量调节。根据科尔奈的分析框架，面临短缺时，企业会逐步进行瞬时调节，如改变产量、强制替代；短期调节，如改善工艺和产出组合；长期调节，如调整固定资产投资等。与此相似，当企业面临过剩时也会进行瞬时调节、短期调节和长期调节。需要指出的是，由于国内企业一直以来普遍存在创新不足，瞬时和短期的调节方式非常单一，即降低产能利用率。降低产能利用率实质上就是减少可变成本要素投入，比如减少用工以及原材料使用、关闭部分机器设备等，从而使得产出下降，造成经济波动。在耿强等（2011）的研究中，曾经构建了一个包含产能利用率的生产函数，但遗憾的是其只是作为资本投入的系数，不能完全反映产能利用率变化对其他可变要素投入的影响。而企业长期调节的方式则是改变固定资产投资，大量研究表明，我国的经济周期变化主要是以企业固定资产投资和投资收益波动为主要动因（韩国高等，2011；孙巍等，2009；耿强等，2011）。此外，企业投资的羊群行为也进一步增强了产能过剩对经济波动的影响。第二，产能利用率变化对要素产出弹性的影响。现实中，不变弹性的假设并不成立，由于提高产能利用率会加速资本折旧，因此，产出弹性会与劳动投入同向变化，而与资本存量反向变化。夏皮罗（Shapiro, 1993）的实证分析则证实了这一结论，研究发现，产能利用率下降会导致均衡状态下资本产出弹性的提高以及劳动产出弹性的降低。可见，产能过剩会通过改变要素产出弹性来引起经济波动。第三，产能利用率变化对规模报酬的影响。理论界关于规模报酬递增还是递减一直存在争论，一些学者实证发现在总量和行业水平上仅仅存在规模报酬递减（DRS）（Basu et al., 1997），而在企业层面存在明显的规模报酬递增（IRS）（Hall, 1990）。根据理论分析，很多学者均认为产能利用率与规模报酬之间具有密切的关系（Shapiro, 1993；Beaulieu et al., 1995；Burnside, 1996）。温（Wen, 1998）指出，产能利用率的提高会增强规模报酬递增效应，尤其是在存在生产外部性的情况下。王等（Wang et al.，2007）进一步利用一个动态排队模型，证明了短期产能利用率的变化可能会导致规模报酬递增且只存在于需求扩张阶段的重要命题。由此可知，产能利用率的变化可以通过影响规模报酬来放大经济波动的幅度。

根据测算，可以发现，由于体制、政策等因素的影响，我国产能过剩的波及范围日益扩大、严重程度不断增强、持续时间逐渐延长，一个典型事实就是众多国内企业的产能利用率逐步下滑，并通过以上三种渠道造成经济持续衰退。一直以来实施的刺激政策——加大投资力度，在短期内可能会使经济出现反弹，但是长期来看，会导致产能过剩的加剧、产能利用率的进一步下降，从而使经济陷入更深程度的萧条。

6.2.2 产能过剩影响波动的要素扭曲效应

要素市场扭曲指的是由市场不完善造成要素市场价格与机会成本的偏差或背离（Chacholiades，1978），进而导致要素非最优配置的一种情形。要素市场扭曲是要素市场分割的直接产物，主要表现为要素流动障碍、要素价格刚性以及要素价格差别化等形式（Magee，1971），因而又可以进一步分为价格扭曲和配置扭曲两类（蒋含明，2013）。笔者认为，要素扭曲效应是产能过剩造成经济波动的重要传导机制之一，它实际上反映了现行体制中企业在价格存在条件下调节的结果。

许多重要文献表明，我国产能过剩，特别是体制性产能过剩很大程度上是政策性补贴导致要素市场扭曲所产生的（耿强等，2011；江飞涛等，2012；王立国等，2013）。但与西方国家周期性或结构性过剩不同的是，由于市场机制的不完善，我国产能过剩的"自愈"机制失效，反而会逆向加剧要素市场扭曲程度，从而使得产能过剩顽疾"久治不愈"。出现这一困境的根本原因主要在于转型时期的双轨制，部分重点发展的产业普遍存在预算软约束（soft budget constraint），而这类产业往往正是产能过剩发生的重灾区。

产能过剩通过要素市场扭曲效应影响经济波动的具体机制如下：（1）价

格扭曲。首先是产品价格的扭曲。产能过剩的本质是生产能力超过潜在需求,卡塞尔(Castle,2004)认为过度需求是造成通胀压力的基础性因素,因此同理,产能过剩也势必会导致市场呆滞和产品价格下降(王志伟,2010)。但由于过剩产业属于支柱产业或者出于政府竞争、"数量型"赶超发展、社会稳定等的动机,各级政府往往会通过税收优惠、财政补助、政府采购等一系列政策性措施变相补贴产品价格防止企业退出(刘小鲁,2005;张新海,2007;何记东等,2012),这也造成企业预算约束的软化,从而使企业需求函数由向下倾斜转变为缺乏价格弹性的水平状态。因此,预算软约束阻碍甚至歪曲了产能过剩引起的产品价格变动的信号传递,在位企业几乎不会及时针对市场变化进行瞬时或短期调节,可能还会导致长期的产能扩张及新企业的不断进入。在科尔奈(1986)开创性的文献中,他将这种情形概括为产品价格对投资决策无影响,并认为如果投资从非价格标准来看是重要和有益的话,其盈利性是可以保证的,故会诱发投资。由此可以推论,在产品价格扭曲的情况下,产能过剩在短期会减小由结构转换带来的经济下行幅度,甚至还会刺激经济增长,但是在长期必将导致更深程度的调整和衰退。其次是生产要素价格的扭曲。产能过剩造成企业利润下滑,但是市场机制下的收入效应和替代效应并没有如约产生,反而由于政府的"父爱行为"进一步加剧了要素价格扭曲,比如融资支持,政府干预使得过剩企业一般更容易以更低的成本获取银行的信贷资金,形成"越过剩越信贷"的"棘轮效应"。重要生产要素价格的扭曲以及双轨制一方面对其他产业的投资产生"挤出",另一方面也通过要素边际产出的变化影响产出,由此引发经济波动。(2)配置扭曲。从定义来看,要素配置扭曲实际上是价格扭曲的结果。根据上文所述,我国产能过剩由于预算软约束和双轨制的存在造成价格扭曲,这就必然会产生要素错配。为了体现配置扭曲和价格扭曲的差别,这里将要素配置扭曲主要理解为技术层面的扭曲,也即要素错配引起的全要素生产率的变化。通过对相关文献的梳理,几乎所有研究均支持要素配置扭曲对全要素生产率起着抑制作用的结论(Bartelsmann et al.,2008;Alfaro et al.,2008;Buera et al.,2011)。谢等(Hsieh et al.,2009)甚至计算出如果中国不存在要素配置扭曲,加总的全要素生产率将提高90%的结果。国内学者,如陈艳莹等(2013)以生产性服务业为例,从社会网络和产业演化的角度，研究了要素市场扭曲对全要素生产率的双重抑制机理。内生增长理论认为，全要素生产率是经济增长的重要因素，实证研究也发现我国全要素生产率增长率的贡献率已经超过了劳动投入的贡献率（田娜，2012）。RBC理论则进一步强调了全要素生产率冲击对经济波动的影响，并利用典型主体跨时优化模型解释了其传导机制（Hansen et al.，1993）。郭庆旺等（2004）针对我国的研究显示，相对于投资波动冲击，全要素生产率波动对宏观经济波动的影响更大但时滞较长。综上可知，产能过剩会通过要素配置扭曲导致经济波动。

基于以上讨论，本章提出以下两个假说。

假说一：产能过剩作为独立变量会由于企业进行数量调节而直接导致经济波动。

假说二：产能过剩会通过中介变量——要素市场扭曲来影响经济波动。

6.3 研究设计

6.3.1 模型设定

6.3.1.1 关于假说一的计量检验模型

自索洛（Solow，1957）提出新经济增长理论，学术界普遍认为经济增长动力主要源自于资本、劳动等要素投入以及技术进步，且技术进步对于长期增长的贡献更大。基于这一分析框架，结合杨格（Young，1994）对东亚国家全要素生产率的测算结果，克鲁格曼（Krugman，1994）提出了"东亚奇迹"主要是要素投入迅速增长所致的重要论断。沿着这一思路，本部分引入增长方程：

$$Y_t = f(K_t, L_t, A) \tag{6.1}$$

其中，Y_t表示t期的总产出，K_t和L_t分别表示t期的资本存量和劳动力投入，A表示技术进步以及其他一些制度性或难以观测的因素。为了进一步反映产能过剩对经济波动的影响,将衡量过剩程度的核心指标产能利用率引入增长方程。根据温(Wen,1998)提出的观点——产能利用率应在生产过程中作为独立要素发挥作用以及上一章的研究结论,产能过剩与产业政策密切相关,可将产能利用率看作制度性因素纳入,因此,式(6.1)可以扩展为:

$$Y_t = f(K_t, L_t, U_t, A) \qquad (6.2)$$

其中,U_t 表示 t 期的产能利用率。然后采用 C–D 函数将式(6.2)具体化,可得:

$$Y_t = A_0 e^{\lambda t} U_t^{\gamma} K_t^{\alpha} L_t^{\beta} \qquad (6.3)$$

对上式进行对数线性化后的结果是:

$$\ln Y_t = c + \lambda t + \gamma \ln U_t + \alpha \ln K_t + \beta \ln L_t \qquad (6.4)$$

借鉴丁振辉等(2013)的处理办法,将各主要变量的趋势项和波动项分离出来,分别得到:

$$\ln Y_t = \ln Y_t^* + \Delta_{Y,t} \qquad (6.5)$$

$$\ln K_t = \ln K_t^* + \Delta_{K,t} \qquad (6.6)$$

$$\ln L_t = \ln L_t^* + \Delta_{L,t} \qquad (6.7)$$

$$\ln U_t = \ln U_t^* + \Delta_{U,t} \qquad (6.8)$$

其中,*号项代表各变量的趋势值,Δ 项反映各变量的波动程度。对式(6.4)进行去趋势项处理,则有:

$$\ln Y_t - \ln Y_t^* = c + \lambda + \gamma(\ln U_t - \ln U_t^*) + \alpha(\ln K_t - \ln K_t^*) + \beta(\ln L_t - \ln L_t^*)$$
$$(6.9)$$

假设当期产能利用率的趋势值正好等于前期的实际值,那么式(6.9)可写成:

$$\Delta_{Y,t} = c + \lambda + \gamma g U_t + \alpha \Delta_{K,t} + \beta \Delta_{L,t} \qquad (6.10)$$

其中,g 代表产能利用率的变动速率。上式较好地反映了资本存量变动、劳动力变动以及产能利用率变化对经济波动的影响。依据式(6.10)进一步拓展,得到最终的计量模型,如下:

$$\Delta_{Y,i,t} = \varphi_0 + \varphi_1 \Delta_{U,i,t} + \varphi_2 \Delta_{K,i,t} + \varphi_3 \Delta_{L,i,t} + \vartheta X_{i,t} + \mu_i + \varepsilon_{it} \qquad (6.11)$$

这里,μ_i 表示不可观测的个体固定效应,ε_{it} 为随机误差项,$X_{i,t}$ 是控制变量。依据内生增长、真实经济周期等理论以及经济波动影响因素的国内外研究文献,尤其是在充分借鉴张少军(2013)、邵传林等(2013)等针对中国背景的研究文献的基础上,本章从供给冲击、需求冲击以及结构冲击三个方面加入了一系列控制变量。具体有:(1)技术因素。与凯恩斯经济周期理论侧重于从需求方面(如投资冲击)解释经济波动的原因不同,真实经济周期理论更加强调供给冲击,尤其是全要素生产率变动对经济波动影响的重要性。在格林伍德等(Greenwood et al.,1988)的基础上,德容等(Dejong et al.,2000)则利用贝叶斯分析和数值模拟证明了以上两种因素对于经济波动的产生最为重要。王燕武等(2011)在新凯恩斯模型的框架下对我国经济波动的研究则表明除利率冲击外,技术冲击对产出增长率的影响是最大的。(2)金融因素。金融发展水平与经济波动的关系自20世纪90年代开始持续为国内外学者所关注,例如伯南克等(Bernanke et al.,1994)提出了所谓金融加速器效应,认为信贷市场的不完善会放大各类冲击。贝克等(Beck et al.,2001)、拉达茨(Raddatz,2006)等同类研究发现,金融体系的发展会减少经济波动。阿吉翁等(Aghion et al.,2004)、库尼达等(Kunieda et al.,2011)则进一步指出金融发展与经济波动之间的关系具有阶段特征。而对于我国的实证结果大多支持金融发展抑制了经济波动的结论(Wahid et al.,2010;谭之博等,2013)。(3)贸易因素。作为需求冲击的重要内容,国际贸易对经济波动的影响不容忽视,虽然在具体效应方面仍然存在较大争议。目前,代表性的观点主要有三种:一是贸易扩大平抑了经济波动(Calderon et al.,2008;Cavallo,2008;Parinduri,2011);二是贸易扩大加剧了经济波动(Giovanni et al.,2011);三是国际贸易对经济波动的影响不确定(Bejan,2006)。洪占卿等(2012)针对我国的实证研究则支持了国际贸易水平的提高显著减缓经济波动的观点。(4)消费因素。与国际贸易相对,居民消费反映了国内需求的情况,高士成(2010)利用SVAR方法对我国GDP增长率和通胀率的影响因素进行结构性分解后发现,我国经济波动在很大程度上来源于需求冲击。(5)产业结构因素。产业结构演进与经济波动的关系一直是理论界研究的热点。鲍莫尔(Baumol,1967)、库兹涅茨(Kuznets,1971)认为产业结构变动造成了经济波动,但后来的一部分学者对此提出了质疑,并认为产业结构的调整熨平了经济波动(Blanchard et al.,2001;Eggers et al.,2006)。对中国的实证研究则表明,经济波动中约有 15% ~ 20% 的部分应归因于产业结构的冲击（李猛，2010），且熨平效应日趋明显（方福前等，2011）。

6.3.1.2 关于假说二的计量检验模型

假说二认为产能过剩可以通过要素市场扭曲来影响经济波动，根据巴伦等（Baron et al.，1986）的定义，要素市场扭曲实际上是中介变量，因此为了检验这一假说，本部分将引入中介效应模型进行分析。

$$fluct_t = \eta_0 + \eta_1 dcu_{it} + \tau Z_{it} + \omega_{1it} \qquad (6.12)$$

$$dist_t = \mu_0 + \mu_1 dcu_{it} + \upsilon Z_{it} + \omega_{2it} \qquad (6.13)$$

$$fluct_t = \theta_0 + \theta_1 dcu_{it} + \theta_2 dist_t + \pi Z_{it} + \omega_{3it} \qquad (6.14)$$

其中，$fluct$ 表示经济波动，$dist$ 为要素市场扭曲程度，dcu 代表产能利用率的变动，下标 i 和 t 分布表示各行业的截面单位和时间，ω_{1it}、ω_{2it} 以及 ω_{3it} 是随机误差项，Z_{it} 表示控制变量。根据相关理论以及国内外文献，这里确定了以下控制变量：（1）所有制结构。所有制结构与要素市场扭曲以及经济波动之间有着密切的关系。史晋川等（2007）研究了所有制约束与要素价格扭曲之间的关系，并发现国有经济部门中要素相对价格的扭曲程度要高于非国有经济部门。（2）要素密度。各地政府为刺激 GDP 增长往往会实施偏向资本密集型产业的优惠政策，黄先海等（2013）研究发现部分重化工业资本的快速扩张引起行业间投资结构失衡，并加大了行业间要素配置扭曲程度。（3）出口增长。出口是经济增长的重要动力之一，许多学者，如张杰等（2011）、施炳展等（2012）、冼国明等（2013）分析了要素市场扭曲对出口的影响，事实上，出口导向反过来也会加大要素市场扭曲程度。（4）产业规模。产业规模越大，其对经济波动的影响也就越大，地方政府在"经济参与人"和"政治参与人"双重身份的作用下越有可能实施偏向部分产业的要素市场扭曲。（5）研发投入水平。实证研究表明，技术进步因素对我国经济增长以及要素配置扭曲程度的影响效应越来越大。（6）市场竞争程度。市场竞争程度被学者们广泛看成是影响要素市场扭曲的重要因素，一般认为，市场竞争程度越激烈，企业市场势力越弱，越不可能引起要素市场扭曲。

6.3.2 变量及数据来源

6.3.2.1 样本及数据来源

由于 2002 年之前缺乏对"工艺品及其他制造业"、"废弃资源和废旧材料回收加工业"的统计数据,基于统计口径一致性以及数据可得性的考虑,本章选取 1999~2011 年我国按 GB/T4754-2011 标准分类的制造业其余 28 个细分行业为研究对象。数据来源于相应年份的《中国统计年鉴》《中国工业经济统计年鉴》《中国科技统计年鉴》《中国劳动统计年鉴》《中国经济普查年鉴 2004》,部分数据的获得来自于中经网以及资讯行数据库。

6.3.2.2 核心变量测算

(1) 经济波动 ($outputhp$)。

对经济波动的测量有多种方法,目前比较流行的主要有两种:一种是布兰查德和西蒙 (Blanchard & Simon, 2001) 提出的滚动标准差法,另一种是滤波法,即将经济产出中的长期趋势和周期性波动分离出来,比如 BP 滤波、HP 滤波等。这里选择较常使用的 HP 滤波法对行业实际总产出的自然对数进行处理。其原理是,最小化式 (5.15) 找出时间序列 y_t 的长期趋势 s_t,用 $y_t - s_t$ 可以得到波动项,记为 $outputhp$。

$$\min\{\sum_{t=1}^{T}(y_t - s_t)^2 + \lambda \sum_{t=2}^{T-1}[(s_{t+1} - s_t) - (s_t - s_{t-1})]^2\} \quad (5.15)$$

波动项实际上反映了偏离潜在产出的缺口,当波动项大于 0 时,说明经济处于向上波动的过程,反之则反是。λ 为平滑参数,随时间间隔的不同而不同。由于采用的是年度数据,根据一般处理方式,令 $\lambda = 100$。

(2) 产能过剩 (dcu)。

产能过剩的衡量仍然沿用前几章一直使用的产能利用率指标,其也是国际上为世界各国广泛采用的测度产能过剩的关键指标。具体测算方法与上一章相同,即首先对各行业随机前沿超越对数生产函数式 (5.16) 进行估计,进而得出产能产出规模,然后用实际产出与之相比得到产能利用率。根据上一部分的模型推导,用本期产能利用率减去上期产能利用率可得产能利用率的变动，即 dcu。最终结果和计算过程这里略去。

$$\ln y_{it} = a_0 + \sum_j a_j \ln x_{ijt} + a_t t + \frac{1}{2} \sum_j \sum_k a_{jk} \ln x_{ijt} \ln x_{ikt}$$

$$+ \frac{1}{2} a_{tt} t^2 + \sum_j a_{jt} \ln x_{ijt} t + \varepsilon_{it} \qquad (5.16)$$

(3) 要素市场扭曲（$dist$）。

一般来讲，要素市场扭曲主要有以下几种方法：一是用要素的边际产出与要素价格之比衡量（Hsieh et al., 2009；施炳展等，2012）；二是测度生产可能性边界与实际产出的差距，比如数据包络法（DEA）、随机前沿分析法（SFA）（Skoorka, 2000；盛誉，2005；赵自芳等，2006）；三是用市场摩擦来表示要素配置扭曲程度（Restuccia et al., 2008；Aoki, 2008）；四是考虑市场经济发展水平和市场化进程，张杰等（2011）提出了两个指标，分别是：（各省产品市场市场化指数 – 要素市场市场化指数）/产品市场市场化指数，（各省总体市场市场化指数 – 要素市场市场化指数）/总体市场市场化指数。

以上方法各有优劣，由于产能过剩本质上市要素在不同行业之间的非均衡配置所致，因此，要素扭曲更多的应该是相对意义上的。因此，这里借鉴道勒等（Dollar et al., 2007）的方法来测算各行业投入要素的相对扭曲程度。首先假设资本和劳动的价格分别为 $(1+\tau_{K_i})p_K$，$(1+\tau_{L_i})p_L$，其中，τ 表示扭曲税。那么，资本和劳动的绝对扭曲指数就是 $\phi_{K_i} = \frac{1}{1+\tau_{K_i}}$，$\phi_{L_i} = \frac{1}{1+\tau_{L_i}}$，其反映了资本和劳动价格扭曲的情况。而 $\theta_{K_i} = \frac{\phi_{K_i}}{\sum_{i=1}^n \left[\frac{s_i \alpha_{K_i}}{\alpha_K}\right] \phi_{K_i}}$，$\theta_{L_i} = \frac{\phi_{L_i}}{\sum_{i=1}^n \left[\frac{s_i \alpha_{L_i}}{\alpha_L}\right] \phi_{L_i}}$ 则表示资本和劳动的相对扭曲指数，其中，s_i 为行业在经济体中的产出份额，α_L 和 α_K 则为劳动和资本的产出弹性。相对扭曲指数反映了要素使用的相对成本情况，利用利润最大化条件可得：

$$\theta_{K_i} = \left[\frac{K_i}{K}\right] \Big/ \left[\frac{s_i \alpha_{K_i}}{\alpha_K}\right] \qquad (6.17)$$

$$\theta_{L_i} = \left[\frac{L_i}{L}\right] \Big/ \left[\frac{s_i \alpha_{L_i}}{\alpha_L}\right] \tag{6.18}$$

上两式的经济含义是要素实际投入占比与理论投入占比之比，若 $\theta_{K_i} > 1$，表示资本实际投入要大于理论投入，说明要素成本相对较低，反之则反是。θ_{K_i} 过大或过小都表明资本市场扭曲程度严重。对于 θ_{L_i} 所反映的情况同理可得。

为了计算出 θ_{K_i} 和 θ_{L_i}，首先需要对资本和劳动的产出弹性进行估算，这里采用 C-D 函数形式，对数线性化后，利用 1999~2011 年制造业 28 个细分行业规模以上企业数据，进行变系数面板回归得出。其中，产出选用实际工业总产值指标，资本选用实际固定资产净值指标，劳动选用全年从业人员数指标。回归结果显示良好，方程和各主要变量均通过显著性检验。制造业各行业资本和劳动相对扭曲程度的计算结果见表 6-1 和表 6-2。

表 6-1　　　　　　　　　　　资本相对扭曲指数

行业	1999 年	2011 年	均值
农副食品加工业	0.71	0.72	0.72
食品制造业	0.86	0.87	0.91
饮料制造业	0.82	0.81	0.93
烟草制造业	1.08	0.89	1.01
纺织业	1.31	1.30	1.38
纺织服装、鞋、帽制造业	0.58	0.88	0.78
皮革、毛皮、羽毛及制品业	0.42	0.58	0.49
木材加工及木、竹、藤等制品业	0.80	0.65	0.81
家具制造业	0.83	1.04	1.00
造纸及纸制品业	1.11	1.48	1.46
印刷业和记录媒介的复制	0.87	0.92	1.07
文教体育用品制造业	0.66	1.01	0.89
石油加工、炼焦及核燃料加工业	1.61	1.12	1.19
化学原料及化学制品制造业	1.34	1.29	1.33
医药制造业	0.99	1.27	1.39
化学纤维制造业	2.79	1.86	2.31
橡胶制品业	0.85	1.03	1.01
塑料制品业	0.68	0.74	0.78
非金属矿物制品业	1.30	1.25	1.35

续表

行业	1999 年	2011 年	均值
黑色金属冶炼及压延加工业	1.72	1.33	1.43
有色金属冶炼及压延加工业	1.74	1.43	1.56
金属制品业	0.90	1.12	0.99
通用设备制造业	1.34	1.19	1.20
专用设备制造业	0.87	0.89	0.89
交通运输设备制造业	1.04	1.02	1.00
电气机械及器材制造业	0.90	1.00	0.89
通信设备、计算机及其他电子设备制造业	0.93	1.41	1.21
仪器仪表及文化、办公用机械制造业	0.96	1.05	0.96

注：根据回归结果测算得出。

表 6-2　　　　　　　　　　劳动相对扭曲指数

行业	1999 年	2011 年	均值
农副食品加工业	0.96	1.06	1.06
食品制造业	1.76	1.91	1.89
饮料制造业	1.00	1.06	1.09
烟草制造业	1.11	0.78	0.88
纺织业	4.21	4.79	4.78
纺织服装、鞋、帽制造业	3.24	7.51	6.48
皮革、毛皮、羽毛及制品业	4.15	12.56	9.50
木材加工及木、竹、藤等制品业	2.88	3.20	3.49
家具制造业	3.00	5.56	4.60
造纸及纸制品业	2.75	2.91	2.88
印刷业和记录媒介的复制	5.94	4.86	5.28
文教体育用品制造业	2.85	9.13	6.72
石油加工、炼焦及核燃料加工业	0.13	0.07	0.08
化学原料及化学制品制造业	0.85	0.55	0.68
医药制造业	0.87	0.92	0.93
化学纤维制造业	0.14	0.13	0.14
橡胶制品业	5.42	5.51	5.94
塑料制品业	3.43	6.64	5.36
非金属矿物制品业	2.19	1.79	2.30
黑色金属冶炼及压延加工业	0.53	0.23	0.33
有色金属冶炼及压延加工业	0.35	0.20	0.27

续表

行业	1999年	2011年	均值
金属制品业	0.95	1.30	1.21
通用设备制造业	0.81	0.52	0.63
专用设备制造业	2.27	1.53	1.89
交通运输设备制造业	0.80	0.63	0.65
电气机械及器材制造业	0.61	0.89	0.75
通信设备、计算机及其他电子设备制造业	0.43	1.20	0.69
仪器仪表及文化、办公用机械制造业	0.88	1.04	0.91

注：根据回归结果测算得出。

根据表6-1和表6-2，可以发现我国制造业大多数行业均存在程度各异的要素扭曲现象。通过横、纵向比较，可以进一步得出以下几点结论：(1) 总的来看，劳动扭曲的程度相对于资本扭曲要更为严重。(2) 大多数制造业行业的劳动相对扭曲指数均大于1，说明样本时期我国劳动力成本仍然较低。(3) 国有企业占比较大的行业其资本相对扭曲指数更可能大于1，在一定程度上说明了该类行业存在企业预算软约束以及内部成本外部化的事实。(4) 大多数制造业行业的要素相对扭曲指数在一定时期内基本保持稳定，部分产业的要素扭曲程度随着产业地位的变化而出现一定的变化，比如"医药制造业"、"通信设备、计算机及其他电子设备制造业"等逐渐成为支柱产业或政府具有强烈偏好的产业之后，其资本相对扭曲指数明显上升。当然，也有部分产业是由于要素密集程度的变化而导致要素相对扭曲指数呈现变化的。

6.3.2.3 其余变量指标选择及处理

(1) 假说一计量模型。

资本冲击（dk）选用规模以上工业企业固定资产净值的变动指标，部分年份由于数据缺失用"固定资产原值减去折旧"来替代。用固定资产价格指数剔除价格因素，得出按1999年价格计算的各年实际固定资产净值，取自然对数并求其变动。

劳动冲击（dl）选用规模以上工业企业全年从业人员数指标，取自然对数并求其变动。

技术因素（$dtfp$）根据相关文献的处理方式，一般选用全要素生产率变动指标。对于 TFP 的测算有参数和非参数等多种方法,比如索洛残差法、隐性变量法、随机前沿生产函数法、Malmquist 指数法以及 HMB 指数法等。这里沿用杨勇(2008)、谢等(Hsieh et al., 2009)等所使用的方法来测算全要素生产率。

金融因素(finance) 由于本章利用行业面板数据为研究对象,综合张杰等(2011)以及张少军(2013)的指标选择,用利息支出占工业总产值之比作为衡量指标。

贸易因素(trade) 用规模以上工业企业出口交货值与销售产值之比来表示。

消费因素(consume) 这里选用规模以上工业企业产销率的变动来作为消费因素的代理变量。

产业结构(structure) 由于本章的研究样本均为制造业行业,所以用行业总产值占 GDP 的比重来表示产业结构的变化。

(2)假说二计量模型。

所有制(ownership) 选用国有及国有控股工业企业总产值占规模以上工业企业总产值之比指标来区分国有制经济与非国有制经济对要素扭曲和经济波动不同影响。

要素密度(capital) 根据张杰等(2011)、毛其淋(2013)的指标选择,这里用规模以上工业企业固定资产净值与从业人员年平均数之比来表示,其中固定资产净值用以 1999 年为基期的固定资产投资价格指数进行平减处理。

出口(export) 选择规模以上工业企业出口交货值的增长率作为衡量指标,并用工业生产者出厂价格指数剔除价格因素影响。

产业规模(scale) 为了体现产业相对规模对要素扭曲和经济波动的影响,这里选用各行业工业总产值占制造业总产值之比来表示。

研发投入(innovate) 选择相关文献中经常使用的研发投入强度指标——研发支出与销售收入之比作为产业创新能力的测度指标。

市场竞争(compete) 对市场竞争程度的测度往往采用市场集中度指标,比如赫芬达尔指数、Kalecki 指数、PCM 指数等。由于研究样本为行业数据而非企业数据,因此,这里选择 PCM 指数进行测算。计算公式如下:

$$PCM_{it} = \frac{VA_{it} - W_{it}}{F_{it}} \quad (6.19)$$

其中，VA 表示工业增加值，W 表示劳动力成本，F 为工业总产值。劳动力成本由全部从业人员年平均人数与人均工资相乘得出。

（3）主要变量描述性统计。

表 6-3 给出了本章计量模型中主要变量的基本统计信息。

表 6-3　　　　　　　　主要变量的基本统计描述

变量	观测数	均值	标准差	最小值	最大值
outputhp	364	0.0000	0.0818	-0.3190	0.3547
dcu	364	0.0009	0.0391	-0.1826	0.1855
dk	364	0.0863	0.0752	-0.1908	0.2916
dl	364	0.0590	0.1797	-0.1810	1.1002
dtfp	364	0.0793	0.0862	-0.2469	0.4167
trade	364	0.1967	0.1782	0.0045	0.6971
consume	364	0.0013	0.0057	-0.0192	0.0223
structure	364	0.0023	0.0045	-0.0174	0.0323
finance	364	0.0111	0.0057	-0.0028	0.0347
distk	364	1.1051	0.3658	0.4109	2.7880
distl	364	2.5503	2.6581	0.0640	12.6435
scale	364	0.0357	0.0274	0.0044	0.1257
capital	364	0.1420	0.1086	0.0212	0.7211
ownership	364	0.2503	0.2418	0.0030	0.9947
export	364	0.1958	0.2007	-0.6740	1.7769
innovate	364	0.0210	0.0381	0.0008	0.2305
compete	364	0.2337	0.0919	0.1170	0.7471

注：根据 stata12 软件计算得出。

6.4　实证结果与分析

6.4.1　数量效应模型的回归结果与解释

6.4.1.1　相关性分析

在对式（6.11）进行回归之前，首先需要关注各主要解释变量之间是否存在多重共线性问题，如果存在，将可能导致各主要解释变量系数的偏差和不稳定。这里采用 Pearson 方法计算了式（6.11）中主要解释变量的相关系数（见表6-4），发现除了技术进步与产能利用率变动、技术进步与劳动冲击以及产业结构变化与产能利用率变动之间的相关系数稍高外，其余各变量之间的相关系数都不超过0.4，故可知各主要解释变量之间并不存在严重的多重共线性问题。进一步的验证，利用 Spearman 方法计算出的结果与此基本一致，并可得出相同结论。

表6-4　　　　　　　　　　　Pearson 相关系数矩阵

	dcu	dk	dl	dtfp	trade	consume	structure	finance
dcu	1							
dk	-0.1827	1						
dl	0.0663	0.317	1					
dtfp	0.6763	-0.3868	-0.6056	1				
trade	-0.062	0.1226	0.2306	-0.2675	1			
consume	-0.0904	-0.0869	-0.1072	0.0331	0.0071	1		
structure	0.4982	0.3425	0.2174	0.2649	-0.0911	-0.1351	1	
finance	-0.0892	-0.3169	-0.2835	0.2268	-0.4032	0.1788	-0.1466	1

注：根据 stata12 软件计算得出。

6.4.1.2　产能过剩与经济波动基本回归及内生性处理

面板数据模型主要有三种，分别是混合回归模型、固定效应模型以及随机效应模型，其中，固定效应模型假定个体不可观测特征与解释变量相关。利用 Hausman 检验以及 LSDV 估计给出的个体虚拟变量 p 值，这里首先选择固定效应模型回归来考察产能过剩对经济波动的影响（见表6-5）。为了克服各行业之间可能存在的异方差，在固定效应回归中添加了聚类稳健标准差选项。此外，还通过逐个加入解释变量以检验回归结果的稳健性。

第六章 产能过剩、要素市场扭曲与经济波动

表 6-5　　　产能过剩对经济波动影响的计量模型实证结果

估计方法	最小二乘法（OLS）FE							
模型	方程1 outputhp	方程2 outputhp	方程3 outputhp	方程4 outputhp	方程5 outputhp	方程6 outputhp	方程7 outputhp	方程8 outputhp
dcu	0.6937*** (0.0907)	1.2557*** (0.0866)	0.7183*** (0.0891)	0.7331*** (0.1261)	1.2568*** (0.0854)	1.1410*** (0.1079)	-0.4185 (0.1839)	-0.1621 (0.1355)
dk		0.5763*** (0.0454)			0.5599*** (0.0451)	0.5910*** (0.0460)		0.6414*** (0.0379)
dl			0.0685*** (0.0178)		0.0476*** (0.0148)		0.2941*** (0.0366)	0.3417*** (0.0269)
dtfp				-0.0239 (0.0531)		0.0782* (0.0441)	0.7385*** (0.1065)	0.9727*** (0.0792)
trade	0.3135*** (0.0537)	0.2507*** (0.0444)	0.2559*** (0.0547)	0.3097*** (0.0544)	0.2124*** (0.0453)	0.2614*** (0.0441)	0.1833*** (0.0522)	0.1104*** (0.0385)
consume	0.4989 (0.5236)	0.3605 (0.4299)	0.5781 (0.5134)	0.5137 (0.5252)	0.4195 (0.4244)	0.3082 (0.4295)	0.3791 (0.4812)	0.1343 (0.3525)
structure	9.9606*** (0.9224)	4.5518*** (0.8688)	9.2718*** (0.9214)	9.9083*** (0.9308)	4.2273*** (0.8627)	4.5850*** (0.8662)	8.6214*** (0.8670)	2.6367*** (0.7267)
finance	-2.1944*** (0.7102)	1.2398* (0.6427)	-1.5099** (0.7183)	-2.0821** (0.7535)	1.6176** (0.6446)	0.9599 (0.6597)	-2.7265*** (0.6945)	0.4704 (0.5424)
_cons	-0.0615*** (0.0135)	-0.1248*** (0.0121)	-0.0604*** (0.0132)	-0.0601*** (0.0139)	-0.1222*** (0.0120)	-0.1312*** (0.0126)	-0.1017*** (0.0137)	-0.1856*** (0.0112)
within R^2	0.5904	0.7248	0.6080	0.5907	0.7332	0.7274	0.6580	0.8173
between R^2	0.0260	0.0243	0.0287	0.0263	0.0252	0.0235	0.0235	0.0109
overall R^2	0.3200	0.5003	0.3830	0.3230	0.5412	0.4948	0.4914	0.6926
F 值	95.42 [0.0000]	144.88 [0.0000]	85.29 [0.0000]	79.36 [0.0000]	129.16 [0.0000]	125.44 [0.0000]	90.41 [0.0000]	183.37 [0.0000]
Hausman 检验								128.9 [0.0000]
行业固定效应	Y	Y	Y	Y	Y	Y	Y	Y
样本数	364	364	364	364	364	364	364	364

注：实证结果均由 stata12 计算并整理得出：(1) ***，**，* 分别表示 1%，5% 和 10% 水平上的显著性；(2) 圆括号内的数字是标准差；(3) 方括号内的数字是 p 值。

表6-5结果显示，面板模型拟合度较好，且F检验表明方程具有显著的个体效应。除方程7和方程8的产能利用率变动系数未通过显著性检验外，其余方程的产能利用率变动与经济波动均在1%的水平上存在显著的正相关关系。其他解释变量中，几乎所有方程均表明资本冲击、劳动冲击、技术进步、对外贸易以及产业结构变化与经济波动之间的关系显著为正，与理论分析结论相符；消费因素的系数未能通过显著性检验，说明消费冲击对经济波动的影响存在不确定性；但令人疑惑的是，不同方程中金融因素对经济波动影响的结果存在较大差异，方程1、3、4、7的结果显示两者之间的关系显著为负，方程2、5的结果却截然相反，而方程6、8的结果则说明不显著。以上表明，固定效应模型的回归结果可能是不稳健、有偏以及不一致的。其原因可能在于由于遗漏变量以及逆向因果关系等导致的内生性问题，因为固定效应估计的一致性前提是解释变量与随机误差项无关。

为了解决可能存在的内生性问题，这里采用了动态面板GMM估计方法。虽然一般来讲系统GMM的系数估计值与差分GMM很接近，但是由于系统GMM使用了更多的工具变量，标准差相对更小，故估计得更加准确。尤其是差分GMM无法估计出不随时间变化的变量且容易受到弱工具变量和小样本偏误的影响，而系统GMM可以同时利用差分方程和水平方程的信息，因此本章选用两步系统GMM进行估计。

根据表6-6的回归结果，方程1~方程8均通过了Wald检验，AR(2)检验显示在5%的显著性水平上接受"扰动项差分的二阶自相关系数为0"的原假设，即估计方程误差项不存在二阶序列相关，可以使用系统GMM进行估计。同时，Sargan过度识别检验的结果也表明，不能拒绝工具变量有效性假设（p值均显著大于0.1）。因此，可以得出结论：计量模型的设定是合理的，工具变量也是有效的，整体方程是稳健的。考察各方程变量系数，发现解释变量系数符号均保持一致，说明估计结果是稳健可靠的。

表 6-6　　　　　　　　　　内生性处理结果

估计方法	两步法系统 GMM 动态面板估计							
模型	方程 1 outputhp	方程 2 outputhp	方程 3 outputhp	方程 4 outputhp	方程 5 outputhp	方程 6 outputhp	方程 7 outputhp	方程 8 outputhp
L.outputhp	-0.0336*** (0.0070)	-0.0390*** (0.0067)	-0.03834*** (0.0074)	-0.0371*** (0.0067)	-0.0360*** (0.0125)	-0.0418*** (0.0119)	-0.0193* (0.0118)	-0.0230*** (0.0029)
dcu	0.8540*** (0.0348)	1.6028*** (0.0434)	0.8429*** (0.0545)	0.8497*** (0.0593)	1.6107*** (0.0934)	0.2384*** (0.0881)	1.6564*** (0.0595)	0.1357*** (0.0285)
dk		0.6941*** (0.0231)			0.7036*** (0.0271)		0.7257*** (0.0327)	0.8418*** (0.0112)
dl			0.0373*** (0.0108)			0.2735*** (0.0167)	0.0554*** (0.0102)	0.3906*** (0.0057)
dtfp				0.0011 (0.0247)	0.0107 (0.0370)	0.7613*** (0.0583)		1.1176*** (0.0197)
trade	0.2217*** (0.0467)	0.1836*** (0.0313)	0.2355*** (0.0422)	0.2184*** (0.0491)	0.1756*** (0.0308)	0.1614*** (0.0468)	0.1428*** (0.0252)	0.0748*** (0.0147)
consume	0.3139** (0.1282)	-0.0471 (0.0864)	0.3684** (0.1433)	0.2337 (0.1485)	-0.1318 (0.1047)	0.3480* (0.1856)	-0.0875 (0.0665)	-0.0806 (0.0358)
structure	9.5694*** (0.5690)	3.3094*** (0.2996)	9.5719*** (0.6910)	9.7135*** (0.5807)	2.6545*** (0.7758)	8.2988*** (0.9343)	2.2313*** (0.7095)	-0.2445 (0.3052)
finance	-8.4449*** (0.4359)	0.2336 (0.4304)	-8.2973*** (0.5482)	-8.4161*** (0.5673)	0.1268 (0.6644)	-7.8673*** (0.6710)	0.5521 (0.5333)	2.0521 (0.4546)
_cons	0.0183** (0.0083)	-0.1069*** (0.0054)	0.0121* (0.0072)	0.0178** (0.0082)	-0.1036*** (0.0081)	-0.0442*** (0.0116)	-0.1064*** (0.0056)	-0.2165*** (0.0068)
Wald 检验	28331.88 [0.0000]	314100.48 [0.0000]	3937.43 [0.0000]	22140.30 [0.0000]	26815.30 [0.0000]	6502.15 [0.0000]	24218.69 [0.0000]	365904.05 [0.0000]
AR(2)	-1.4499 [0.1471]	-1.0174 [0.3090]	-0.9819 [0.3261]	-1.4824 [0.1382]	-1.1903 [0.2339]	0.1939 [0.8463]	-0.0058 [0.9954]	1.7365 [0.0825]
Sargan 检验	24.2488 [0.2812]	23.6573 [0.3100]	24.0938 [0.2885]	23.6391 [0.3109]	22.9628 [0.3460]	21.9988 [0.3996]	24.7486 [0.2582]	25.3393 [0.2328]
行业 固定效应	Y	Y	Y	Y	Y	Y	Y	Y
观测值	336	336	336	336	336	336	336	336
行业数目	28	28	28	28	28	28	28	28

注：实证结果均由 stata12 计算并整理得出：(1) ***，**，* 分别表示1%、5%和10%水平上的显著性；(2) 圆括号内的数字是标准差；(3) 方括号内的数字是 p 值；(4) Wald 检验的原假设是变量是外生的，Sargan 检验的原假设为所有工具变量均有效。

在方程 1~方程 8 中，表示产能过剩的代理变量产能利用率变动均在 1% 的显著水平上为正，说明产能利用率变动与经济波动之间呈现出稳定且显著的正向关系，产能过剩引起的产能利用率下降会造成经济向下波动。由此可知，在经济过热阶段，产能过剩会减小经济波动幅度，使经济增长回归正常趋势；而在经济萧条阶段，产能过剩会使经济"失速"进一步下滑。假说一得到验证。需要特别指出的是，如果持续的产能过剩并不能导致产能利用率变动，那么数量调节引发的经济波动将不会发生。虽然垄断竞争理论一般认为产能过剩将持续存在，但西森等（Nishimori et al., 2004）指出私营企业和国有企业的产能决策存在明显差异，尤其是在当前的转型期，笔者认为出现以上可能的概率极低。原因在于：由于双轨制的存在，非国有企业预算约束硬度较高，受市场信号的影响（虽然可能是不完全或者是滞后的），一旦行业出现过剩必然会进行自发调节；而国有企业依然在一定程度上受到政府"父爱主义"干预，导致预算约束较软，在面临产能过剩时，一方面可能激发企业内在的投资冲动，使产能利用率进一步降低，另一方面受政府干预能力和范围的限制，长期来看企业必将接受市场机制的调节。

其他解释变量和控制变量中，资本冲击和劳动冲击对经济波动的影响均显著为正，说明资本存量和劳动力投入的增加会促使经济向上波动。若以方程 8 为解释依据的话，可以发现资本冲击的变量系数远大于劳动冲击的变量系数，证明了我国仍具有投资驱动型增长特征，经济周期属于朱格拉固定资产投资周期。方程 6 和方程 8 表明，技术因素与经济波动之间存在着显著的正相关关系，即技术进步会导致经济向上波动，与经典理论的判断完全相符。尤其是根据方程 8，技术进步已经成为影响我国经济波动的最重要因素，这一结论也与蒋涛（2013）的研究一致。方程 1~方程 8 均显示，对外贸易与经济波动正相关，且显著稳健，也就是说对外贸易的扩大、外向依赖度的增强会导致经济向上波动，这一结果也支持了乔凡尼等（Giovanni et al., 2011）的结论。由于两者之间的关系一直存在争议，实证结果也各有不同，笔者认为两者之间的关系可能与并不固定，而与经济发展阶段、国别差异等因素密切相关。根据方程 1、3、6，消费因素的变量系数显著为正，说明消费增加会使得经济向上波动，但是在其余方程中消费因素对经济波动的作用并不显著，且与资本、劳动、技术等供给冲击相比，消费冲击的影响相对较小，这也较好地印证了王燕武等（2011）的研究结论：来自供给方的冲击对我国经济波动具有重要作用，以总需求管理为导向的调控措施在熨平经济波动方面的效果将是有限的。产业结构变化对经济波动的影响显著为正，即产业总产值占比的提高会导致经济向上波动，观察到方程1~方程7中产业结构变化的变量系数明显大于1且研究对象均为制造业，这也表明第二产业波动对经济波动存在杠杆效应（方福前等，2011）。方程1、3、4、6显示，金融支持对经济波动的影响显著为负，这也与大多数实证研究的结论一致，即金融支持抑制了经济波动。

6.4.1.3 稳健性检验

考虑到产能过剩代理变量的不同可能会给实证结果带来变化，为了进一步验证回归的稳健性和结论的可靠性，这里选择存货变动率作为产能过剩的代理变量对计量模型（6.11）进行再次回归。存货变动率指标可由"（年末存货-年初存货）/年初存货"计算得出，该指标为正，说明库存增加，产能过剩可能出现或加剧，反之则反是。根据测算，1999~2011年期间我国制造业存货产值占GDP的比重高达15%左右，且有不断上升趋势，远远高于西方发达国家，说明了当前我国产能过剩的严重性。采用两步法系统GMM回归后结果见表6-7。

表6-7　　　　产能过剩对经济波动影响稳健性检验结果

估计方法	两步法系统GMM动态面板估计							
模型	方程1 outputhp	方程2 outputhp	方程3 outputhp	方程4 outputhp	方程5 outputhp	方程6 outputhp	方程7 outputhp	方程8 outputhp
L.outputhp	-0.0310*** (0.0100)	-0.0202 (0.0124)	-0.0433*** (0.0102)	-0.0216** (0.0095)	0.0117 (0.0122)	-0.0812*** (0.0117)	-0.0270** (0.0129)	-0.0300*** (0.0028)
stock	0.1444*** (0.0125)	0.1316*** (0.0124)	0.1550*** (0.0123)	0.1266*** (0.0167)	0.0849*** (0.0123)	0.1119*** (0.0163)	0.1451*** (0.0141)	0.0346*** (0.0036)
dk		0.1227*** (0.0235)			0.3094*** (0.0304)		0.1280*** (0.0219)	0.7966*** (0.0103)
dl				0.0444*** (0.0110)		0.2408*** (0.0103)	0.0463*** (0.0097)	0.3977*** (0.0041)

续表

估计方法	两步法系统 GMM 动态面板估计							
模型	方程1 outputhp	方程2 outputhp	方程3 outputhp	方程4 outputhp	方程5 outputhp	方程6 outputhp	方程7 outputhp	方程8 outputhp
dtfp				0.1855*** (0.0131)	0.2688*** (0.0240)	0.6348*** (0.0187)		1.1369*** (0.0120)
trade	0.1129*** (0.0314)	0.0923*** (0.0307)	0.0837*** (0.0428)	0.1275*** (0.0445)	0.0838*** (0.0353)	0.1335*** (0.0217)	0.0525 (0.0416)	0.0545*** (0.0156)
consume	0.2693 (0.1753)	0.2155 (0.1879)	0.3518 (0.2189)	0.1255 (0.1761)	-0.0976 (0.1981)	-0.0546 (0.4299)	0.3943* (0.2303)	-0.0734** (0.0382)
structure	12.8081*** (0.4664)	12.7134*** (0.4229)	12.3586*** (0.4799)	11.3656*** (0.6802)	10.7978*** (0.3890)	5.8116*** (0.7268)	12.1416*** (0.4825)	0.0019 (0.1370)
finance	-7.5663*** (0.4977)	-5.9499*** (0.4920)	-7.3653*** (0.4874)	-7.5809*** (0.5467)	-3.8245*** (0.5627)	-7.6208*** (0.6157)	-5.4772*** (0.6131)	1.8847 (0.5395)
_cons	0.0095 (0.0072)	-0.0121* (0.0063)	0.0095 (0.0066)	-0.0017 (0.0111)	-0.0592*** (0.0110)	-0.0377*** (0.0083)	-0.0132 (0.0095)	-0.2156*** (0.0056)
Wald 检验	21910.42 [0.0000]	3470.16 [0.0000]	8852.46 [0.0000]	17017.57 [0.0000]	8770.7 [0.0000]	4817.51 [0.0000]	2991.78 [0.0000]	105364.69 [0.0000]
AR(2)	0.1852 [0.8531]	0.2501 [0.8025]	0.3203 [0.7487]	-0.0567 [0.9548]	-0.1345 [0.8930]	-1.4552 [0.1456]	0.4611 [0.6447]	1.3032 [0.1925]
Sargan 检验	26.0897 [0.2030]	26.1074 [0.2024]	26.4123 [0.1912]	26.0380 [0.2050]	25.3874 [0.2308]	24.1562 [0.2856]	25.8698 [0.2115]	25.1740 [0.2397]
行业固定效应	Y	Y	Y	Y	Y	Y	Y	Y
观测值	336	336	336	336	336	336	336	336
行业数目	28	28	28	28	28	28	28	28

注：实证结果均由 stata12 计算并整理得出：(1) ***，**，* 分别表示1%，5%和10%水平上的显著性；(2) 圆括号内的数字是标准差；(3) 方括号内的数字是 p 值；(4) Wald 检验的原假设是变量是外生的，Sargan 检验的原假设为所有工具变量均有效。

根据表6-7，以上各方程均通过了 Wald 检验，说明整体计量模型是稳健的；AR(2) 检验表明误差项不存在二阶序列相关；Sargan 过度识别检验的结果也证明了工具变量的有效性。同时，各方程变量系数的符号基本保持一致，且与表6-6相比，产能过剩、资本冲击、劳动冲击等解释变量的符号完全相同，说明表6-7估计结果是稳健可靠的。

存货变动率与经济波动的关系显著为正，表明我国存货投资表现出顺周期特征。这一结论看似与表 6-7 的结果矛盾，实际上与企业短期调节有关，存货增加刺激了经济增长，但也带来了产能过剩，从而引起企业调整产能利用率，去存货，并导致经济向下波动，因此，两个结果本质上是一致的。此外，由于多数方程中消费因素的变量系数并未通过显著性检验，说明我国经济表现出外向型特征，经济波动与国际市场的紧密程度相对较高。

6.4.2 中介效应模型的回归结果与解释

6.4.2.1 相关性分析

本小节将对中介效应模型（12）~（14）进行回归检验，首先为避免多重共线性问题仍需对各主要解释变量进行相关性分析。这里依然采用 Pearson 方法计算了计量模型中主要解释变量的相关系数，发现绝大多数均小于 0.4，说明各主要解释变量之间并不存在严重的多重共线性问题（见表 6-8）。需要指出的是，对于中介变量——要素市场扭曲程度的选择除了上一部分测算出的资本相对扭曲指数和劳动相对扭曲指数外，这里还考虑了代表要素配置扭曲的全要素生产率（TFP）指标。

表 6-8　　　　　　　　Pearson 相关系数矩阵

	dcu	distk	distl	tfp	scale	capital	ownership	export	innovate	compete
dcu	1									
distk	-0.0899	1								
distl	-0.014	-0.388	1							
tfp	0.1003	-0.3584	0.0021	1						
scale	-0.0531	0.1217	-0.4445	0.005	1					
capital	-0.0249	0.4079	-0.4916	0.2469	0.2075	1				
ownership	0.0248	0.2206	-0.4787	-0.0803	0.2108	0.6092	1			
export	0.304	0.0369	-0.1439	-0.0929	0.1278	-0.075	0.0199	1		
innovate	-0.0227	0.1105	-0.2139	-0.4018	0.1503	-0.0795	0.2897	0.0079	1	
compete	-0.0078	-0.059	-0.1632	0.1447	-0.2027	0.2605	0.5501	-0.0661	-0.0224	1

注：根据 stata12 计算得出。

6.4.2.2 资本市场扭曲的中介效应

对于面板数据的中介效应模型,首先根据 Hausman 检验来确定回归采用固定效应模型还是随机效应模型。结果显示,方程1、方程2.2以及方程3.2适合随机效应模型,其余方程则应采用固定效应模型。考虑到行业差异可能造成面板数据模型的异方差,所报告的标准误都进行了 White 异方差修正。表6-9中,第一列报告了中介效应模型中式(6.12)的回归结果;第二、三、四列报告了式(6.13)的回归结果,被解释变量分别为资本市场扭曲、劳动市场扭曲以及要素配置扭曲;第五、六、七列报告了式(6.14)的回归结果,在解释变量中分别加入资本市场扭曲、劳动市场扭曲以及要素配置扭曲。根据表6-9的结果,可以发现各方程的拟合优度较好,且均通过了 F 检验或 Wald 检验,说明整体方程的稳健性,观察各主要解释变量的系数符号,与理论推导和经济现实基本一致,表明回归结果是可靠的。

表6-9 中介效应模型回归结果

估计方法	最小二乘法(OLS)				FE/RE		
模型	方程1 outputhp	方程2.1 distk	方程2.2 distl	方程2.3 tfp	方程3.1 outputhp	方程3.2 outputhp	方程3.3 outputhp
dcu	1.1060*** (0.0972)	-0.6994*** (0.2101)	-0.2761 (0.2927)	1.0760*** (0.2514)	1.0657*** (0.1048)	1.1048*** (0.0975)	1.0673*** (0.1071)
distk					-0.0844** (0.0327)		
distl						-0.0012 (0.0057)	
tfp							0.0534** (0.0275)
scale	0.1010 (0.1576)	-7.8270*** (1.4495)	-6.0748*** (1.9236)	4.3119** (1.7342)	-0.0964 (0.7505)	0.0875 (0.1702)	0.3340 (0.7198)
capital	-0.0321 (0.0456)	-0.5509*** (0.1798)	-1.3815*** (0.2445)	2.0145*** (0.2151)	-0.1577* (0.0893)	-0.0347 (0.0473)	-0.2188** (0.1041)
ownership	-0.0134 (0.0254)	0.0812 (0.1216)	-0.4198** (0.1640)	-1.8013*** (0.1454)	-0.0240 (0.0592)	-0.0145 (0.0259)	0.0655 (0.0775)

续表

估计方法	最小二乘法（OLS）				FE/RE		
模型	方程1 outputhp	方程2.1 distk	方程2.2 distl	方程2.3 tfp	方程3.1 outputhp	方程3.2 outputhp	方程3.3 outputhp
export	0.1261*** (0.0202)	-0.0471 (0.0431)	-0.1108* (0.0602)	-0.0539 (0.0516)	0.1205*** (0.0210)	0.1261*** (0.0202)	0.1273*** (0.0212)
innovate	-0.2914*** (0.1052)	-0.6290** (0.2589)	0.1780 (0.3586)	-0.8394*** (0.3098)	-0.3563*** (0.1277)	-0.2931*** (0.1057)	-0.2583** (0.1289)
compete	0.0788 (0.0508)	-0.5023 (0.4489)	-1.6358*** (0.5889)	1.3435** (0.5371)	0.2300 (0.2191)	0.0799 (0.0512)	0.2006 (0.2230)
_cons	-0.0348** (0.0164)	1.7146*** (0.1356)	2.1204*** (0.2448)	1.0534*** (0.1622)	0.0631 (0.0866)	-0.0324 (0.0201)	-0.1379* (0.0724)
R-squared	0.5282	0.2155	0.1931	0.7872	0.5564	0.5282	0.5507
F值		8.67 [0.0000]		116.82 [0.0000]	34.49 [0.0000]		33.70 [0.0000]
Wald检验	267.52 [0.0000]		58.33 [0.0000]			266.50 [0.0000]	
Hausman检验	7.50 [0.3788]	39.08 [0.0000]	10.33 [0.2424]	15.14 [0.0564]	14.23 [0.0760]	9.13 [0.3314]	13.16 [0.0926]
行业固定效应	N	Y	N	Y	Y	N	Y
样本数	336	336	336	336	336	336	336

注：实证结果均由 stata12 计算并整理得出：(1) ***，**，*分别表示1%、5%和10%水平上的显著性；(2) 圆括号内的数字是标准差；(3) 方括号内的数字是 p 值。

对于中介效应的检验方法主要包括：依次检验法、系数乘积项检验法以及差异检验法等。这里将参考陈艳莹等（2013）的做法，综合采用四种方法来检验中介效应是否存在。

方法一：依次检验法，穆勒等（Muller et al., 2005）曾提出过判断中介效应存在的四个条件，分别是自变量对因变量作用显著、自变量对中介变量作用显著、中介变量对因变量作用显著、中介变量进入导致自变量对因变量的作用消失或减小。

方法二：检验假设 $\mu_1=0$ 和 $\theta_2=0$。如果两者同时被拒绝，则表明中介效应显著，反之则反是。

方法三：系数乘积项检验法，即检验假设 $\mu_1\theta_2 = 0$。如果拒绝原假设，则说明中介效应显著，反之则反是。判断的关键在于计算标准差，这里根据索贝尔（Sobel，1987）的方法构造统计量 $z = \dfrac{\mu_1\theta_2}{\sqrt{\theta_2^2 S_{\mu_1}^2 + \mu_1^2 S_{\theta_2}^2}}$，其中，$S_{\mu_1}$ 和 S_{θ_2} 分别为估计系数 μ_1 和 θ_2 的标准差。

方法四：差异检验法，即检验假设 $\eta_1 - \theta_1 = 0$。如果拒绝原假设，则说明中介效应显著，反之则反是。具体的检验方法是利用弗里德曼（Freedman，1992）得出的公式构造统计量 $t = \dfrac{\eta_1 - \theta_1}{\sqrt{S_{\eta_1}^2 + S_{\theta_1}^2 - 2 S_{\eta_1} S_{\theta_1} \sqrt{1 - r^2}}}$，其中，$S_{\eta_1}$ 和 S_{θ_1} 分别为估计系数 η_1 和 θ_1 的标准差，r 为自变量和中介变量的相关系数。

以上方法各有优劣，例如方法二在中介效应较弱时的检验功效较低，方法三和方法四均容易犯第一类错误等。

对资本市场扭曲的中介效应检验主要考察方程1、方程2.1以及方程3.1。根据方法一，结合回归结果，发现：（1）方程1中产能利用率变动系数在1%的水平上显著为正，说明产能利用率变动对经济波动具有正向影响，与前文的结论完全一致；（2）方程2.1中产能利用率变动与资本市场扭曲之间的关系显著为负，说明产能过剩会导致资本市场扭曲程度的加剧，其原因可能在于转型时期的双轨制；（3）资本市场扭曲对经济波动的影响在5%的水平上显著为负，即资本市场扭曲程度的提高会使得经济向下波动；（4）方程3.1中产能利用率变动的系数明显小于方程1中的系数，但不为0。由此可知，资本市场扭曲的中介效应显著，且表现为不完全中介效应。其中，产能利用率变动对经济波动的直接影响效应为1.0657，资本市场扭曲的中介效应为0.059，中介效应占总效应的5.34%。由于 $\mu_1 = -0.6994$，$\theta_2 = -0.0844$，且均通过显著性检验，因此方法二的检验结果同样显示资本市场扭曲的中介效应显著。对于方法三，计算出统计量 $z = 2.0398$，查表可知在10%的水平上显著，故拒绝 $\mu_1\theta_2 = 0$ 的原假设，说明资本市场扭曲的中介效应显著。同样，依据方法四，可以计算出统计量 $t = 3.4029$，表明在5%的水平上显著，原假设不成立，支持了资本市场扭曲的中介效应显著的结论。综合以上四种方法的检验结果，产能过剩引起的产能利用率变动的确可以通过资本市场扭曲来影响经济波动，且资本市场扭曲可以解释产能利用率变动对经济波动5.34%的作用，从而验证了假说二。

6.4.2.3 劳动市场扭曲的中介效应

对劳动市场扭曲中介效应的检验主要考察方程1、方程2.2、方程3.2。对照方法一列出的四个必要条件，可以发现回归结果无法满足其中两大条件：（1）方程2.2中产能利用率变动的系数没有通过显著性检验，说明产能过剩对劳动市场扭曲的影响并不显著；（2）方程3.2中劳动市场扭曲的系数同样没有通过显著性检验，说明其与经济波动之间并不存在显著的相关关系。由此，我们可以直接判断产能过剩通过劳动市场扭曲影响经济波动的中介效应并不显著。其原因可能在于：第一，长期以来我国各级政府用来干预经济，尤其是化解产能过剩矛盾的产业政策主要使用的是偏向资本的工具选项，比如金融政策、价格政策、财税政策等。第二，与资本政策的主要目标是优化配置不同，我国劳动政策的最重要目标是保证充分就业，在这一前提下，劳动市场的扭曲相对难以引起经济波动。第三，研究表明，我们经济波动的产业来源主要是重工业（孙广生，2006），重工业往往属于资本密集型产业，对资本市场扭曲而非劳动市场扭曲更加敏感。第四，由于我国的经济周期带有很强的朱格拉周期特征，不少学者认为固定资产投资波动是造成经济波动的主要因素，因此，资本市场扭曲相对于劳动市场扭曲更易引起经济波动。第五，我国第一轮赶超发展的动力之一是庞大的人口红利，研究样本正处于"刘易斯拐点"尚未真正到来之前，大量的廉价剩余劳动力使得企业用工需求对劳动市场扭曲的弹性较低，对经济波动的影响并不显著。

6.4.2.4 要素配置扭曲的中介效应

对要素配置扭曲中介效应的检验主要考察方程1、方程2.3、方程3.3。根据方法一可以发现：（1）产能利用率变动与经济波动之间有稳定显著的正相关关系；（2）方程2.3中产能利用率变动的系数在1%的水平上显著为正，说明产能利用率变动对要素配置扭曲的代理变量全要素生产率具有显著的正向影响，产能过剩会导致全要素生产率的下降；（3）根据方程3.3，全要素生产率对经济波动的作用显著为正，与理论分析相符；（4）加入要素配置扭曲变量后，产能利用率变动的系数明显小于方程 1 中的系数。四大条件全部满足，故可得出结论：要素配置扭曲的不完全中介效应显著。进一步计算可知，要素配置扭曲的中介效应值为 0.0575，中介效应与总效应之比比为 5.20%。同样，由于 $\mu_1 = 1.0760$，$\theta_2 = 0.0534$，且显著不为 0，因此，依据方法二可以得出相同的结论。根据方法三的具体步骤，我们可以计算出统计量 $z = 1.7683$，在 15% 的水平上显著，所以拒绝原假设，并可知要素配置扭曲的中介效应显著。对于方法四，经过测算，统计量 $t = 2.7162$，且在 10% 的水平上显著，同样支持以上结论。综上可知，产能过剩可以通过影响要素配置扭曲程度——改变全要素生产率来引起经济波动，从而验证了假说二。

6.5 研究结论与启示

与诸多文献不同，本章研究了产能过剩对经济波动的影响。经过前文的理论分析和实证研究，主要得出以下几点结论：

第一，产能过剩引起的企业产能利用率的变动会直接导致经济波动，两者之间存在着显著的正相关关系。其内在机制主要有三：一是产能过剩会使得企业进行短期的数量调节，即产能利用率的内生变化；二是产能利用率的变化会对要素产出弹性造成影响；三是产能利用率的变化改变了规模报酬程度。

第二，产能过剩还会通过要素市场扭曲来影响经济波动，也就是说，要素市场扭曲在产能过剩与经济波动的影响路径上具有中介效应。根据实证结果，我们发现不同要素的市场扭曲对中介效应显著性的判断存在较大差异。其中，资本市场扭曲的中介效应非常显著，而劳动市场扭曲的中介效应不显著，表示要素配置扭曲的全要素生产率变量的中介效应也相当显著，且资本市场扭曲和要素配置扭曲表现出不完全中介效应特征。说明产能过剩主要通过资本市场扭曲和要素配置扭曲来影响经济波动。

第三，根据中介效应模型的实证结果，发现产能过剩引起的产能利用率变动对经济波动的直接效应要远远大于资本市场扭曲和要素配置扭曲产生的中介效应,说明产能过剩导致的企业数量调节是影响经济波动的最主要因素。这也表明,从静态的角度看,周期性过剩以及结构性过剩相对于体制性过剩对中国经济波动的影响更大。但考虑到周期性过剩和结构性过剩具有"自愈"机制,其引起的经济波动会自动收敛,而体制性过剩对要素扭曲会产生循环累积作用,并通过中介效应导致经济波动趋向发散。此外,在当前的制度安排下,源自于周期性或结构性因素的过剩均有可能最终演变为体制性过剩,因此,真正值得警惕的应是体制性过剩通过要素扭曲促使经济波动的宏观影响。

综上,可以得到启示:产能过剩会使得企业降低产能利用率,从而导致经济向下波动,这是市场机制的作用结果。在以 GDP 为核心的政绩考核体制下,各地政府出于地方竞争的考虑竞相通过加大要素市场扭曲,尤其是资本市场扭曲来减小产能过剩带来的经济波动在短期内可能会有效,但不可持续,在长期甚至会导致更深度的调整。特别是要素市场扭曲所产生的中介效应要远小于数量调节导致的直接效应,另一方面要素配置扭曲引起的全要素生产率的变化也会对要素市场扭曲的中介效应产生一定程度的抵消。因此,一个现实意义就是,在产能过剩环境下,政府不应通过"有形之手"错位干预要素市场以刺激短期增长,反而应该打破地区、行业分割,构建统一市场,特别是要素市场以加速产能过剩引发的微观企业调节,缩短阵痛时间,以使经济增长在长期能够更好地维持在合理区间。完善统一市场建设的重点应是大力发展要素市场,破除要素跨区域流动的制度壁垒,形成吸纳高级生产要素的制度体系。

一是全面布局建设一批要素交易平台。除了产能过剩,目前我国经济社会发展过程中的诸多深层次矛盾,如城乡分割、收入差距过大、农地补偿纠纷等其实都是要素市场建设滞后的典型表现。为了彻底解决这些矛盾,促进要素供求双方自发集聚、信息沟通以及自由流动,亟须全面建设一批有形或无形的要素交易平台。要以加快企业兼并重组为抓手,建设产权、技术、金融资产、知识产权、环境等交易平台,完善治理结构,整合交易资源。特别是,要通过打造跨区域协作发展的要素交易平台促进统一市场建设和区域一体化进程。

二是努力加快包括土地、户籍、资金、产权等配套制度的改革。要素市场化改革滞后更多地表现为主体权属的二元或多元结构，这使得要素价格扭曲以及自由流动受到限制。要根据现状和改革的难易程度，分步骤、逐步推进相关配套体制、机制改革。首先是资本、技术，按照国有经济管资本原则开展混合所有制试点，做到市场主体平等使用生产要素。然后是土地、环境、资源，通过市场机制引导资源节约和环境保护。最后是劳动力，以"市民化"为核心完善户籍政策。

三是积极推动国内企业"走出去"。首先需要通过功能优化和城市再造，扩大经济规模，为全球高级要素流动提供更多发展机遇。然后利用西方经济长期陷入衰退的极佳机遇，一方面发展逆向外包，吸纳海外高级要素为我所用；另一方面鼓励国内企业充分发挥资本的控制力，进行海外并购或投资新办企业，吸收国外高级要素弥补技术缺口，实现产品创新和价值链升级。

第七章

负面清单管理与体制性产能过剩治理

7.1 引　　言

与西方发达国家的产能过剩相比，我国目前的产能过剩类型更加复杂，除了普遍存在的周期性过剩和结构性过剩外，还有转型期特殊制度环境所诱发的体制性过剩。前两种类型的过剩实际上是市场经济过剩属性的正常体现，其最佳的治理方式就是交由市场"无形之手"去解决，市场竞争和优胜劣汰的机制会促使企业自发进行数量调节和结构调整，这也成为产业转型升级和经济发展的重要动力机制。真正值得警惕的是体制性过剩，特殊的转轨体制作为"偏向加速器"而非"平衡器"对企业行为所产生的扭曲在计划经济时代造成了经济短缺，同样，在市场经济时期又引发了"久治不愈"的产能过剩。正如科尔奈所指出的，转型时期投资决策的分散化以及预算约束硬度的不足加重了社会主义体制固有的投资过热倾向。根据第三章的实证结果，可以发现体制因素已经成为影响我国现阶段产能过剩的最重要因素。此外，一个典型事实是很多原先由周期性或结构性原因所导致的产能过剩经常会因为政府的介入和不恰当干预转变为体制性过剩，并受路径依赖的影响而使过剩程度不断加剧。

自20世纪90年代末，中央政府便注意到日益严重的重复建设和产能过剩问题，并多次出台了相应的调控政策和举措，尤其是21世纪以来，这类治理措施愈发密集，力度也逐渐加大。但遗憾的是，相关政策的效果并不显著，根据前几章的实证结果以及不少学者的观点部分行业的产能过剩矛盾甚至进一步恶化。大量的研究表明，固定资产投资，尤其是过度投资是我国产能过剩产生的最直接原因（韩国高等，2011；王立国等，2012；耿强等，2011）。为了评价我国历次化解产能过剩的政策效果，这里以 2004~2011 年制造业面板数据为样本，利用谢赫和毛杜德（2004）提出的协整方法估算了制造业及细分行业产能利用率，并根据剔除价格因素后的实际固定资产投资额计算了投资增长率和 H-P 滤波的波动项。图 7-1 的结果显示，2004~2011 年我国制造业产能利用率呈现出下降趋势，虽然整体并未表现出产能过剩，但过剩风险明显加大，与此同时，同期的固定资产投资却基本保持着高于 20% 的增长率，且趋势稳定，表示固定资产投资波动的经过 H-P 滤波后得到的波动项也表明，大多数年份投资波动大于 0，以上说明现行的以抑制投资为主的治理政策在制造业整体层面并未产生明显效果。进一步考察细分行业，根据实际测算结果，结合国务院、发改委、工信部等部门相关文件中所提到的过剩产业，我们选择了六大对应的二位码行业进行分析，分别是"石油加工、炼焦及核燃料加工业"、"化学原料及化学制品制造业"、"化学纤维制造业"、"非金属矿物制品业"、"黑色金属冶炼及压延加工业"、"交通运输设备制造业"。

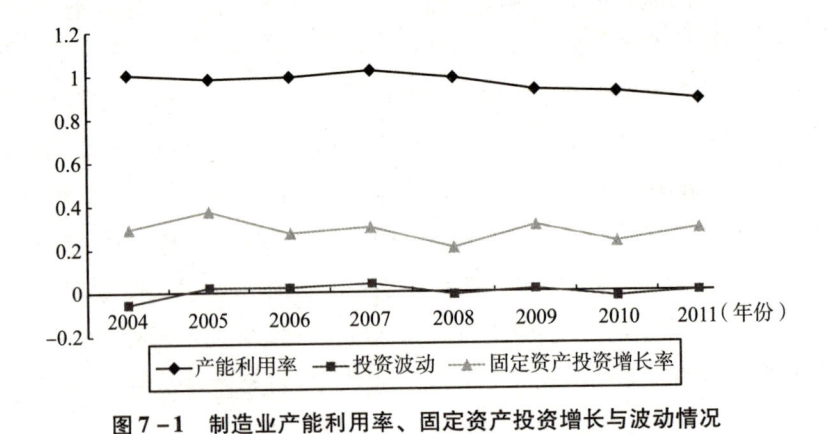

图 7-1 制造业产能利用率、固定资产投资增长与波动情况

根据图 7-2，可以发现，虽然以上六大行业均处于产能过剩状态，部

分行业的产能利用率甚至出现下降趋势，但是六大行业 2004~2011 年的固定资产投资增长率几乎全部为正，特别是部分行业如化学纤维制造业近两年的投资增长率表现出极高的态势，说明过剩行业的产能仍在快速扩张。这就再次证明了产能过剩治理政策效果不佳的结论。

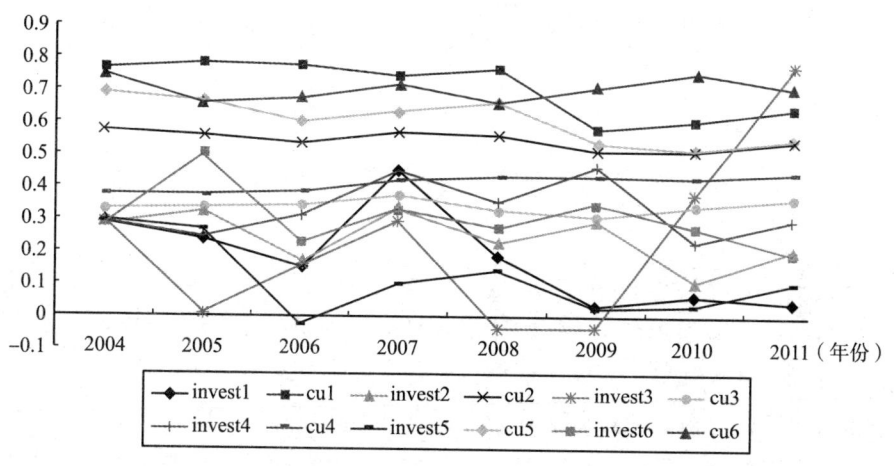

图 7-2 产能过剩典型行业的产能利用率与投资增长情况

目前，产能过剩已经演变为我国最重要的四大宏观经济风险之一，国家领导人多次在不同场合发出要高度重视并及时化解产能过剩的最强音。笔者认为，化解我国体制性产能过剩的关键在于实行负面清单管理。过去我国一直采用正面清单的管理方式，通过集中有限优势资源以实现具有政府强烈偏好的产业在数量层面的迅速发展，这在短时期内顺利完成赶超目标的同时也产生了"过剩之谜"，即只要政府发展啥，啥就一定会过剩。同时，正面清单管理也使得我国产能过剩持续、广泛存在，且难以"治愈"。本章将尝试对"实行负面清单管理是治理产能过剩有效路径"这一重要命题的内在逻辑进行探讨，进而给出可能的政策工具选项。毫无疑问，这将是对产能过剩治理对策研究的有益补充，也对于我国产能过剩矛盾的化解具有一定的现实意义。

本章余下部分的结构安排如下：第二节回顾我国产能过剩的治理政策及其演变，并试图对为什么诸多政策措施均收效甚微这一问题给出理论解释；第三节总结归纳发达国家产能过剩的治理经验，提出我国不能照搬西方经验的重要观点，并分析利用负面清单管理化解我国产能过剩的内在逻辑和理论机制；第四节指出当前我国从正面清单管理转向负面清单可能面临的难点及障碍；第五节针对以上分析得出结论与启示，以及提出利用负面清单管理治理产能过剩亟须解决的任务与建议。

7.2 我国产能过剩治理政策演变及"失效"原因分析

7.2.1 产能过剩治理思路：基于"五力模型"的分析

美国管理学家迈克尔·波特（Michael Porter）于20世纪80年代曾经提出过著名的"五力模型"，即行业中存在着决定竞争规模和程度的五种力量，分别是进入壁垒、替代品威胁、买方议价能力、卖方议价能力以及现存竞争者之间的竞争。从内涵来看，看似风马牛不相及的产能过剩反映了超过一定程度的供过于求的失衡状态，这必将会引发企业间的过度竞争。在很多场合，过度竞争甚至成为产能过剩的代名词或者近义词使用。从这一意义上讲，产能过剩的治理可以从决定竞争规模和程度的五种力量入手，它们分别代表了影响市场供求关系的五种市场主体。受这一思路的启发，笔者认为，治理产能过剩，从供给端的调控选择主要有三：一是控制增量，比如减少潜在进入者、严格限制现存厂商的产能扩张等；二是优化存量，比如同业者之间的产品结构调整、替代产品的技术创新以及企业兼并重组等；三是淘汰落后产能，主要是针对现有的达不到技术、环保、规模门槛的产能。而需求端的调整选择则包括扩大国内需求、加快产能转移等（见图7-3）。

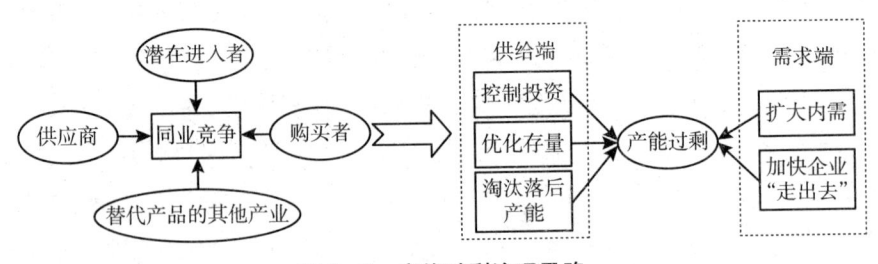

图7-3 产能过剩治理思路

7.2.2 我国产能过剩治理政策的演变特征

经过对所掌握的政府文件的梳理，可以发现，其实早在20世纪90年代我国便开始关注日益严重的产能过剩问题，进入世纪之后，随着问题的加剧，相关文件的出台愈发密集。据不完全统计，目前，中央层面涉及产能过剩的政府文件就多达二十余份，其中，2000年以来颁布的占到总数的80%以上。此外，文件针对对象也由个别产业扩大至部分产业。归纳总结后可以得出，我国产能过剩治理政策的演变主要表现出以下几方面特征：

第一，治理思路的变化。即逐渐由单一的供给端治理转向供给端和需求端的双管齐下。事实上，自20世纪80年代末中央政府便开始陆续出台一些抑制投资的政策文件，比如《国务院关于控制固定资产投资规模的若干规定》(1986)、《国务院关于清理固定资产投资在建项目压缩投资规模、调整投资结构的通知》(1988)、《国务院关于进一步清理固定资产投资在建项目的通知》(1988)等，当时的目的主要是为了防止重复建设以及调整产业结构。真正出现产能过剩之后的治理始于90年代中期，由于对过剩成因的理解把握为盲目投资，因此，调控思路遵循了过去防止重复建设的投资抑制导向，并一直延续至21世纪初期。这一时期的相关文件有《国务院关于调整部分行业固定资产投资项目资本金比例的通知》(2004)、《国务院办公厅关于清理固定资产投资项目的通知》(2004)等。2006年，在《国务院关于加快推进产能过剩行业结构调整的通知》中将治理思路丰富为"控制增能，优化结构，扶优汰劣"。2009年，中央进一步指出要"结合实施'走出去'战略，支持有条件的企业转移产能"。2013年，首次提出需求端治理政策，要求"坚持开拓市场需求与产业转型升级相结合"。2015年，中央提出要去产能要求，除了清理建成违规产能、淘汰落后产能之外，还要开拓国内市场需求、加快国际产能合作、促进企业创新发展。

第二，治理任务的变化。伴随着产能过剩治理思路的不断丰富，主要目标和任务也相应发生变化。2005年之前，我国产能过剩的治理一直以抑制固定资产投资、制止盲目投资为主要任务，例如相继出台了《关于制止钢铁电解铝水泥行业盲目投资若干意见》(2003)、《关于制止铜冶炼行业盲目投资若干意见》（2005）等。2006年，随着治理思路的丰富和调整，主要任务除了控制固定资产投资之外，还加入了淘汰落后产能、推进技术改造、促进兼并重组、深化体制改革、健全行业信息发布制度等。这也在2009年出台的《国务院关于抑制部分行业产能过剩和重复建设引导产业健康发展的若干意见》中得到了进一步的延续和细化。2013年的文件《国务院关于化解产能严重过剩矛盾的指导意见》则将治理目标精炼为产能规模基本合理、发展质量明显改善、长效机制初步建立三个方面，并在过去的基础上提出了八大主要任务，分别是遏制产能盲目扩张、清理建成违规产能、淘汰落后产能、优化产业结构、开拓国内市场需求、拓展对外发展空间、增强企业创新动力、建立长效机制。

第三，治理工具的变化。比较我国在治理产能过剩过程中的几个重要文件，可以发现政府进行调控的政策工具日益多元化，并且逐渐由偏重行政手段向更多依赖经济、法律、技术、标准等非行政手段转变。例如，在1994年出台的《国务院关于继续加强固定资产投资宏观调控的通知》中着重使用了行政手段（从严审批新开工项目、加强对项目审批工作的管理）以及信贷手段（严格固定资产投资贷款管理）的政策工具。此后的十余年间，中央政府一直将加强规划引导、严格项目管理等行政手段作为治理产能过剩政策工具的重要甚至是首要选项。但令人欣慰的是，进入21世纪后，我国产能过剩的治理开始逐渐启用更多的政策工具，比如利用税收工具、环保标准等严格市场准入。直到2006年，中央政府正式提出要"综合运用经济、法律手段和必要的行政手段"，这一提法削弱了行政手段在治理产能过剩中的作用，同时也体现了政策工具的多元化趋势。随后的调控一直遵循了这一原则，并逐步采用了多种治理工具。2013年的41号文，重点突出了运用经济手段、环保手段等进行要素管理而非直接的限制投资，比如加强土地岸线管理、落实有保有控的金融政策、完善规范价格政策、完善财税支持政策、落实职工安置政策以及强化环保硬约束等。

导致以上变化发生的动力主要有三：一是产能过剩现状的改变。在20世纪90年代中期，亟须遏制的是普遍的重复建设，而产能过剩只是潜藏风险或是仅在个别领域发生，因此，自然而然的治理思路便是抑制投资。21世纪后，大量的重复建设造成了真正意义上的产能过剩，并且波及范围不断扩大、程度持续恶化，光"堵"不"疏"的治理思路很难见效，必然要求多管齐下。二是对产能过剩成因、影响等认知的深化。学术界对产能过剩的成因一直存在争论，一开始不少学者都认为产能过剩是市场经济的正常现象，随后逐渐意识到市场失灵和政府失灵在产能过剩形成中的作用。从前文的文件梳理中可知，中央政府为治理产能过剩开出的药方经历由"抑制盲目投资"转变为"控制增量、优化存量、建立长效机制"的过程。三是经济体制改革的推进。随着市场经济体制的不断完善，在治理产能过剩的过程中，政府越来越强调重视发挥经济、法律等手段的作用，并且不断弱化行政手段的干预。

7.2.3 治理政策"失效"的原因分析

根据前文的测算比较以及大量的经济现实[①]，毫无疑问，虽然经历了不断的修改和完善，现行的产能过剩治理政策的效果仍不显著。这里将主要的治理政策分为两类：一类是垂直型政策，如严禁建设新增产能、淘汰落后产能等，这实际上是一种指向性很明确的政策；另一类是水平型政策，如鼓励企业兼并重组、加快企业"走出去"、扩大国内需求等，这类政策并不由政府指定"赢家"或"输家"。从我国治理产能过剩的实践来看，基本上还是以垂直型治理政策为主。

笔者认为，垂直型治理政策之所以"失效"，主要有三方面的原因：一是这类政策本身并不能从根本上治理产能过剩。从具体内容来看，投资规制是垂直型治理政策的主要目的，为此政府往往根据预测和判断以"有形之手"来替代市场调节机制。而从第四章的研究中，可知我国转型期的产能过剩主要是因政府利用垂直型产业政策对经济的不当干预所致。垂直型治理政策本质上还是要发挥政府干预的作用，并不能消除产能过剩产生的根源，除非得到持续的严格执行（曹建海等，2010）。二是政策制定与市场之间可能存在偏差。这种偏差极有可能干扰市场机制的正常作用，成为市场均衡的

---

① 以电解铝行业为例，目前电解铝产能进入"越减越肥"的怪圈，内蒙古、新疆等地倚仗成本优势新增产能意愿明显，数据显示，5月份，国内铝冶炼企业建成产能3417.4万吨，较上月环比增长2.24%，较去年同比增长18.57%，实际运行产能为2772.5万吨，较上月环比增长3.43%，较去年同比增长18.38%。详细参见：http://news.163.com/14/0626/05/9VL22FG600014AED.html。

离心力。造成偏差的因素主要包括信息和认知，比如主观方面统计信息的缺失或误差可能会导致政策制定者无法产生精确的判断，客观方面市场体制的不完善可能会使得信号传递的失真或滞后，另外政策制定者的认知限制也会产生不良的后果。三是政策实施的传导路径受阻。制度设计的激励相容矛盾导致了政策执行的差异，我们经常看到：当中央政府出台重点发展某一产业的规划或政策后，各地政府会忽视比较优势坚决落实，迅速开展投资；而中央政府一旦要求淘汰落后产能，限制项目进入，地方政府往往会阳奉阴违，拿出各种抵制措施，比如重复淘汰、大项目拆分规避上报审批等。其原因主要是当前以 GDP 为核心的政绩考核体制使得产业进入时中央和地方是激励相容的，而退出时是不相容的。

对于水平型治理政策成效不大的原因，笔者认为至少有三：一是政策制订不完善。比如我国一般选择事前的直接补贴的方式鼓励企业进行技术改造、产品创新以治理产能过剩，但实际的创新效率并不高。研究表明，间接补贴才是引导企业成为自主创新主体的更有效办法，并且对于不同行业应采用不同的补贴方式，竞争性行业应采用间接补贴，而非竞争性行业则应采用直接补贴（唐清泉等，2008）。二是政策落实不到位。主要有主客观两方面原因：主观方面的根源在于地区竞争，水平型治理政策与建设型政府或非服务型政府实际上是一种错配。以鼓励企业兼并重组为例，我国相继出台了《国务院关于促进企业兼并重组的意见》（2010）、《国务院关于进一步优化企业兼并重组市场环境的意见》（2014），但是资料显示，近两年国内企业并购更多的是购买海外资产，国内企业之间，尤其是跨地区的整合并不活跃。2013 年第一季度，PE/VC 并购交易仅 38 起，涉及金额 8.87 亿美元，同比和环比均有所下降。这其中被收购企业所在地政府的干预和阻挠是很重要的一个影响因素。客观方面的原因主要是市场信息不对称使得政策落实出现偏差，比如创新补贴的配置难以实现最优化等。此外，政府官员的寻租活动也是政策落实不到位的可能因素。三是制度环境存缺陷。除了地方政府，微观市场主体——企业也是政策传导路径上影响治理效果的重要一环。由于配套制度的不完善，即使治理政策得到了严格执行，也可能导致企业作出超出政策预期的决策。比如虽然接受了 R&D 补贴，但不确定的知识产权保护抑制了企业的创新动力等。

7.3 负面清单管理：化解我国产能过剩的有效路径

7.3.1 发达国家治理产能过剩的经验启示

产能过剩并不是我国的特有现象，很多先前的学者对发达国家治理产能过剩的做法开展了仔细而深入的总结和分析，并针对我国现实提出了许多中肯的建议。例如，盛朝迅（2013）指出，美国并没有出台太多的专门政策以应对市场萎缩型产能过剩，但也会根据形势变化采取相应的措施，其中，供给侧的政策主要包括加快创新驱动产业发展、通过"再工业化"战略提升产业竞争力；需求侧的政策主要包括扩大国内市场需求、加大贸易保护和区域性经贸合作安排以强化国际市场主导权。而日本的经验则基本可以概括为：（1）推动过剩产业的企业兼并重组；（2）实施相关劳动就业政策；（3）对过剩产业进行供需预测并制定结构改善计划；（4）通过国民收入倍增计划启动民间消费；（5）扩大对外投资转移过剩产能；（6）淘汰落后产能；等等（吕铁，2011；殷保达，2012）。

对比目前我国和美日治理产能过剩的政策措施，可以发现我国从美日具体做法中借鉴良多，但是效果差异却十分明显。以美国为例，受2008年国际金融危机的影响出现严重的产能过剩，在此背景下美国政府通过刺激研发投资、推动创新使产能利用率逐步回升。数据显示，2014年5月，美国工业产能利用率达到79.1%，已经基本接近危机之前的正常水平。而我国近几年的制造业产能利用率却逐年下滑，大多数过剩产业的情况不断恶化，根据测算预计这一趋势仍将在一段时期内持续。

造成结果如此迥异的原因主要在于我国"形似神不似"地照搬了西方发达国家的具体政策举措。首先，我国与发达国家的产能过剩类型不一样，发达国家主要以需求冲击导致的周期性过剩为主导，而我国除此之外更多的是体制性过剩和结构性过剩。其次，制定和实施治理政策的政府类型不一样。美日经验表明发达国家治理产能过剩主要采用水平型治理政策，这与其服务型政府的职能、属性是相匹配的。即使是过去使用垂直型政策较多的日本，在经过20世纪90年代以放宽政府限制为主要内容的行政改革后，也完成了向服务型政府的转型。而我国目前正处于由建设型政府向服务型政府过渡的阶段，各级政府仍习惯于垂直型的调控方式。最后，政府定位的差异导致的政府间关系的不一样。与大多数发达国家不同，我国政治集权加经济分权的特殊制度安排使得地方政府开展以GDP为核心的锦标赛竞争，而水平型治理政策的目标与此可能存在冲突。因此，后两点严重影响了水平型治理政策在我国的落实程度和执行效率。

7.3.2 负面清单管理的新内涵

综合以上分析，笔者认为，实行负面清单管理可能才是有效治理当前产能过剩的有效路径。负面清单管理是国际上通行的最早主要针对外商投资领域的管理办法，指政府规定哪些经济领域不开放，除了清单上的禁区，其他行业、领域和经济活动都许可。根据定义，凡是与外资的国民待遇、最惠国待遇不符的管理措施，或业绩要求、高管要求等方面的管理措施均以清单方式列明。实际上，除了贸易投资领域，负面清单管理在产业发展领域，尤其是治理产能过剩方面同样可以借鉴。

当前，我国在治理产能过剩中推行负面清单管理应赋予其新的内涵，主要包括三方面内容：一是禁止或限制投资的产业清单。产业负面清单的制定需要基于广泛而深入的调研，必须符合我国实际情况，逐步甚至分区域、分领域来实践，从而实现有限突破。其长短应根据产能过剩产业的多少、严重程度以及整体风险可控程度来决定，并实现每年一度的动态调整。

二是政府的权力清单。实施负面清单管理实际上隐含了两个重要方面，简而言之，就是"一方面用负面清单管理市场，另一方面用正面清单约束政府"。为了只让"强"政府在有限的领域发挥作用，应该在行政审批、监管等方面确定权力清单。通过简政放权，给县市一定的制度创新空间，降低企业营运的直接和间接成本，让企业平等进入、自由退出；破除一切不利于要素流动的体制、机制、管制和税制等。

三是水平型产业政策或竞争性政策清单。实施负面清单管理不代表政府将转向"无为而治",也不代表不能释放正向激励,与垂直型产业政策政府直接干预微观经济相比,水平型产业政策是从宏观角度,通过制度改善、环境营造、市场维护等来促进产业发展。刘志彪教授曾经提出过一个极为类似的概念——中性的产业政策,并将其定义为那些鼓励企业加入全球内产品分工等的开放性产业政策、那些能促进企业间有效竞争的组织政策以及那些旨在诱导企业分享产业集聚效应的集中化政策等。

由此可见,利用负面清单管理治理产能过剩的本质就是优化政府的"有形之手"以充分发挥市场"无形之手"的调节作用。

7.3.3 负面清单管理化解产能过剩的理论机制

负面清单管理之所以可以有效化解产能过剩矛盾,至少应有以下四条内在机制:

第一,负面清单管理的前提是转变政府职能。与正面清单管理截然不同的是,实行负面清单管理首先要求将政府角色定位于对市场功能的补充和拓展,减少对经济发展的直接干预,转向经济服务,即"匹配赢家"而非"选择赢家",比如严格市场监管、优化发展环境等。而根据前几章的研究,可以得知,我国目前的产能过剩主要是因政府在体制扭曲和地区竞争的背景下通过要素补贴软化企业预算约束影响其投资决策所致。因此,政府的不当干预才是产能过剩产生的重要根源,而实行负面清单管理的首要前提便是用正面清单约束政府,使其从"运动员+裁判员"转变为纯粹的"裁判员",从而有利于产能过剩的源头治理。

第二,负面清单管理的本质是均衡发展。从某种意义上讲,当前的产能过剩实际上是政府干预使要素资源在不同产业间过度非均衡投入的结果。党的十八大提出了"五位一体"相对均衡的发展战略,其内涵不仅是要求经济、政治、文化、社会、生态文明等多方面的协调均衡发展,也要求各方面内部的均衡发展,比如经济建设领域的产业结构调整等。因此,化解产能过剩其实就是促进要素资源的投入由非均衡向相对均衡转变,而负面清单管理恰好是"使市场在资源配置中发挥决定性作用"这一重要命题的根本体现,表现出明显的均衡发展的特征。

第三，负面清单管理的重要内容之一是提升产业创新能力。通过创新来提高产品质量、改善产品结构是治理产能过剩的一个重要思路。根据第三章的研究，当前国内企业创新活动不活跃主要有两方面原因：其一是由创新具有的内在的不确定性、路径依赖、不完善的知识产权保护制度等因素所导致的创新意愿不强，其二则是创新能力较弱。资料显示，近几年，我国专利授权量迅速增长，但发明专利的比例较低且专利转化率不高，这说明我国创新能力的提高主要依赖于研发投入的大幅增长。目前，制约创新能力提高的主要因素包括：基础研究的力量薄弱、创新环境仍不完善以及创新网络尚未广泛形成等。而打破以上影响创新活动的瓶颈恰恰是负面清单管理的题中之义。根据其内涵，提升产业创新能力、实现创新驱动发展是实行负面清单管理所追求的重要目标之一，这就要求通过水平型产业政策加强对技术、信息、资金、基础设施以及人力资本等要素的协调，降低创新风险，保证创新收益，不断增强企业"自我发现"的能力，从而促进产业创新。

第四，负面清单管理聚焦于营造公平竞争的市场环境和构建统一完备的市场体系。除了产业创新升级，落后产能淘汰、推进企业兼并重组、开拓国内市场需求、加快过剩行业的企业"走出去"等均是治理产能过剩的重要思路。但是以上思路能够有效实现的前提条件是具有良好的市场环境以及统一的国内市场。例如，转型期特殊的地区竞争机制以及不完善的市场经济体制产生了较高的市场性和体制性退出壁垒，具体表现为企业退出的信息、资金等搜寻成本较高；政府干扰企业决策因素较大；部分法律制度的制定和执行不合理；要素市场的不完善影响过剩企业投资新产业、进行产权转让或重组、获取技术及匹配的劳动力等。这导致我国淘汰落后产能的方案遭遇了很大的执行阻力，而作为退出机制的另一种形式——企业并购，尤其是跨地区的并购也并不活跃。显然，作为负面清单管理的又一项主要任务，市场环境和市场体系的完善将有助于产能过剩治理思路的推进。

此外，负面清单的制订也将从源头上控制新增产能建设，从而有利于产能过剩矛盾的缓解。

7.4 负面清单管理的难点及障碍

由于国际上通行的负面清单管理主要针对的是外商投资与国际贸易领域,现将其运用至产业发展领域,没有太多现成的可供借鉴的经验,而且又面临转型期不完善的体制安排,因此,利用负面清单管理去化解产能过剩矛盾将困难重重。总的来说,难点及障碍主要包括两点:一是过重的产业结构,二是强政府的职能转变。

7.4.1 产业结构

资料显示,国内外产能过剩主要都发生在工业,特别是制造业领域。从产业结构高级化的角度来看,西方发达国家经过战后几十年的发展已经完成了由制造型经济向服务型经济的转变,由于服务业发展对市场环境、政府公共服务等软件条件更加敏感,因此,发达国家实行负面清单管理具备了较好的基础。而我国产业结构中仍然是制造业占据主导,借鉴相关文献中的一般做法选择第三产业产值与第二产能之比(TS)作为产业结构高级化的衡量指标,计算得知,2000年以来虽然服务业产值比重总体表现出上升趋势,但依然小于工业产值比重。考虑到国际金融危机之后制造业的不景气因素,产业结构高级化程度应略打折扣。

进一步利用泰尔指数(TL)来测算产业结构合理化程度,具体公式如下:

$$TL = \sum \frac{Y_i}{Y} \ln\left[\frac{\left(\frac{Y_i}{L_i}\right)}{\left(\frac{Y}{L}\right)}\right] \quad (7.1)$$

其中,Y 表示总产值,L 表示从业人员数,i 代表细分产业。由表7-1可知,2008年之后我国产业结构的不合理程度不断上升。笔者认为,其主要原因在于依然沿用了过去的产业发展模式,即通过要素扭曲追求粗放型的速度追赶和数量扩张。

表 7-1　　　　　　　　我国产业结构变动情况

年份	TL	TS	一次产业 贡献率	一次产业 拉动率	二次产业 贡献率	二次产业 拉动率	三次产业 贡献率	三次产业 拉动率
2000	0.0748	0.8498	4.43	0.37	60.8	5.13	34.77	2.93
2001	0.0761	0.8960	5.08	0.42	46.7	3.88	48.22	4
2002	0.0811	0.9258	4.57	0.41	49.8	4.52	45.68	4.15
2003	0.0786	0.8970	3.36	0.34	58.51	5.87	38.13	3.82
2004	0.0959	0.8736	7.8	0.79	52.23	5.27	39.92	4.03
2005	0.0773	0.8553	5.61	0.63	51.11	5.78	43.27	4.89
2006	0.0677	0.8538	4.78	0.61	50.04	6.34	45.18	5.73
2007	0.0902	0.8849	2.99	0.42	50.7	7.18	46.31	6.56
2008	0.1087	0.8815	5.73	0.55	49.25	4.75	45.02	4.34
2009	0.1164	0.9391	4.48	0.41	51.94	4.79	43.58	4.02
2010	0.1399	0.9264	3.85	0.4	56.84	5.94	39.32	4.11
2011	0.1743	0.9310	4.61	0.43	51.61	4.8	43.77	4.07
2012	0.2052	0.9863	5.72	0.44	48.71	3.73	45.56	3.49

数据来源：根据《中国统计年鉴》整理计算得出。

综上，目前的产业结构给我国实行负面清单管理带来的困难主要表现在两方面：其一，目前我国产能过剩已经表现出普遍性特征，过剩行业很多是拉动经济发展的关键行业，比如钢铁、水泥、船舶、新能源等，而且增长动力主要还是依靠投资驱动，因此，实行负面清单管理有可能会导致经济失速，从而带来更加严重的后果。其二，相对于西方发达国家，我国市场基础相对薄弱，市场机制长期扭曲。虽然经过 30 多年的超高速增长之后，我国经济正进入正常的中速增长轨道，原先依靠要素成本驱动的增长动力发生了彻底改变，劳动力、能源、土地等过去偏低的要素价格正在被重估（刘志彪，2013），但是恢复正常的市场机制，使市场在资源配置方面起决定性作用远非一日之功。负面清单管理可能在短期由于市场化改革不足、企业路径依赖等使得产能过剩情况趋向恶化。

7.4.2 政府转型

由于历史、文化等原因，我国具有强势政府的典型特征，正是在不完善的市场体制中发挥了基于市场的强势政府的调节作用，才能通过必要的资源集聚和积累，不断优化基础设施环境和发展的制度环境，实施经济赶超。以江苏为例，在地方政府的强有力的直接参与和支持下，江苏以乡镇企业为代表的农村工业化对其经济现代化进程做出了重要的基础性贡献，在此基础上发展出了"次生形态"的民营经济；与我国资本市场的发育高度相对应，发展了具有活力的股份制经济；与经济全球化趋下产品内分工发展有机结合，促进了以吸收 FDI 为特征进行加工贸易的外向型经济（程俊杰等，2012）。但是正如前几章的研究结论，随着经济发展向更高阶段迈进，强势政府的干预也导致了一系列长期被高增长光环所掩盖的问题，比如产能过剩。根据前文的分析，利用负面清单管理化解产能过剩矛盾必须对政府职能进行重新定位，必须通过正面清单约束政府"闲不住的手"，这就带来两个难点：一是斩除"越位之手"，二是补齐"失位之手"。具体表现如下：

一方面转变传统管理思路。转变之难主要源自于：（1）路径依赖。长期以来，我国一直采用正面清单的管理方式来发展经济，比如施行垂直型产业政策。这使得权力对经济运行的介入过多，很多本应发挥市场机制调节作用的地方错装了政府之手。正面清单管理在各级政府及相关部门均已根深蒂固，很容易形成路径依赖。（2）利益格局被打破。管理思路的转变意味着政府机构的调整、部门利益的再分配，加上不少官员长期获取的寻租利益受到损伤，负面清单管理思路的转变阻力极大。

另一方面提升政府经济管理能力。负面清单管理对政府管理经济，特别是改善服务、加强监管等方面提出了新的要求，比如：（1）负面清单管理降低了市场准入门槛，与正面清单管理相比将政府监管职能从事前转移到了事中和事后。但是，随着准入门槛的放宽以及企业经济活动自由度的加大，政府监管的内容和难度均明显增加。提升监管能力，特别是事中、事后的监管能力，完善监管体系，成为各级政府亟待研究的重要课题。（2）负面清单内容的制订和调整需要政府加强对市场信息的及时掌握和分析能力提高。很多学者认为政府实施微观规制提高市场绩效必须事先准确预测市场将来展示的信息和知识，这个难度非常大（Kirzner，1985；Powell，2005）。

以上两大难点中最根本的难点应是政府职能转变，因为产业结构的问题本质上是体制安排不当所致，具体来说，就是以 GDP 为单一目标的地方竞争诱使各级政府对某些产值大、经济拉动力强的产业趋之若鹜，这类产业多数是制造业中的重工业。因此，要实行负面清单管理治理产能过剩首先必须跨过政府职能转型这道坎。

7.5 结论、启示与建议

7.5.1 结论与启示

根据本章的研究，笔者认为在现行体制下，无论是垂直型治理政策，还是水平型治理政策均无力于化解目前日益严重的体制性产能过剩。同时，由于在产能过剩类型、制定和实施治理政策的政府类型以及政府定位的差异导致的政府间关系等方面的不同，我国不能也不应照搬西方发达国家治理产能过剩的经验。本章提出，实施负面清单管理可能是治理我国体制性产能过剩的有效路径，这需要尽快克服过重的产业结构以及强政府的职能转变两大难点，特别是加快实现政府职能转变。而政府转型的基本方向是理顺三对关系：一是政府与市场之间的关系。二是中央与地方之间的关系。三是地方之间的关系。刘志彪（2014）指出，三对关系中最重要的是中央与地方之间的关系，这是当今中国经济体制的所有症结所在。笔者认为，之所以中央与地方之间的关系最为重要，主要因为"政治集权、经济分权"的体制安排。

第一，政府与市场之间的关系。长期以来，我国政府的"强"主要表现为在资源配置，尤其是土地、资本等重要资源配置上发挥着主导作用并以此推动经济增长。随着市场力量的逐步增强，市场配置资源、提升经济发展质量的优势开始凸显。虽然市场失灵会时有发生，但是日本著名经济学家青木昌彦认为政府政策并非旨在直接引入一种解决市场失灵的替代机制。因此，未来政府应该从微观经济干预中解脱出来，由经济建设主体转变为经济性公共服务主体。经济性公共服务的主要任务主要包括：（1）制订科学的和具有约束性的中长期发展规划；（2）保持宏观经济政策的稳定和有效；（3）开展严格的市场监管以维持良好的市场秩序；（4）及时公开经济信息；

(5) 建设重要的基础设施。

第二，中央与地方之间的关系。欧美经验和拉美教训启示我们，中央必须扬弃以 GDP 为核心的政绩考核体制，尝试建立以经济性公共服务、社会性公共服务、资源环境公共服务以及制度性公共服务为核心的评价指标体系。在此基础上以财税体制改革为核心抓手，从完善立法、明确事权、改革税制、稳定税负、透明预算、提高效率六个方面入手进行调整。比如，完善资源税以及房产税征收办法，增加地方政府财政收入；以"营改增"为新一轮改革契机，逐步取消激励地方政府追求经济总量并加剧了地区不平衡的税收返还和原体制补助；按照公共服务属性合理划分中央与地方职责，中央应该负责公益性覆盖全国的公共服务供给，地方则应主要负责各自辖区内的公共服务供给，关注辖区内居民的实际需求等。

第三，地方之间的关系。地方之间的关系本质上是由中央与地方之间的关系所决定的，改革的方向则是形成良性的竞合关系。首先是促进地方政府间的合作。通过良好的制度环境、合理的组织安排和完善的区域合作规则来促进府际合作。除了在管理层面建立协商谈判、财政补贴与平衡、协调联动制度外，还要在法制层面建立冲突协调机制，从而使地方政府间合作更为高效有序。充分发挥纵向的科层制组织的积极协调作用，形成多层次的交流机制等。然后是规范地方政府间的竞争。在地方实行以资源为基础的经济区划，通过经济区的整合来推动行政区的整合。实施发达地区对不发达地区干部的培训以及干部异地任职制度，提高府际治理的社会资本水平。

7.5.2 利用负面清单管理化解体制性产能过剩的建议

基于以上认识，利用负面清单管理化解体制性产能过剩的当务之急是做好以下四项工作：

第一，改革现有的财税、政绩考核等体制。政府转型的破题之举就是在完善政绩考核体制的前提下开展第二轮财税体制改革，这也充分发挥了十八届三中全会所提出的经济体制改革的牵引作用。地方政府，一方面作为"政治参与人"为个人晋升而追求 GDP；另一方面作为"经济参与人"为地区发展而追逐财政收入。在这样的制度安排下，地方政府只愿意响应产业进入的号召，而不愿意接受产业退出的要求。因此，要用更科学、更全面及便于量化的政绩考核指标体系来取代以 GDP 为核心的考核制度，彻底打通调控政策的传导路径。在此基础上，同步推进财税体制改革，关键是建立起财权与事权相匹配的政府间关系。具体措施包括：进一步完善《预算法》、透明预算以约束政府的支出行为；改革税制，在减税和税收下移的总原则下，调整消费税的征收范围和环节，推广房产税试点，加快资源税改革，来增加地方政府的财税收入；稳定税负，提高支出效率，优化支出结构，将财政支出向基本公共服务倾斜等。

第二，逐步用经济调控来替代行政控制。即用正面清单限制政府行为，制订出政府行政审批目录清单、政府行政权力清单、投资审批负面清单、政府专项资金管理清单等。目前，各级政府在治理产能过剩的过程中较多地使用了审批控制、勒令关停等行政手段。例如，根据《国务院关于进一步加强淘汰落后产能工作的通知》（2010），国家在"十二五"时期抑制电力、煤炭、钢铁、水泥、有色金属、焦炭、造纸、制革、印染等产能过剩行业主要是通过审批控制或勒令关停等行政管理方式。虽然用行政审批的方式来管理这类基础性、支柱性的产业有其一定的合理性，但是这种带有计划经济色彩的管理方式日益暴露出诸多严重弊端。应该尊重市场规律，更多地使用经济手段去调控，例如根据地区和产业特征征收差异化的税种和税率，将所有制偏向、区域偏向的税式支出政策更多地转向产业偏向等等。此外，调控的标的应由具体的项目转变为生产要素，通过要素调节从根本上淘汰或限制不符合标准的项目。

第三，加强部门之间的协调。"五龙治水"是我国转型时期的典型特征，即市场监管的权力被划分到多个政府职能部门，如工商、税务、物价、质量监督、食品管理等。虽然这些部门行使的权力范畴和权力内容有所不同，但经常会造成多头管理，责权利不明确和不对称，进而导致监管效率的低下。不少文献均关注到我国特有的"五龙治水"体制，比如谢志斌等（2005）利用一个两阶段动态谈判博弈模型论证了在传统国有资产管理体制下，多个政府职能部门分割行使国有企业控制权会损害企业效率，而整合有利于提高效率的结论。

第四，消除隐性壁垒。王碧珺（2013）认为实行负面清单管理模式意味着外资企业、国有企业、民营企业都有权进入没有明令禁止的行业，但这并不意味着各类所有制企业真正实现了公平竞争。例如，民营企业早已被获准进入某些国有经济占主导的行业，虽然受自身各方面实力等影响，民营经济的影响力仍然非常有限，但这更与存在各类隐性壁垒密切相关。要建立公平开放透明的市场规则，一是实行统一监管，严禁和惩处各类违法实行优惠政策的行为，反对地方保护和各种垄断及不正当竞争；二是加强社会信用体系建设，提高准入的便利化程度，形成法制化的营商环境。

第八章

全书总结、政策建议与研究展望

8.1 全书总结

本书充分利用计量、数理等方法对中国转轨时期产能过剩问题进行了深入剖析，着重研究了四个方面的问题，分别是：产能过剩程度的测度、产能过剩的形成机理、产能过剩的宏观影响以及产能过剩的治理政策。根据前文的研究，可以得出以下结论：

第一，中国产能过剩风险可能正由局部向全局蔓延。从地区层面来看，依照协整法和随机前沿生产函数法对2001~2011年我国30个省（区、市）工业产能利用率进行测度的结果，两种方法得出的结果基本一致，即：（1）产能利用率的变化趋势均呈现出明显的经济周期特征；（2）东部地区的产能利用率均低于中西部地区；（3）大多数地区的工业产能利用率基本保持在85%~100%的区间，并未出现大规模的产能过剩。但是综合考察了各地区企业库存变动以及经济效益相关指标之后，发现东、中、西三大区域的工业企业经营情况均不是很理想，尤其是库存变动，中、西部地区企业的"去库存化"进程比东部地区更加严峻，而东部地区由于市场发育较为完善，产能过剩较快地传导反映至产能利用率指标上。从行业层面来看，如果以各阶段产能利用率的均值为参考值，本轮产能过剩的过剩产业相对于前两轮有一定幅度的增加；如果以2011年的产能利用率为主要参考值，可能存在产能过剩风险的行业有12个，占所有制造业行业数量的比例接近50%，其中，重工业比例接近85%，石油加工、炼焦及核燃料加工业，化学原料及化学制品制造业，化学纤维制造业，黑色金属冶炼及压延加工业，有色金属冶炼及压延加工业以及通信设备、计算机及其他电子设备制造业等行业被判定为强过剩。无论是强过剩产业还是弱过剩产业，绝大多数产业的产能利用率均呈现下降趋势，过剩情况很难短期改善，甚至会进一步恶化。

第二，市场因素、政府干预以及经济周期是影响转轨时期产能过剩程度的重要因素。其中，由于存在多个中间传导机制，如增强企业决策的理性和降低认知偏差、企业决策自主性的增强、"投资潮涌"以及形成进入壁垒等，市场因素与产能利用率之间的关系是动态变化的；经济周期不论是从全国层面，还是区域层面，与产能利用率之间的都表现出显著的正向关系，说明我国企业的产能利用率呈现出顺周期特征；政府干预是我国，特别是东部地区产生产能过剩的最重要因素，与市场因素以及经济周期相比，政府干预对东部地区企业产能利用率的影响程度最大，而中、西部地区，市场因素的影响相对更大。

第三，转轨时期中国产能过剩的形成机理主要包括两个方面：一是过剩产能的形成，二是过剩产能化解机制的受阻。政府对以上两方面的干预主要表现为信号传递和预算软约束。其中，过剩产能的形成包括企业进入决策和产能决策两个阶段。在企业进入决策阶段，政府的产业政策或对某产业的投资补贴会产生收益效应以及信号效应。在一个序贯进入的产业市场上，这两种效应会提高率先决策企业的进入概率，进而提高后决策企业的进入概率，而不论其不同的市场地位。因此，政府偏好会导致大量企业对少数产业的集中进入，进而诱发产能过剩。在企业的产能决策阶段，企业往往倾向于维持过剩产能，其目的主要是：一方面是降低成本，增加利润；另一方面影响竞争对手的产出水平，获取更多的市场份额。

第四，过剩产能形成后，化解机制的受阻是中国产能过剩"日益严重"、"久治不愈"的重要原因。其中：（1）创新不足方面。创新具有的内在的不确定性、路径依赖降低以及不完善的知识产权保护制度等降低了企业从事创新活动意愿。而基础研究的力量薄弱、创新环境的不完善以及创新网络尚未广泛形成又造成了我国当前创新能力的不足。（2）退出壁垒方面。

沉没成本和违约成本基本上构成了企业退出的市场性壁垒，而更需要引起重视的体制性壁垒则主要源自于地区竞争体制、社会保障体制以及市场体制。不论创新，还是退出，政府的不当干预都是导致其"排水量"减小的重要因素。

第五，作为政府干预的重要抓手，垂直型产业政策对中国产能过剩的形成有着重要影响。实证研究后发现产业政策对产能过剩的效应显著为负，并且通过正向影响企业进入和负向影响企业退出两种渠道造成产能过剩。进一步，研究发现小企业、国有企业和行业低技术的比重越高，产业政策就越有可能造成产能过剩。此外，具体政策工具对产能过剩的不同影响如下：（1）税负降低会带来产能利用率的下降，两者显著正相关；（2）贸易保护与产能利用率的关系显著为正，贸易保护程度的增强在短期内会提高产能利用率；（3）创新补贴与产能利用率之间的关系显著为负，政府补贴对创新效率具有负面作用。

第六，产能过剩对经济波动的宏观影响主要表现为两大效应：一是通过企业短期的数量调节直接导致经济波动，二是通过要素市场扭曲的中介效应来影响经济波动。其中，数量效应的内在机制有三：（1）产能利用率的内生变化；（2）产能利用率的变化会对要素产出弹性造成影响；（3）产能利用率的变化改变了规模报酬程度。对中介效应的实证结果表明，资本市场扭曲和要素配置扭曲的中介效应非常显著，而劳动市场扭曲的中介效应不显著，且资本市场扭曲和要素配置扭曲表现出不完全中介效应特征。说明产能过剩主要通过资本市场扭曲和要素配置扭曲来影响经济波动。此外，数量效应对经济波动的影响要大于中介效应的影响。

第七，长期以来，我国对转轨时期体制性产能过剩的治理一直收效甚微，其原因主要包括：一是政策类型的选择失误；二是政策制定与市场之间可能存在偏差；三是政策实施的传导路径受阻，四是制度环境存在缺陷等。由于在产能过剩类型、制定和实施治理政策的政府类型以及政府定位的差异导致的政府间关系等方面的不同，我国治理体制性产能过剩不能也不应照搬西方发达国家的经验。实施负面清单管理可能是治理我国体制性产能过剩的有效路径，其难点及障碍主要包括：过重的产业结构以及强政府的职能转变。其中，最根本的难点应是政府职能转变，因为产业结构的问题本质上是体制安排不当所致。政府转型的基本方向主要是理顺三对关系：一是政府与市场之间的关系。二是中央与地方之间的关系。三是地方之间的关系。

8.2 产能过剩的治理原则与政策选项

基于全书的分析和研究结论，笔者认为当前我国产能过剩的治理应进一步丰富思路，进一步增加针对性，并从供给端和需求端两方面给出化解产能过剩矛盾的政策建议。

8.2.1 转轨时期产能过剩的治理原则

事实上，化解产能过剩矛盾应该多管齐下，针对不同类型的过剩产能、不同行业的过剩产能、不同规模企业的过剩产能等采用不一样的治理策略。总的来说，应该变目前单一的做"减法"为同时做好"加减乘除法"。产能过剩并不纯粹是供给端的原因，也有需求端的因素。

从需求端入手，就是要做好"加法"和"除法"。所谓"加法"，指的是利用刺激措施扩大内需；所谓"除法"则是指加快企业"走出去"转移产能、开拓国际市场。对于新能源等新兴产业主要应该通过对消费者的补贴来扩大国内需求，因为其目标市场主要在国外，国内需求有较大的增长空间；而传统产业则主要应该以企业"走出去"为主，因为从经济发展的阶段来看，我国目前存在产能过剩风险的许多项目，在东南亚某些国家依旧是朝阳项目，利润也比国内高。

从供给端治理产能过剩除了要做好现有的"减法"外，还需要做好"乘法"。这里的"乘法"指的是通过技术水平的提升促进产品的差异化生产，并由此带来产业的转型升级。从某种程度上讲，"乘法"对于化解产能过剩矛盾更为重要，因为它相对于"减法"是标本兼治。正如第七章所言，在我国现有的制度背景下，做好"减法"的关键和切入点是在完善政绩考核体制的前提下开展第二轮财税体制改革。而做"乘法"的本质则是改革政府与企业之间的关系，使市场在资源配置中起决定性作用，仅仅靠扭曲要素价格很难真正实现"乘法"效应。

当然，对于同一个治理对象也不能只是采用单一的思路和办法，应该综合与协调，例如，新兴产业的产能过剩除了扩大内需还应该加快企业"走出去"，"走出去"的主要目的不在于增加出口，而在于通过并购等方式广泛吸收国外高级生产要素来提高我国新兴产业整体技术水平和产品全球竞争力。

8.2.2 产能过剩治理的政策选项

笔者认为，有效治理转型时期我国产能过剩的根本路径是在政府职能转变、相关体制改革推进的基础上实施水平型治理政策，体现在需求端和供给端的政策选项主要包括：

第一，积极扩大国内市场需求。构建国内统一市场是扩大内需的关键举措，主要包括两个方面：一方面是商品市场。目前，商品市场的分割已经大大减轻，扩大商品市场需求的着力点主要在潜在需求的激发。应通过政府采购、消费者补贴等方式培育国内潜在需求，以新兴产业为例，当前基本采用政府补贴——技术引进——低端加工——价格竞争的发展模式，产品主要销往海外，比如我国的太阳能电池产品有 80% 用于出口，国外市场依存度过高，而国内市场还尚未大规模启动。另一方面是要素市场。要素市场的问题主要表现为要素跨区域流动的障碍，其根源在于技术、资本、信息、基础设施等领域的分割和扭曲。比如跨区域的兼并收购仍然不够通畅，即使在省内的不同省辖市，跨市企业并购可能都存在制度性的障碍。这些对内需的增长产生了明显的抑制作用。应以市场化的方式解决当前体制中的问题，重新界定政府与市场边界，充分发挥市场机制的激励作用来构建统一开放、竞争有序的要素市场。

第二，加强对过剩要素的治理。沉没成本巨大、吸引劳动力就业众多往往是产能过剩行业的共性特点，因此，淘汰落后产能过程中的难点之一就是对过剩要素如生产设备、失业劳动者的处理。这方面可以借鉴日本治理产能过剩的经验：对于生产设备，实行设备注册制度，限制非注册设备的使用，对经核实确属过剩、落后的设备，政府以专项资金的形式对其进行收购报废。对于失业劳动者，积极促进劳动力的流动，并在信息和培训方面帮助失业人员，为其创造再就业条件，必要时对其进行补助和救助。

第三，完善银行信贷控制。目前，银行贷款仍然是我国企业融资的最重要来源。现实中，地方政府可以对本地银行机构或分支机构施加影响干预信贷投放。如果说在产业的进入期，政府主要是通过对土地、环保等多种要素价格的扭曲来诱导投资的话，那么在产业的退出期，政府则更多的是通过对银行信贷的干预来阻止企业退出。要实现淘汰落后产能的目标就必须切断落后产能的资金链。在当前的制度背景下，应将对过剩行业的信贷审批投放权上收到省级分行，同时参考日本的主办银行制度，加强银企合作与了解。

第四，加快过剩企业"走出去"。积极打造对外贸易升级版，推动由鼓励产品出口向鼓励企业"走出去"转变。大量的实证研究表明，增加出口可以有效化解本国的产能过剩（Blonigen et al., 2010）。但这并不意味着要通过加大贸易保护来促进对外出口，尤其是在2008年国际金融危机发生后，国内外经济形势发生重大变化，主要发达国家陷入漫长而艰难的复苏，并开始推行"再工业化"战略，国内要素成本进入上升通道，以上种种使得增加出口的内、外部条件出现恶化。因此，应及时改变思路，由通过产品出口化解过剩转向借助企业"走出去"来化解过剩。针对不同类型的产业应采取不同的"走出去"方式，比如在投资区位的选择上，资源导向型企业应选择那些自然资源丰富、能源产量高的国家或地区，市场导向型企业应首选市场需求大的国家或地区，而技术导向型企业则应选择同类产业发展迅速、技术领先的发达国家。

第五，加快企业区域内或区域间兼并重组。根据以前的分析，企业规模过小、数量过多是发生产能过剩的重要诱因。目前，政府主要通过环保、节能、规模以及技术门槛进行淘汰关停，但这会产生极高的社会成本：（1）企业经营受到影响甚至倒闭；（2）地方政府的经济和政治利益受到侵犯；（3）工人失业影响社会稳定。因此，很多地区均出现了诸如将一些已经关停的生产线重复上报等的抵制现象。而兼并重组是提升企业规模、提高市场集中度、化解产能过剩的低成本、高效清洁剂（Gregoriou et al., 2009），应破除体制障碍，通过体制改革鼓励企业沿着规模适度化方向进行合并以及企业以母子公司制的形式和中小企业形成纵向联合，政府在税收、金融等方面为之创造良好的环境。对于跨地区的兼并重组，实行税收分成，充分调动地方政府引导兼并重组的积极性。

第六，提高企业的创新能力和效率。完善政策工具，要使国内企业真正摆脱对国外技术引进的严重依赖关键在于要让企业自身"想创新"，同时也"能创新"。首先，要加大基础理论研究的支持力度，彻底改革科研经费的使用和管理制度，真正做到尊重人力资本的投资、价值与回报。其次，完善创新补贴方式，对不同类型的创新活动灵活采取符合客观规律的补贴方式，充分发挥事后补贴和消费补贴的重要作用。再次，规范补贴资金的分配和管理监督，引入第三方资金使用绩效评估机制。最后，要营造创新的氛围。比如，通过财富效应来驱动创新效应，通过大力发展非银行金融机构总部经济，营造风险投资和股权投资的良好氛围，建立动态的垄断制度来鼓励创新经济发展（刘志彪，2011）。特别需要指出的是，抓住国际经济不景气的契机，加强对国外创新要素的吸引和使用也是提高我国创新效率的一条重要捷径。

8.3 研究展望

本书聚焦转型时期中国的热点问题，同时也是经济发展过程中的"顽疾"——产能过剩，并大体遵循"现状测度——成因分析——宏观影响——政策建议"的逻辑思路进行研究，在吸纳模型的理论框架下对产能过剩的形成机理、治理思路与具体路径进行了较为系统和严谨的剖析，并主要利用中国省级、行业面板数据对产能过剩的现状进行了比较测度以及深入开展了相关的实证检验，初步得出了一些有益的结论与启示。同时，由于种种原因，本书的研究仍存在着一些亟须完善和深入探讨的空间以及尚未涉及但非常重要的领域，这也是今后努力的方向。

第一，本书受科尔奈的启发通过构建一个类似的吸纳框架解释了当前中国产能过剩的成因，并将其归纳为以政府干预为主的"进入端和退出端控制"，即政府干预诱使大量企业对少数具有政府强烈偏好的产业集中进入，同时阻止过剩企业退出，导致产能过剩持续存在并日益严重。这一过程中，企业自身追求利润和市场份额的冲动又进一步刺激了扩张产能的倾向。这虽然对转型时期中国产能过剩的形成机理进行了较为新颖和客观的描述，但仅仅是对企业进入行为进行了刻画，尚未构建起一个包含进入和退出的统一的数理分析框架，这使得推演出的命题和结论稍显片面。另外，对企业投资决策以及产能决策的分析主要运用了信息经济学和序贯博弈的分析方法，在模型动态化方面仍需进一步完善。特别需要指出的是，目前中国的产能过剩类型多样，包括周期性过剩、结构性过剩以及体制性过剩，而本书主要突出了政府干预，也即转轨体制对产能过剩形成的影响，而忽视了对周期性过剩、结构性过剩的成因的分析。

第二，本书在第三章较为创新的同时，采用协整法和随机前沿生产函数法对2001~2011年我国30个省（市）的工业产能利用率进行测度，并实证分解了不同因素对产能利用率的影响。同时，在后续章节的实证部分也分别采用以上两种方法对制造业二位码行业的产能利用率进行了测度。这些均比较客观地反映了当前中国产能过剩的具体现状，也是对国内学术界研究较为薄弱的产能过剩测度领域的一点有益的探索和补充。但是，笔者并未能将产能过剩中周期性过剩、结构性过剩以及体制性过剩区分开来。这也使得本书的实证部分在产能过剩变量的处理方面过于笼统，自然也会对回归结果的精度造成一定的影响。毫无疑问，不同类型的过剩在形成机理、决定因素、宏观影响以及治理措施等方面存在着显著差异，因此，这项工作对进一步了解产能过剩、更有针对性地治理产能过剩具有巨大的理论和现实意义。

第三，在实证研究方法方面，本书主要采用了静态平衡面板数据的混合回归、随机效应模型、固定效应模型、变系数模型以及动态面板数据的系统GMM估计等方法，得出了一系列与理论分析及经济现实基本吻合的研究结论。例如，产能利用率的变化趋势呈现出明显的经济周期特征；产业政策对产能过剩的效应显著为负，小企业、国有企业和行业低技术的比重越高，产业政策就越有可能造成产能过剩，不同政策工具对产能过剩的影响并不相同；产能过剩与经济波动之间存在着显著的正相关关系，主要通过企业的数量调节以及要素市场扭曲的中介效应来影响等。但是，以上方法都属于均值回归，无法全面反映解释变量对被解释变量条件分布的影响，例如，笔者发现市场因素与产能利用率之间存在着动态变化的关系就无法通过均值回归反映出来。因此，在计量方法上可能还需要做出进一步的完善，比如采用门限回归、分位数回归等。

　　第四，本书主要使用了省级以及行业面板数据开展实证研究，在较好地验证了理论假设，取得了符合预期的研究结论的同时，也产生了两方面的不足：一是样本容量的限制，使得一些针对大样本的计量方法无法运用，而且也使回归结果的稳定性受到一定的影响，比如在产能过剩影响因素分解部分对东中西三大区域分别回归的结果就并不十分理想。二是采用宏观、中观数据影响了对一些重要研究主题的探讨和深入，比如：企业规模与产能过剩之间到底是否存在相关关系，资料显示，钢铁行业中贡献过剩产能的主要是大中型企业；政府补贴及补贴方式是否会对产能过剩产生影响，大量的理论分析和数理推导给出了肯定的回答，但缺乏实证检验；国有企业相对于民营企业、外资企业是否更容易产生产能过剩，其内在机制是什么；在治理措施方面，企业"走出去"或兼并重组是否有利于过剩产能的消化，对于不同类型的过剩是否同样有效，不同的"走出去"或兼并重组的方式是否具有不同的效果；等等。以上这些均需要大量微观数据的支撑和进一步的研究。此外，除了实证研究，还可以在案例研究方面作一些拓展，例如，可以观察到在一些产能过剩的行业中有一部分企业的效益却很好，其原因究竟是什么。

　　第五，除了本书研究已涉及的，对产能过剩的分析还存在着一些新的空间和视角。比如，产能过剩一般伴随着资产短缺（Caballero，2006），20 世纪 90 年代中期中国摆脱短缺经济后出现了产能过剩，随后便开始进入了从商品短缺向资产短缺过渡的阶段，范从来等（2013）的测算表明，2000 年中国就已经进入到资产短缺阶段。那么，产能过剩与资产短缺之间是否存在着某种必然的联系，两者究竟是什么关系？一般来说，经济的高速增长表明中国具有强劲的产出能力和财富创造能力，与此同时，日益增加的金融资产需求与资本生产资产能力的严重不足势必造成经济体内大量资金无法顺利转化成对当期和未来的需求，从而产生或加剧产能过剩。与之类似，刘西顺（2006）认为，作为资产短缺的典型特征，流动性过剩是引起过度投资和扭曲分配进而导致产能过剩产生的重要原因。但中国的经济现实却是，资产短缺并非是先于而是后于产能过剩而产生。更令人疑惑的是，发达国家，如美国已经较好地将产出能力与资产创造能力结合在一起,并未出现资产短缺现象,但是仍然会发生产能过剩。因此,搞清楚产能过剩与资产短缺之间的关系以及内在机理就显得非常关键,进而才能回答化解产能过剩对缓和资产短缺的意义或者解决资产短缺对于治理产能过剩有什么影响的问题。

主要参考文献

中文部分

[1] 白江涛. 中国钢铁产能过剩问题与对策 [J]. 云南社会科学, 2013 (03).

[2] 曹建海, 江飞涛. 中国工业投资中的重复建设与产能过剩问题研究 [M]. 北京: 经济管理出版社, 2010.

[3] 昌忠泽. 进入壁垒、退出壁垒和国有企业产业分布的调整 [J]. 经济理论与经济管理, 1997 (03).

[4] 陈明森. 产能过剩与地方政府进入冲动 [J]. 天津社会科学, 2006 (05).

[5] 陈剩勇, 孙仕祺. 产能过剩的中国特色、形成机制与治理对策——以1996年以来的钢铁业为例 [J]. 南京社会科学, 2013 (05).

[6] 陈艳莹, 王二龙. 要素市场扭曲、双重抑制与中国生产性服务业全要素生产率: 基于中介效应模型的实证研究 [J]. 南开经济研究, 2013 (05).

[7] 陈甬军, 周末. 市场势力与规模效应的直接测度——运用新产业组织实证方法对中国钢铁产业的研究 [J]. 中国工业经济, 2009 (11).

[8] 程俊杰, 刘志彪. 中国工业化道路中的江苏模式: 背景、特色及其演进 [J]. 江苏社会科学, 2012 (01).

[9] 程立茹, 王分棉. 对外开放度、经济增长、市场规模与中国品牌成长——基于省际面板数据的门槛回归分析 [J]. 国际贸易问题, 2013 (12).

[10] 邓建平, 曾勇. 政治关联能改善民营企业的经营绩效吗 [J]. 中国工业经济, 2009 (02).

[11] 邓新明,熊会兵,李剑峰,侯俊东,吴锦峰. 政治关联、国际化战略与企业价值——来自中国民营上市公司面板数据的分析 [J]. 南开管理评论, 2014 (01).

[12] 丁振辉,张猛. 日本产业结构变动对经济波动的影响: 熨平还是放大? [J]. 世界经济研究, 2013 (01).

[13] 樊琦,韩民春. 政府 R&D 补贴对国家及区域自主创新产出影响绩效研究——基于中国 28 个省域面板数据的实证分析 [J]. 管理工程学报, 2011 (03).

[14] 方福前,詹新宇. 我国产业结构升级对经济波动的熨平效应分析 [J]. 经济理论与经济管理, 2011 (09).

[15] 冯梅,陈鹏. 中国钢铁产业产能过剩程度的量化分析与预警 [J]. 中国软科学, 2013 (05).

[16] 冯宗宪,王青,侯晓辉. 政府投入、市场化程度与中国工业企业的技术创新效率 [J]. 数量经济技术经济研究, 2011 (04).

[17] 付保宗. 关于产能过剩问题研究综述 [J]. 经济学动态, 2011 (05).

[18] 付启敏,刘伟. 不确定性条件下产能过剩的纵向一体化模型 [J]. 系统管理学报, 2011 (02).

[19] 干春晖,郑若谷. 中国工业生产绩效: 1998–2007——基于细分行业的推广随机前沿生产函数的分析 [J]. 财经研究, 2009 (06).

[20] 高士成. 中国经济波动的结构分析及其政策含义: 兼论中国短期总供给和总需求曲线特征 [J]. 世界经济, 2010 (09).

[21] 耿强,江飞涛,傅坦. 政策性补贴、产能过剩与中国的经济波动——引入产能利用率 RBC 模型的实证检验 [J]. 中国工业经济, 2011 (05).

[22] 古明明,张勇. 中国资本存量的再估算和分解 [J]. 经济理论与经济管理, 2012 (12).

[23] 郭海涛. 市场势力理论研究的新进展 [J]. 经济评论, 2006 (03).

[24] 郭庆旺,贾俊雪. 中国经济波动的解释: 投资冲击与全要素生产率冲击 [J]. 管理世界, 2004 (07).

[25] 郭庆旺，贾俊雪. 中国潜在产出与产出缺口的估算 [J]. 经济研究，2004 (05).

[26] 韩国高. 我国工业产能过剩的测度、预警及对经济影响的实证研究 [D]. 东北财经大学，2012.

[27] 韩国高，高铁梅，王立国，齐鹰飞，王晓姝. 中国制造业产能过剩的测度、波动及成因研究 [J]. 经济研究，2011 (12).

[28] 韩国高，王立国. 我国钢铁业产能利用与安全监测：2000 - 2010 年 [J]. 改革，2012 (08).

[29] 何诚颖，徐向阳，陈锐，陈建青. 金融发展、TFP 抑制与增长源泉——来自中国省际面板数据的证据 [J]. 经济学家，2013 (05).

[30] 何彬. 基于窖藏行为的产能过剩形成机理及其波动性特征研究 [D]. 吉林大学，2008.

[31] 何娣，邹璇. 服务外包对中国产业结构升级的影响——基于"中介效应"的实证检验 [J]. 贵州财经学院学报，2013 (01).

[32] 何记东，史忠良. 产能过剩条件下的企业扩张行为分析——以我国钢铁产业为例 [J]. 江西社会科学，2012 (03).

[33] 贺京同，冯尧，徐璐. 创新模式、技术引进策略与差别化专利宽度 [J]. 南开经济研究，2011 (06).

[34] 洪占卿，郭峰. 国际贸易水平、省际贸易潜力和经济波动 [J]. 世界经济，2012 (10).

[35] 胡川. 市场需求不确定条件下产能过剩问题研究 [J]. 中南财经政法大学学报，2005 (05).

[36] 胡凯，蔡红英，吴清. 中国的政府采购促进了技术创新吗？[J]. 财经研究，2013 (09).

[37] 胡永健，周寄中. 政府直接资助企业技术创新绩效案例研究 [J]. 管理评论，2009 (02).

[38] 华广敏. 高技术服务业 FDI 对中美制造业效率影响的比较分析——基于中介效应分析 [J]. 世界经济研究，2013 (03).

[39] 黄灿. 政治关联能改善民营企业的经营绩效吗？——基于全国民营企业抽样数据的再研究 [J]. 财经问题研究，2013 (12).

[40] 黄先海, 刘毅群. 1985-2010年间中国制造业要素配置扭曲变动的解析——资本结构变动与技术进步的影响分析 [J]. 经济理论与经济管理, 2013 (11).

[41] 江飞涛. 中国钢铁工业产能过剩问题研究 [D]. 中南大学, 2008.

[42] 江飞涛, 耿强, 吕大国, 李晓萍. 地区竞争、体制扭曲与产能过剩的形成机理 [J]. 中国工业经济, 2012 (06).

[43] 蒋含明. 要素价格扭曲与我国居民收入差距扩大 [J]. 统计研究, 2013 (12).

[44] 蒋萍, 谷彬. 中国服务业TFP增长率分解与效率演进 [J]. 数量经济技术经济研究, 2009 (08).

[45] 蒋涛. 怎样解释中国经济波动: 基于BCA的分析 [J]. 经济理论与经济管理, 2013 (12).

[46] 江源. 钢铁等行业产能利用评价 [J]. 统计研究, 2006 (12).

[47] 康立, 龚六堂, 陈永伟. 金融摩擦、银行净资产与经济波动的行业间传导 [J]. 金融研究, 2013 (05).

[48] 康志勇. 赶超行为、要素市场扭曲对中国就业的影响——来自微观企业的数据分析 [J]. 中国人口科学, 2012 (01).

[49] 李宾. 我国资本存量估算的比较分析 [J]. 数量经济技术经济研究, 2011 (12).

[50] 李宾, 曾志雄. 中国全要素生产率变动的再测算: 1978-2007年 [J]. 数量经济技术经济研究, 2009 (03).

[51] 李光泗, 徐翔. 技术引进、市场结构、研发效率与二次创新 [J]. 财经研究, 2007 (05).

[52] 李江涛. 产能过剩: 问题、理论及治理机制 [M]. 北京: 中国财政经济出版社, 2006.

[53] 李婧. 政府R&D资助对企业技术创新的影响——一个基于国有与非国有企业的比较研究 [J]. 研究与发展管理, 2013 (03).

[54] 李静, 杨海生. 产能过剩的微观形成机制及其治理 [J]. 中山大学学报 (社会科学版), 2011 (02).

[55] 李猛. 产业结构与经济波动的关联性研究 [J]. 经济评论, 2010 (06).

[56] 李猛, 沈坤荣. 地方政府行为对中国经济波动的影响 [J]. 经济研究, 2010 (12).

[57] 李平, 王春晖. 政府科技资助对企业技术创新的非线性研究——基于中国2001-2008年省级面板数据的门槛回归分析 [J]. 中国软科学, 2010 (08).

[58] 李强. 产业结构变动加剧还是抑制经济波动——基于中国的实证分析 [J]. 经济与管理研究, 2012 (07).

[59] 李蕊, 巩师恩. 开放条件下知识产权保护与我国技术创新——基于1997-2010年省级面板数据的实证研究 [J]. 研究与发展管理, 2013 (03).

[60] 李胜文, 李大胜. 中国工业全要素生产率的波动: 1986-2005——基于细分行业的三投入随机前沿生产函数分析 [J]. 数量经济技术经济研究, 2008 (05).

[61] 李姝, 刘殿和. 技术引进与自主创新: 基于工业行业数据的实证分析 [J]. 财经问题研究, 2012 (06).

[62] 李新男. 学习全国科技创新大会精神笔谈——当前促进企业成为技术创新主体的关键在政府 [J]. 科学学研究, 2012 (12).

[63] 梁东黎. 转轨期企业落后产能的淘汰机制研究 [J]. 江海学刊, 2008 (05).

[64] 林发彬. 从存货投资波动透视我国产能过剩问题 [J]. 亚太经济, 2010 (02).

[64] 林毅夫, 巫和懋, 邢亦青. "潮涌现象"与产能过剩的形成机制 [J]. 经济研究, 2010 (10).

[66] 林毅夫. 繁荣的求索发展中经济如何崛起 [M]. 北京: 北京大学出版社, 2012.

[67] 刘凤朝, 孙玉涛. 国家创新能力测度研究述评 [J]. 科学学研究, 2008 (04).

[68] 刘西顺. 产能过剩、企业共生与信贷配给 [J]. 金融研究, 2006

(03).

[69] 刘小鲁. 地方政府主导型消耗战与制度性退出壁垒 [J]. 世界经济, 2005 (09).

[70] 刘晔, 葛维琦. 产能过剩评估指标体系及预警制度研究 [J]. 经济问题, 2010 (11).

[71] 刘志彪, 王建优. 制造业的产能过剩与产业升级战略 [J]. 经济学家, 2000 (01).

[72] 刘志彪. 基于内需的经济全球化：中国分享第二波全球化红利的战略选择 [J]. 南京大学学报, 2012 (02).

[73] 刘志彪. 战略理念与实现机制：中国的第二波经济全球化 [J]. 学术月刊, 2013 (01).

[74] 刘志彪. 双重追赶战略下的均衡中国与经济变革——十八大后中国经济的战略取向 [J]. 江海学刊, 2013 (02).

[75] 陆梦龙, 苏忠秦. 企业政治关联的绩效激励机制研究述评 [J]. 经济学动态, 2012 (11).

[76] 陆铭, 欧海军. 高增长与低就业：政府干预与就业弹性的经验研究 [J]. 世界经济, 2011 (12).

[77] 罗德明, 李晔, 史晋川. 要素市场扭曲、资源错置与生产率 [J]. 经济研究, 2012 (03).

[78] 吕铁. 日本治理产能过剩的做法及启示 [J]. 求是, 2010 (05).

[79] 马晓维, 苏忠秦, 曾琰, 谢珍珠. 政治关联、企业绩效与企业行为的研究综述 [J]. 管理评论, 2010 (02).

[80] 马兹晖. 中国地方财政收入与支出——面板数据因果性与协整研究 [J]. 管理世界, 2008 (03).

[81] 毛其淋. 要素市场扭曲与中国工业企业生产率——基于贸易自由化视角的分析 [J]. 金融研究, 2013 (02).

[82] 潘红波, 夏新平, 余明桂. 政府干预、政治关联与地方国有企业并购 [J]. 经济研究, 2008 (04).

[83] 潘云良. 产能过剩根源何在 [J]. 中国报道, 2014 (01).

[84] 皮建才. 政治晋升激励机制下的地方重复建设——横向与纵向的

比较分析 [J]. 财经科学, 2009 (09).

[85] 皮建才. 中国地方重复建设的内在机制研究 [J]. 经济理论与经济管理, 2008 (04).

[86] 邵传林, 王莹莹. 金融市场化对地区经济波动的非线性平抑效应研究——来自省级层面的经验证据 [J]. 经济科学, 2013 (05).

[87] 邵建春. 我国对拉美新兴市场出口的影响因素研究——基于引力模型和变系数面板数据模型的实证分析 [J]. 国际贸易问题, 2012 (06).

[88] 邵军, 徐康宁. 转型时期经济波动对我国生产率增长的影响研究 [J]. 经济研究, 2011 (12).

[89] 沈坤荣, 钦晓双, 孙成浩. 中国产能过剩的成因与测度 [J]. 产业经济评论, 2012 (04).

[90] 生延超. 创新投入补贴还是创新产品补贴：技术联盟的政府策略选择 [J]. 中国管理科学, 2008 (06).

[91] 盛誉. 贸易自由化与中国要素市场扭曲的测定 [J]. 世界经济, 2005 (06).

[92] 盛朝迅. 化解产能过剩的国际经验与策略催生 [J]. 改革, 2013 (08).

[93] 施炳展, 冼国明. 要素价格扭曲与中国工业企业出口行为 [J]. 中国工业经济, 2012 (02).

[94] 史丹, 吴利学, 傅晓霞, 吴滨. 中国能源效率地区差异及其成因研究——基于随机前沿生产函数的方差分解 [J]. 管理世界, 2008 (02).

[95] 史晋川, 赵自芳. 所有制约束与要素价格扭曲——基于中国工业行业数据的实证分析 [J]. 统计研究, 2007 (06).

[96] 史卫, 黄新飞. 基于面板协整分析的中国省区 ELG 假说检验 [J]. 财贸经济, 2010 (09).

[97] 孙建, 吴利萍, 齐建国. 技术引进与自主创新：替代或互补 [J]. 科学学研究, 2009 (01).

[98] 孙巍, 何彬, 武治国. 现阶段工业产能过剩"窖藏效应"的数理分析及其实证检验 [J]. 吉林大学社会科学学报, 2008 (01).

[99] 孙巍, 李何, 王文成. 产能利用与固定资产投资关系的面板数据

协整研究——基于制造业 28 个行业样本 [J]. 经济管理, 2009 (03).

[100] 孙文杰, 沈坤荣. 技术引进与中国企业的自主创新: 基于分位数回归模型的经验研究 [J]. 世界经济, 2007 (11).

[101] 孙早, 刘庆岩. 市场环境、企业家能力与企业的绩效表现——转型期中国民营企业绩效表现影响因素的实证研究 [J]. 南开经济研究, 2006 (02).

[102] 谭洪波, 郑江淮. 中国经济高速增长与服务业滞后并存之谜——基于部门全要素生产率的研究 [J]. 中国工业经济, 2012 (09).

[103] 谭之博, 赵岳. 银行集中度、企业信贷与经济波动 [J]. 投资研究, 2013 (01).

[104] 唐清泉, 卢珊珊, 李懿东. 企业成为创新主体与 R&D 补贴的政府角色定位 [J]. 中国软科学, 2008 (06).

[105] 唐雪松, 周晓苏, 马如静. 政府干预、GDP 增长与地方国企过度投资 [J]. 金融研究, 2010 (08).

[106] 陶忠元. 开放经济条件下中国产能过剩的生成机理: 多维视角的理论诠释 [J]. 经济经纬, 2011 (04).

[107] 田娟, 王鹏飞. 我国通货膨胀与产能过剩并存现象分析 [J]. 中南财经政法大学学报, 2008 (05).

[108] 田利辉, 叶瑶. 政治关联与企业绩效: 促进还是抑制?——来自中国上市公司资本结构视角的分析 [J]. 经济科学, 2013 (06).

[109] 田娜. 基于全要素生产率的中韩经济增长因素分析 [J]. 世界经济研究, 2012 (04).

[110] 王俊豪. 对中国竞争性产业进入与退出壁垒的分析 [J]. 财经论丛, 2001 (01).

[111] 王立国, 高越青. 基于技术进步视角的产能过剩问题研究 [J]. 财经问题研究, 2012 (02).

[112] 王立国, 鞠蕾. 地方政府干预、企业过度投资与产能过剩: 26 个行业样本 [J]. 改革, 2012 (12).

[113] 王立国, 张日旭. 财政分权背景下的产能过剩问题研究——基于钢铁行业的实证分析 [J]. 财经问题研究, 2010 (12).

[114] 王立国,周雨. 体制性产能过剩:内部成本外部化视角下的解析 [J]. 财经问题研究, 2013 (03).

[115] 王维国,袁捷敏. 我国产能利用率的估算模型及其应用 [J]. 统计与决策, 2012 (20).

[116] 王晓姝,李锂. 产能过剩的诱因与规制——基于政府视角的模型化分析 [J]. 财经问题研究, 2012 (09).

[117] 王燕武,王俊海. 中国经济波动来源于供给还是需求——基于新凯恩斯模型的研究 [J]. 南开经济研究, 2011 (01).

[118] 王一卉. 政府补贴、研发投入与企业创新绩效——基于所有制、企业经验与地区差异的研究 [J]. 经济问题探索, 2013 (07).

[119] 王友广,陈清华,方福康. 中国分地区资本—产出比实证分析 [J]. 北京师范大学学报(自然科学版), 2005 (01).

[120] 王争,史晋川. 转型时期中国工业生产绩效的地区差异及波动性的解释——基于随机前沿生产函数的分析 [J]. 世界经济文汇, 2007 (04).

[121] 王志刚,龚六堂,陈玉宇. 地区间生产效率与全要素生产率增长率分解 (1978-2003) [J]. 中国社会科学, 2006 (02).

[122] 王志平. 生产效率的区域特征与生产率增长的分解——基于主成分分析与随机前沿超越对数生产函数的方法 [J]. 数量经济技术经济研究, 2010 (01).

[123] 王志伟. 产品过剩、产能过剩与经济结构调整 [J]. 广东商学院学报, 2010 (05).

[124] 魏守华. 国家创新能力的影响因素——兼评近期中国创新能力演变的特征 [J]. 南京大学学报(哲学.人文科学.社会科学), 2008 (03).

[125] 闻潜. 经济高位运行中的产能过剩及其成因分析 [J]. 经济经纬, 2006 (05).

[126] 吴延兵,米增渝. 创新、模仿与企业效率——来自制造业非国有企业的经验证据 [J]. 中国社会科学, 2011 (04).

[127] 冼国明,程娅昊. 多种要素扭曲是否推动了中国企业出口 [J].

经济理论与经济管理，2013（04）.

[128] 冼国明，石庆芳. 要素市场扭曲与中国的投资行为——基于省际面板数据分析 [J]. 财经科学，2013（10）.

[129] 肖争艳，郭豫媚，潘璐. 企业规模与货币政策的非对称效应 [J]. 经济理论与经济管理，2013（09）.

[130] 徐盈之，赵玥. 中国信息服务业技术效率和生产率变动的研究——基于随机前沿生产函数的分析 [J]. 东南大学学报（哲学社会科学版），2009（05）.

[131] 亚诺什·科尔内. 短缺经济学 [M]. 北京：经济科学出版社，1986.

[132] 杨光. 中国设备利用率与资本存量的估算 [J]. 金融研究，2012（12）.

[133] 杨湘玉，程源. 国际经济波动冲击发展中国家的路径——基于14个发展中国家的实证研究 [J]. 财经研究，2012（11）.

[134] 杨勇. 中国服务业全要素生产率再测算 [J]. 世界经济，2008（10）.

[135] 殷保达. 中国产能过剩治理的再思考 [J]. 经济纵横，2012（04）.

[136] 尹翔硕. 创新能力、模仿能力与知识产权保护中的执行成本——论TRIPS条件下发展中国家知识产权侵权的必然性 [J]. 世界经济研究，2008（03）.

[137] 余泳泽. 创新要素集聚、政府支持与科技创新效率——基于省域数据的空间面板计量分析 [J]. 经济评论，2011（02）.

[138] 袁鹏，杨洋. 要素市场扭曲与中国经济效率 [J]. 经济评论，2014（02）.

[139] 詹姆斯·克罗蒂. 为什么全球市场会遭受长期的产能过剩？——来自凯恩斯、熊彼特和马克思的视角 [J]. 当代经济研究，2013（01）.

[140] 詹·法格博格，戴维·莫利，理查德·纳尔逊. 牛津创新手册 [M]. 北京：知识产权出版社，2009.

[141] 张洪辉, 王宗军. 政府干预、政府目标与国有上市公司的过度投资 [J]. 南开管理评论, 2010 (03).

[142] 张杰, 周晓艳, 李勇. 要素市场扭曲抑制了中国企业 R&D? [J]. 经济研究, 2011 (08).

[143] 张杰, 周晓艳, 郑文平, 芦哲. 要素市场扭曲是否激发了中国企业出口 [J]. 世界经济, 2011 (08).

[144] 张璟, 沈坤荣. 地方政府干预、区域金融发展与中国经济增长方式转型——基于财政分权背景的实证研究 [J]. 南开经济研究, 2008 (06).

[145] 张少军. 外包造成了经济波动吗?——来自中国省级面板的实证研究 [J]. 经济学(季刊), 2013 (01).

[146] 张小蒂, 李风华. 技术创新、政府干预与竞争优势 [J]. 世界经济, 2001 (07).

[147] 张新海. 转轨时期落后产能的退出壁垒与退出机制 [J]. 宏观经济管理, 2007 (10).

[148] 张新海. 产能过剩的定量测度与分类治理 [J]. 宏观经济管理, 2010 (01).

[149] 张新海, 王楠. 企业认知偏差与产能过剩 [J]. 科研管理, 2009 (05).

[150] 赵剑波, 杨震宁, 王以华. 政府的引导作用对于集群中企业创新绩效的影响：基于国内科技园区数据的实证研究 [J]. 科研管理, 2012 (02).

[151] 赵黎黎, 黄新建. 产能过剩条件下的中国钢铁企业并购绩效分析 [J]. 江西社会科学, 2010 (10).

[152] 赵中华, 鞠晓峰. 技术溢出、政府补贴对军工企业技术创新活动的影响研究——基于我国上市军工企业的实证分析 [J]. 中国软科学, 2013 (10).

[153] 庄子银. 知识产权、市场结构、模仿和创新 [J]. 经济研究, 2009 (11).

[154] 庄子银, 丁文君. 知识产权保护、模仿与南方自主创新 [J]. 经

济评论, 2013 (03).

[155] 周劲. 产能过剩的概念、判断指标及其在部分行业测算中的应用 [J]. 宏观经济研究, 2007 (09).

[156] 周劲, 付保宗. 产能过剩的内涵、评价体系及在我国工业领域的表现特征 [J]. 经济学动态, 2011 (10).

[157] 周劲, 付保宗. 工业领域产能过剩形成机制及对策建议 [J]. 宏观经济管理, 2011 (10).

[158] 周经, 刘厚俊. 国际贸易、知识产权与我国技术创新——基于1998-2009年省际面板数据的实证研究 [J]. 世界经济研究, 2011 (11).

[159] 周炼石. 中国产能过剩的政策因素与完善 [J]. 上海经济研究, 2007 (02).

[160] 周茂荣, 张子杰. 对外开放度测度研究述评 [J]. 国际贸易问题, 2009 (08).

[161] 周绍东. 中国工业企业技术创新与行政性进入退出壁垒 [J]. 中国经济问题, 2008 (02).

[162] 周晓艳, 韩朝华. 中国各地区生产效率与全要素生产率增长率分解 (1990-2006) [J]. 南开经济研究, 2009 (05).

[163] 周业安, 程栩, 赵文哲, 李涛. 地方政府的教育和科技支出竞争促进了创新吗?——基于省级面板数据的经验研究 [J]. 中国人民大学学报, 2012 (04).

[164] 周业樑, 盛文军. 转轨时期我国产能过剩的成因解析及政策选择 [J]. 金融研究, 2007 (02).

英文部分

[1] A. Michael Spence. Entry, Capacity, Investment and Oligopolistic Pricing [J]. The Bell Journal of Economics, 1977, 8 (2): 534-544.

[2] Adam Tipper, Nicholas Warmke. Adjusting Productivity Statistics for Variable Capacity Utilisation: Working Harder or Hardly Working? [R]. Statistics New Zealand, Working Paper No 12-02, 2012.

[3] Akira Nishimori, Hikaru Ogawa. Do Firms Always Choose Excess Capacity? [J]. Economics Bulletin, 2004, 12 (2): 1-7.

［4］ Alan S. Manne, John M. Frankovich. Electronic Calculating Methods for Handling the Excess Capacity Problem ［J］. The Review of Economics and Statistics, 1953, 35 (1): 51 - 58.

［5］ Alice Bourneuf. Manufacturing Investment, Excess Capacity, and the Rate of Growth of Output ［J］. The American Economic Review, 1964, 54 (5): 607 - 625.

［6］ Alistair Mcguir. Excess Capacity and the Demand for Electricity in Scotland ［J］. Scottish Journal of Policial Economy, 1982, 29 (1): 45 - 58.

［7］ Ana Rodriguez - Alvarez, C. A. Knox Lovell. Excess Capacity and Expense Preference Behaviour in National Health Systems: An Application to the Spanish Public Hospitals ［J］. Health Economics. , 2004, 13: 157 - 169.

［8］ Andre's Rodri'guez - Clare. Clusters and Comparative Advantage: Implications for Industrial Policy ［J］. Journal of Development Economics, 2007, 82: 43 - 57.

［9］ Andrew B. Abel. A Dynamic Model of Investment and Capacity Utilization ［J］. The Quarterly Journal of Economics, 1981, 96 (3): 379 - 404.

［10］ Aniruddha Bagchi, Arijit Mukherjee. Commitment and Excess Capacity with Licensing: An Old Debate with A New Look ［J］. Journal of Economics, 2009, 103 (2): 133 - 147.

［11］ Anwar M. Shaikh, Jamee K. Moudud. Measuring Capacity Utilization in OECD Countries: A Cointegration Method ［R］. The Levy Economics Institute of Bard College, Working Paper No. 415, 2004.

［12］ Arthur De Vany, Gail Frey. Backlogs and the Value of Excess Capacity in the Steel Industry ［J］. American Economic Review, 1982, 72 (3): 441 - 451.

［13］ Atri Mukherjee, Rekha Misra. Estimation of Capacity Utilisation in Indian Industries: Issues and Challenges ［R］. RBI Working paper, 2012.

［14］ B. Curtis Eaton, Richard G. Lipsey. The Theory of Market Pre-emption: The Persistence of Excess Capacity and Monopoly in Growing Spatial Markets ［J］. Economica, New Series, 1979, 46 (182): 149 - 158.

[15] Badi H. Baltagi, James M. Griffin, Sharada R. Vadali. Excess Capacity: A Permanent Characteristic of US Airlines? [J]. Journal of Applied Econometrics, 1998, 13: 645 - 657.

[16] Bassim Shebeb. Measuring Capacity Utilization Using A Short-run Cost Function: An Application to Bahrain Economy [R]. ERF Working Paper 0305, 1998.

[17] Berhanu Abegaz. The Economics of Surplus Squeeze Under Peripheral Socialism: An Ethiopian Illustration [J]. Studies in Comparative International Development, 1998, 23 (3): 51 - 77.

[18] Bert G. Hickman. On a New Method of Capacity Estimation [J]. Journal of the American Statistical Association, 1964, 59 (306): 529 - 549.

[19] Brad Barham, Roger Ware. A Sequential Entry Model with Strategic Use of Excess Capacity [J]. The Canadian Journal of Economics, 1993, 26 (2): 286 - 298.

[20] Bruce A. Blonigen, Wesley W. Wilson. Foreign Subsidization and Excess Capacity [J]. Journal of International Economics, 2010, 80: 200 - 211.

[21] Bruce McFarlane. Price Rigidity and Excess Capacity in Socialist Economies [J]. Australian Economic Paper, 1973, 6: 36 - 41.

[22] Bruno De Borger, Kristiaan Kerstens. The Malmquist Productivity Index and Plant Capacity Utilization [J]. Scandinavian Journal of Economics, 2000, 102 (2): 303 - 310.

[23] C. A. Knox Lovell, Ana Rodri'Guez - a'Lvarez, Akan Wall. The Effects of Stochastic Demand and Expense Preference Behaviour on Public Hospital Costs and Excess Capacity [J]. Health Economics. 2009, 18: 227 - 235.

[24] C. E. Ferguson, Chapel Hill. A Social Concept of Excess Capacity [J]. Metroeconomica, 1956, 8 (1): 84 - 93.

[25] C. L. Paine. Rationalisation and the Theory of Excess Capacity [J]. Economica, New Series, 1936, 3 (9): 46 - 60.

[26] Carl Davidson, Raymond Deneckere. Excess Capacity and Collusion [J]. International Economic Review, 1990, 31 (3): 521 - 541.

[27] Carol Corrado, Joe Mattey. Capacity Utilization [J]. The Journal of Economic Perspectives, 1997, 11 (1): 151 – 167.

[28] Catherine J. Morrison. Thoughts on Productivity, Efficiency and Capacity Utilization Measurement for Fisheries [R]. University of California Davis, Working Paper No. 00 – 031, 2000.

[29] Catherine J. Morrison. Primal and Dual Capacity Utilization: An Application to Productivity Measurement in the U. S. Automobile Industry [J]. Journal of Business & Economic Statistics, 1985, 3 (4): 312 – 324.

[30] Chetan Dave. Why Is High Capacity Utilization No Longer Inflationary in Canada [R]. University of Texas, Working Paper 2006 – 02, 2005.

[31] Christoph Dorsch, Björn Häckel. Matching Economic Efficiency and Environmental Sustainability: The Potential of Exchanging Excess Capacity in Cloud Service Environments [R]. University of Augsburg, Discussion Paper WI – 384, 2012.

[32] Ciaran Driver, Paul Templey, Giovanni Urgaz. Profitability, capacity and uncertainty: A Model of UK Manufacturing Investment [J]. Oxford Economic Papers, 2005, 57: 120 – 141.

[33] Ciaran Driver. Capacity Utilisation and Excess Capacity: Theory, Evidence, and Policy [J]. Review of Industrial Organization, 2000, 16: 69 – 87.

[34] Cynthia Bansak, Norman Morin, Martha Starr. Technology, Capital Spending, and Capacity Utilization [R]. American University, Working Paper No. 2004 – 03, 2004.

[35] Dale Squires, Yongil Jeon, R. Quentin Grafton, James Kirkley. Controlling Excess Capacity in Common – Pool Resource Industries: The Transition From Input to Output Controls [J]. The Australian Journal of Agricultural and Resource Economics, 2010, 54: 361 – 377.

[36] Dan Dvoskin. Excess Capacity in U. S. Agriculture: An Economic Approach to Measurement [R]. United State Department of Agriculture, Agricultural Economic Report No. 580, 1988.

[37] Daniel Primont. Measures of Excess Capacity [C]. IIFET 2000.

[38] Diane P. Dupont, R. Quentin Grafton, James Kirkley, Dale Squires. Capacity Utilization Measures and Excess Capacity in Multi – Product Privatized Fisheries [J]. Resource and Energy Economics, 2002, 24: 193 – 210.

[39] Dieter Ernst. Upgrading India's Electronics Manufacturing Industry: Regulatory Reform and Industrial Policy [M]. East-west center, 2014.

[40] Ding LU. Industrial Policy and Resource Allocation: Implications on China's Participation in Globalization [J]. China Economic Review, 2000, 11: 342 – 360.

[41] Douglas W. Caves, Laurits R. Christensen, Joseph A. Swanson. Productivity Growth, Scale Economies and Capacity Utilization in U.S. Railroads, 1955 – 74 [J]. American Economic Review, 1981, 71 (5): 994 – 1002.

[42] E Phillip Davis, Sinikka Salo. Excess Capacity in EU and US Banking Sectors – Conceptual, Measurement and Policy Issues [R]. London school of economics, special paper 105, 1998.

[43] Eckhard Janeba. Tax Competition When Governments Lack Commitment: Excess Capacity as a Countervailing Threat [J]. American Economic Review, 2000, 90 (5): 1508 – 1519.

[44] Eli Schwartz. "Excess Capacity" in Utility Industries: An Inventory Theoretic Approach [J]. Land Economics, 1984, 60 (1): 40 – 48.

[45] Eoin O'Sullivan, Antonio Andreoni, Carlos López – Gómez, Mike Gregory. What is New in the New Industrial Policy? A Manufacturing Systems Perspective [J]. Oxford Review of Economic Policy, 2013, 29 (2): 432 – 462.

[46] Ernst R. Berndt, Catherine J. Morrison. Capacity Utilization Measures: Underlying Economic Theory and An Alternative Approach [J]. American Economic Review, 1981, 71 (2): 48 – 52.

[47] Ernst R. Berndt, Melvyn A. Fuss. Economic Capacity Utilization and Productivity Measurement for Multi – Product Firms with Multiple Quasi – Fixed Inputs [R]. NBER working paper No. 2932, 1989.

[48] Eva M. Köberl. Capacity Utilisation and Macro Dynamics from a Micro Perspective [M]. KOF Swiss Economic Institute, ETH Zurich, 2011.

[49] F. H. Hahn. Excess Capacity and Imperfect Competition [J]. Oxford Economic Papers, 1955, 7 (3): 229 – 240.

[50] Frances Ferguson Esposito, Louis Esposito. Excess Capacity and Market Structure: Another Look at the Evidence [J]. The Review of Economics and Statistics, 1979, 61 (1): 159 – 160.

[51] Fumio Hayashi. The Over-investment Hypothesis [R]. University of Tokyo, 2004.

[52] Gasper A. Garofalo, Devinder M. Malhotra. Regional Measures of Capacity Utilization in the 1980s [J]. The Review of Economics and Statistics, 1997, 79 (3): 415 – 421.

[53] Ge Bai, Sylvia Hsu, Ranjani Krishnan. Accounting Performance, Cost Structure, and Firms' Capacity Investment Decisions [C]. The 2009 AAA Management Accounting Conference.

[54] Giorgio Barba Navaretti, Anthony J. Venables. Multinationals and industrial policy [J]. Oxford Review of Economic Policy, 2013, 29 (2): 361 – 382.

[55] Giuseppe Parigi, Stefano Siviero. An Investment – Function – Based Measure of Capacity Utilisation. Potential Output and Utilised Capacity in the Bank of Italy's Quarterly Model [J]. Economic Modelling, 2001, 18: 525 – 550.

[56] Gordon C. Winston. The Theory of Capital Utilization and Idleness [J]. Journal of Economic Literature, 1974, 12 (4): 1301 – 1320.

[57] H. Michael Mann, James W. Meehan, Jr., Glen A. Ramsay. Market Structure and Excess Capacity: A Look at Theory and Some Evidence [J]. The Review of Economics and Statistics, 1979, 61 (1): 156 – 159.

[58] H. R. Edwards. Price Formation in Manufacturing Industry and Excess Capacity [J]. Oxford Economic Papers, 1955, 7 (1): 94 – 118.

[59] Hans Haller, Daniel Orr. Stochastic Demand, Inventory Management, and Chamberlinian Excess Capacity [J]. Journal of Institutional and Theoretical Economics, 1991, 147 (3): 499 – 516.

[60] Howard Pack, Kamal Saggi. Is There a Case for Industrial Policy? A

Critical Survey [J]. The World Bank Research Observer, 2006, 21 (2): 267 – 297.

[61] Howard Pack. Industrial Policy: Growth Elixir or Poison? [J]. The World Bank Research Observer, 2000, 15 (1): 47 – 67.

[62] Hwang Zunhwan, Kim Jumsan, Rhee Sungmo. Development of a New Highway Capacity Estimation Method [J]. Proceedings of the Eastern Asia Society for Transportation Studies, 2005, 5: 984 – 995.

[63] Houng Lee, Murtaza Syed, Liu Xueyan. Is China Over – Investing and Does it Matter? [R]. IMF Working Paper, 2012.

[64] Iris Claus, Paul Conway, Alasdair Scott. The Output Gap: Measurement, Comparisons and Assessment [R]. Reserve Bank of New Zealand, Research Paper No. 44, 2000.

[65] Isabelle Brocas, Juan D. Carrillo. Entrepreneurial Boldness and Excessive Investment [J]. Journal of Economics & Management Strategy, 2004, 13 (2): 321 – 350.

[66] J. M. Cassels. Excess Capacity and Monopolistic Competition [J]. The Quarterly Journal of Economics, 1937, 51 (3): 426 – 443.

[67] Jai S. Mah. Industrial Policy and Economic Development: Korea's Experience [J]. Journal of Economic Issues, 2007, 41 (1): 77 – 92.

[68] James A. Orr. Has Excess Capacity Abroad Reduced U. S. Inflationary Pressures? [J]. FRBNY Quarterly Review, 1994, Sum: 101 – 106.

[69] James E. Kirkley, Dale Squires, Mohammad Ferdous Alam, Haji Omar Ishak. Excess Capacity and Asymmetric Information in Developing Country Fisheries: the Malaysian Purse Seine Fishery [J]. American Journal of Agricultural Economics, 2003, 85 (3): 647 – 662.

[70] James F. Ragan. Measuring Capacity Utilization in Manufacturing [J]. FRBNY Quarterly Review, 1976.

[71] James Kirkley, Catherine J. Morrison Paul, Dale Squires. Capacity and Capacity Utilization in Common-pool Resource Industries [J]. Environmental and Resource Economics, 2002, 22: 71 – 97.

[72] Janet Koscianski, Stephen Mathis. Excess Capacity and the Probability of Entry – An Application to the US Titanium Industry [J]. Resources Policy, 1995, 21 (1): 43 – 51.

[73] Jean – Jacques Laffont. Industrial policy and politics [J]. International Journal of Industrial Organization, 1996, 14: 1 – 27.

[74] Jennifer Castle. Measuring Excess Demand and its Impact on Inflation [R]. Monograph Working Paper, 2004.

[75] Jens Metge, Pia Weiss. Protecting the Domestic Market: Industrial Policy and Strategic Firm Behavior [J]. The Singapore Economic Review, 2011, 56 (2): 159 – 174.

[76] Jeremy Greenwood, Zvi Hercowitz, Gregory W. Huffman. Investment, Capacity Utilization, and the Real Business Cycle [J]. American Economic Review, 1988, 78 (3): 402 – 417.

[77] Jesus Felipe, Utsav Kumar, Arnelyn Abdon. Exports, Capabilities and Industrial Policy in India [J]. Journal of Comparative Economics, 2013, 41: 939 – 956.

[78] John C. Hilke. Excess Capacity and Entry: Some Empirical Evidence [J]. The Journal of Industrial Economics, 1984, 33 (2): 233 – 240.

[79] John Knight, Sai Ding. Why does China invest so much? [R]. University of Oxford, Discussion Paper No. 441, 2009.

[80] John T. Wenders. Excess Capacity as a Barrier to Entry [J]. The Journal of Industrial Economics, 1971, 20 (1): 14 – 19.

[81] Jong – Kun Lee. Comparative Performance of Short – Run Capacity Utilization Measures [J]. Economics Letters, 1995, 48: 293 – 300.

[82] Jongseok Lee, Iain Clacher, Kevin Keasey. Industrial Policy as an Engine of Economic Growth: A Framework of Analysis and Evidence from South Korea (1960 – 96) [J]. Business History, 2012, 54 (5): 713 – 740.

[83] Jora R. Minasian. Indivisibility, Decreasing Cost, and Excess Capacity: The Bridge [J]. Journal of Law and Economics, 1979, 22 (2): 385 – 397.

[84] Joseph M. Hall, Praveen K. Kopalle, David F. Pyke. Static and Dynamic Pricing of Excess Capacity in a Make – To – Order Environment [J]. Productionand Operations Management, 2009, 18 (4): 411 – 425.

[85] Jun Ishii. Useful Excess Capacity? An Empirical Study of U. S. Oil & Gas Drilling [R]. Amherst College, 2011.

[86] Junsen Zhang. Holding Excess Capacity to Deter Entry in a Labour – Managed Industry [J]. The Canadian Journal of Economics, 1993, 26 (1): 222 – 234.

[87] Kamel Helali, Maha Kalai. Direct and Indirect Measures of Capacity Utilization and Economic Growth: A Nonparametric Analysis of the Tunisian Industry [J]. Journal of Business Management and Economics, 2013, 4 (5): 144 – 155.

[88] Kaoru Natsuda, John Thoburn. Industrial Policy and the Development of the Automotive Industry in Thailand [J]. Journal of the Asia Pacific Economy, 2013, 18 (3): 413 – 437.

[89] Kashi R. Balanchandran, Shu – hsing Li, Suresh Radhakrishnan. A Framework for Unused Capacity: Theory and Empirical Analysis [J]. Journal of Applied Management Accounting Research, 2007, 5 (1): 21 – 38.

[90] Kathleen Segerson, Dale Squires. Capacity Utilization Under Regulatory Constraints [J]. The Review of Economics and Statistics, 1993, 75 (1): 76 – 85.

[91] Kathleen Segerson, Dale Squires. On the Measurement of Economic Capacity Utilization for Multi – Product Industries [J]. Journal of Econometric, 1990, 44: 347 – 361.

[92] Keith Cowling. Excess Capacity and the Degree of Collusion: Oligopoly Behaviour in the Slump [J]. The Manchester School, 1983, 51 (4): 341 – 359.

[93] Kozo Kiyota, Tetsuji Okazaki. Industrial Policy Cuts Two Ways: Evidence from Cotton Spinning Firms in Japan, 1956 – 1964 [R]. Global COE Hi – Stat Discussion Paper Series 101, 2009.

[94] L. R. Klein, R. S. Preston. Some New Results in the Measurement of Capacity Utilization [J]. American Economic Review, 1967, 57 (1): 34 - 58.

[95] L. R. Klein. Some Theoretical Issues in the Measurement of Capacity [J]. Econometrica, 1960, 28 (2): 272 - 286.

[96] Lars E. O. Svensson, Sweder van Wijnbergen. Excess Capacity, Monopolistic Competition, and International Transmission of Monetary Disturbances [J]. The Economic Journal, 1989, 99 (397): 785 - 805.

[97] Lawrence R. Klein, Virginia Long, Alan Greenspan, Douglas Greenwald, Nathan Edmonson, George Perry. Capacity Utilization: Concept, Measurement, and Recent Estimates [J]. Brookings Papers on Economic Activity, 1973, 3: 743 - 763.

[98] Leroy Quance, Luther Tweeten. Excess Capacity and Adjustment Potential in U. S. Agriculture [J]. Agricultural Economics Research, 1972, 24 (3).

[99] Linda Nostbakken, Olivier Thebaud, Lars - Christian Sorensen. Investment Behaviour and Capacity Adjustment in Fisheries: A Survey of the Literature [J]. Marine Resource Economics, 26: 95 - 117.

[100] Luca Lambertini, Gianpaolo Rossini. Excess Capacity in Oligopoly with Sequential Entry [R]. Universita' di Bologna, Working Papers, 2000.

[101] M. E. Paul. Notes on Excess Capacity [J]. Oxford Economic Papers, 1954, 6 (1): 33 - 40.

[102] M. Suresh Babu. Do Industrial Policy Reforms Reduce Entry Barriers? Evidence from Indian Manufacturing Industries [J]. Journal of Economic Policy Reform, 2008, 11 (4): 289 - 300.

[103] Marco Malgarini, Antonio Paradiso. Measuring Capacity Utilization in the Italian Manufacturing Sector: A Comparison Between Time Series and Survey Models in Light of the Actual Economic Crisis [R]. Istituto Di Studi E Analisi Economica, Working paper No. 129, 2010.

[104] Martin J. Osborne, Carolyn Pitchik. Cartels, Profits and Excess Capacity [J]. International Economic Review, 1987, 28 (2): 413 - 428.

[105] Marvin B. Lieberman. Excess Capacity as a Barrier to Entry: An Empirical Appraisal [J]. Journal of Industrial Economics, 35 (4), 1987: 607 - 627.

[106] Matthew D. Shapiro. Capital Utilization and Capital Accumulation: Theory and Evidence [J]. Journal of Applied Econometrics, 1986, 1: 211 - 234.

[107] Max Nathan, Henry Overman. Agglomeration, Clusters and Industrial Policy [J]. Oxford Review of Economic Policy, 2013, 29 (2): 383 - 404.

[108] Mei Wen, Dan Sasaki. Would Excess Capacity in Public Firms Be Socially Optimal? [J]. The Economic Record, 2001, 77 (238): 283 - 290.

[109] Michael T. Maloney, Robert E. McCormick. Excess Capacity, Cyclical Production and Merger Motives: Some Evidence from the Capital Markets [J]. Journal of Law and Economics, 1988, 31 (2): 321 - 350.

[110] Michalis Nikiforos. The (Normal) Rate of Capacity Utilization at the Firm Level [R]. Levy Economics Institute of Bard College, Working Paper No. 737, 2012.

[111] Miguel A. Delgado, Jordi Jaumandreu, Ana Mart' in Marcos. Input cost, Capacity Utilization and Substitution in the Short - Run [J]. Spanish Economic Review, 1999, 1: 239 - 262.

[112] Miguel Fonseca, Hans - Theo Normann. Excess Capacity and Pricing in Bertrand - Edgeworth Markets: Experimental Evidence [J]. Journal of Institutional and Theoretical Economics, 2013, 169 (2): 199 - 228.

[113] Morton I. Kamien and Nancy L. Schwartz. Uncertain Entry and Excess Capacity [J]. American Economic Review, 1972, 62 (5): 918 - 927.

[114] Moshe Justman. Infrastructure, Growth and the Two Dimensions of Industrial Policy [J]. The Review of Economic Studies, 1995, 62 (1): 131 - 157.

[115] Murray F. Foss. The Utilization of Capital Equipment: Postwar Compared With Prewar [J]. Survey of current business, 1963, 6: 8 - 16.

[116] Myron H. Ross. A Study in Excess Capacity [J]. Land Economics,

1959, 35 (3): 284 - 288.

[117] Nicholas Kaldor. Market Imperfection and Excess Capacity [J]. Economica, 1935, 2 (5): 33 - 50.

[118] Niels Vestergaard, Dale Squires, Jim Kirkley. Measuring Capacity and Capacity Utilization in Fisheries: the Case of the Danish Gill - net fleet [J]. Fisheries Research, 2003, 60: 357 - 368.

[119] Niklaus Blattner, Basel. Domestic Competition and Foreign Trade: The Case of the Excess Capacity Barrier to Entry [J]. Zeitschrift fur National Okonomie, 1973, 33: 403 - 412.

[120] Norman Morin, John J. Stevens. Diverging Measures of Capacity Utilization: An Explanation [R]. Finance and Economics Discussion Series, 2004 - 58.

[121] Oliver Falck, Stephan Heblich, Stefan Kipar. Industrial Innovation: Direct Evidence from a Cluster - Oriented Policy [J]. Regional Science and Urban Economics, 2010, 40: 574 - 582.

[122] Parzival Copes. The Market as an Open Access Commons: A Neglected Aspect of Excess Capacity [J]. De Economist 132, NR. 1, 1984.

[123] Paul Taubman, Maurice Wilkinson. User Cost, Capital Utilization and Investment Theory [J]. International Economic Review, 1970, 11 (2): 209 - 215.

[124] Paulo N. Figueiredo. Industrial Policy Changes and Firm - Level Technological Capability Development: Evidence from Northern Brazil [J]. World Development, 2008, 36 (1): 55 - 88.

[125] Pedro P. Barros, Tore Nilssen. Industrial Policy and Firm Heterogeneity [J]. The Scandinavian Journal of Economics, 1999, 101 (4): 597 - 616.

[126] Peter B. Dixon, Maureen T. Rimmer. You Can't Have a CGE Recession Without Excess Capacity [J]. Economic Modelling, 2011, 28: 602 - 613.

[127] Philippe Aghion, David Hémous, Enisse Kharroubi. Cyclical Fiscal Policy, Credit Constraints, and Industry Growth [J]. Journal of Monetary Eco-

nomics, 2014, 62: 41 -58.

[128] Pingyao Lai. China's Excessive Investment [J]. China & World Economy, 2008, 16 (5): 51 -62.

[129] Pirmin Fessler, Fabio Rumler, Gerhard Schwarz. A Micro-based Non Inflationary Rate of Capacity Utilisation as a Measure of Inflationary Pressure – Evidence for Austria [J]. Empirica, 2014, 41 (1): 23 -36.

[130] R. Preston McAfee, Philip J. Reny. The Role of Excess Capacity in Determining Market Power in Natural Gas Transportation Markets [J]. Journal of Regulatory Economics, 2007, 32: 209 -223.

[131] R. W. Shaw, S. A. Shaw. Excess Capacity and Rationalisation in the West European Synthetic Fibre Industry [J]. The Journal of Industrial Economics, 1983, 32 (2): 149 -166.

[132] Rajiv D. Banker. Estimating Most Productive Scale Size using Data Envelopment Analysis [J]. European Journal of Operational Research, 1984, 17: 35 -44.

[133] Randy A. Nelson. On the Measurement of Capacity Utilization [J]. The Journal of Industrial Economics, 1989, 37 (3): 273 -286.

[134] Ratna Sahay. Trade Policy and Excess Capacity in Developing Countries [J]. Staff Papers – International Monetary Fund, 1990, 37 (3): 486 -508.

[135] Raymond Torres, John P. Martin. Measuring Potential Output in the Seven Major OECD countries [J]. Empirical Economics, 1994, 19 (3): 493 -500.

[136] Richard Brahm. National Targeting Policies, High – Technology Industries and Excessive Competition [J]. Strategic Management Journal, 1995, 16: 71 -91.

[137] Richard H. Holton. On the Measurement of Excess Capacity in Retailing [J]. The Review of Economic Studies, 1956 -1957, 24 (1): 43 -48.

[138] Richard Harrisn, Catherine Robinson. Industrial Policy in Great Britain and Its Effect on Total Factor Productivity in Manufacturing Plants, 1990 –

1998 [J]. Scottish Journal of Political Economy, 2004, 51 (4).

[139] Richard Schmalensee. A Note on Monopolistic Competition and Excess Capacity [J]. Journal of Political Economy, 1972, 80 (3): 586 – 591.

[140] Rikard Forslid, Karen Helene Midelfart. Internationalisation, Industrial Policy and Clusters [J]. Journal of International Economics, 2005, 66: 197 – 213.

[141] Robert Driskill, Stephen Mccafferty. Industrial Policy and Duopolistic Trade with Dynamic Demand [J]. Review OfIndustrial Organization, 1996, 11: 355 – 373.

[142] Robert Haveman, John Krutilla. Unemployment, Excess Capacity, and Benefit – Cost Investment Criteria [J]. The Review of Economics and Statistics, 1967, 49 (3): 382 – 392.

[143] Robert Haveman, John V. Krutilla. Unemployment, Excess Capacity, and Benefit – Cost Investment Criteria: A Reply [J]. The Review of Economics and Statistics, 1971, 53 (1): 105.

[144] Robert M. Costrell. Equilibrium Unemployment and Excess Capacity in Steady – State and Growth Cycles [J]. Economica, 1984, 51 (201): 69 – 82.

[145] Robert T. Masson, Joseph Shaanan. Excess Capacity and Limit Pricing: An Empirical Test [J]. Economica, 1986, 53 (211): 365 – 378.

[146] Roberto Marchionatti, Stefano Usai. Voluntary Export Restraints, Dumping and Excess Capacity [J]. The Manchester School 1997, LXV (5): 499 – 512.

[147] Robyn McLaughlin, Robert A. Taggart, Jr. The Opportunity Cost of Using Excess Capacity [J]. Financial Management, 1992, 21 (2): 12 – 23.

[148] Roland Hodler. Industrial Policy in an Imperfect World [J]. Journal of Development Economics, 2009, 90: 85 – 93.

[149] Rolf Fare, Shawna Grosskopf, Edward C. Kokkelenberg. Measuring Plant Capacity, Utilization and Technical Change: A Nonparametric Approach [J]. International Economic Review, 1989, 30 (3): 655 – 666.

[150] Ronald G. Felthoven, William C. Horrace, Kurt E. Schnier. Estimating Heterogeneous Primal Capacity and Capacity Utilization Measures in a Multi – Species Fishery [J]. Journal of Productivity Analysis, 2009, 32 (3): 173 – 189.

[151] Sarmad Khawaja, Thomas K. Morrison. Measuring Statistical Capacity Building: A Logical Framework Approach [R]. IMF Working Paper, 2001.

[152] Shoji Haruna. A Note on Holding Excess Capacity to Deter Entry in a Labour – Managed Industry [J]. The Canadian Journal of Economics, 1996, 29 (2): 493 – 499.

[153] Siu – Kee Wong, Yao Liu. Optimal Industrial Policy in Vertically Related Markets [J]. The Journal of International Trade & Economic Development, 2011, 20 (5): 631 – 650.

[154] Sougata Poddar. Excess Capacity: A Note [J]. Keio Economic Studies, 2003, 40 (1): 75 – 83.

[155] Stephen Mathis, Janet Koscianski. Excess Capacity as a Barrier to Entry in the US Titanium Industry [J]. International Journal of Industrial Organization, 1996, 15: 263 – 281.

[156] Subhash C. Ray, Kankana Mukherjee, Yanna Wu. Direct and Indirect Measures of Capacity Utilization: A Nonparametric Analysis of U. S. Manufacturing [R]. University of Connecticut, Department of Economics, Working Paper, 2005.

[157] Subhash Ray. Nonparametric Measures of Scale Economies and Capacity Utilization: An Application to U. S. Manufacturing [R]. University of Connecticut Working Paper, 2013.

[158] Susheng Wang, Lijing Zhu. Increasing returns to scale from variable capacity utilization [J]. International Journal of Economic Theory, 2007, 3: 1 – 22.

[159] Tain – Jy Chen, and Ying – Hua Ku. Indigenous Innovation vs. Teng – Long Huan – Niao: Policy Conflicts in the Development of China's Flat Panel Industry [J]. Industrial and Corporate Change, 2014, 2: 1 – 23.

[160] Tay – Cheng Ma. Strategic Investment and Excess Capacity: A Study of the Taiwanese Flour Industry [J]. Journal of Applied Economics, 2005, VIII (1): 153 – 170.

[161] Ted K. Bradshaw, Edward J. Blakely. What are "Third – Wave" State Economic Development Efforts? From Incentives to Industrial Policy [J]. Economic Development Quarterly, 1999, 13 (3): 229 – 244.

[162] Theodore E. Keeler. Railroad Costs, Returns to Scale, and Excess Capacity [J]. The Review of Economics and Statistics, 1974, 56 (2): 201 – 208.

[163] Theologos Dergiades, Lefteris Tsoulfidis. A New Method for the Estimation of Capacity Utilization Theory and Empirical Evidence from 14 EU Countries [J]. Bulletin of Economic Research 59: 4, 2007: 0307 – 3378.

[164] Thomas von Ungern – Sternberg. Excess Capacity as a Commitment to Promote Entry [J]. The Journal of Industrial Economics, 1988, 37 (2): 113 – 122.

[165] Tim Coelli, Emili Grifell – Tatje, Sergio Perelman. Capacity Utilisation and Profitability: A Decomposition of Short Run Profit Efficiency [J]. International Journal of Production Economics, 2002, 79: 261 – 278.

[166] Timothy F. Bresnahan, Valerie A. Ramey. Segment Shifts and Capacity Utilization in the U. S. Automobile Industry [J]. American Economic Review, 1993, 83 (2): 213 – 218.

[167] Victoria Curzon Price. Surplus Capacity and What the Tokyo Round Failed to Settle [J]. The World Economy, 1979, 2 (3): 305 – 318.

[168] Vinod K. Aggarwal, Simon J. Evenett. Industrial Policy Choice During the Crisis Era [J]. Oxford Review of Economic Policy, 2012, 28 (2): 261 – 283.

[169] Walter Y. Oi. Slack Capacity: Productive or Wasteful? [J]. American Economic Review, 1981, 71 (2): 64 – 69.

[170] William F. Steel. Import Substitution and Excess Capacity in Ghana [J]. Oxford Economic Papers, 1972, 24 (2): 212 – 240.

[171] Xiaoshan Chen, Terence C. Mills. Measuring the Euro Area Output Gap using Multivariate Unobserved Components Models Containing Phase Shifts [J]. Empirical Economics, 2012, 43 (2): 671-692.

[172] Yasheng Huang. Between Two Coordination Failures: Automotive Industrial Policy in China with a Comparison to Korea [J]. Review of International Political Economy, 2002, 9 (3): 538-573.

[173] Yi Wen. Capacity Utilization under Increasing Returns to Scale [J]. Journal of Economic Theory, 1998, 81: 7-36.

[174] Yoram Barzel. Excess Capacity in Monopolistic Competition [J]. Journal of Political Economy, 1970, 78 (5): 1142-1149.

[175] Zhengfei Guan, Subal C. Kumbhakar, Robert J. Myers, Alfons Oude Lansink. Measuring Excess Capital Capacity in Agricultural Production [J]. American Journal of Agricultural Economics, 2009, 91 (3): 765-776.

[176] Zhongxiu Zhao, Xiaoling Huang, Dongya Ye, Paul Gentle. China's Industrial Policy in Relation to Electronics Manufacturing [J]. China & World Economy, 2007, 15 (3): 33-51.

后　　记

本书是在我的博士学位论文基础上修改、完善而成。得知要将我的博士论文出版之时，我正在美国约翰·霍普金斯大学（Johns Hopkins University）的保罗·尼采高级国际研究学院（SAIS）访学。10月中旬的华盛顿DC似乎一下子就由夏天进入到了秋天，阵阵凉意让人不禁思绪万千。两年前写作博士论文时的种种情形像放电影一样不断在脑海中浮现。当时，完成写作时的心情用两个词来形容最为贴切，那就是"辛苦"与"得意"。高强度的连续奋战七八个月，两耳不闻窗外事，一心读文献、跑数据，而在键盘上敲完最后一个字后，顿时感到一阵轻松与得意。然而这份得意仅仅持续了不超过一周，当我再次翻看时，忽然发现仍有许多不尽如人意之处。经过修改，这篇博士论文最终帮我顺利取得了博士学位，也收获了一些肯定。之后的一年时间内，其中绝大多数内容均已陆续发表在国内较高水平的核心期刊上，不过此后我也再未完整、仔细地将这篇博士论文从头看到尾。直至接到出版通知，我才不得不再次认真审视这篇论文，尽力修改和填补尚存的漏洞，以期向读者呈现一个相对完善的版本。

该书能得以顺利出版，需要感谢很多关心、帮助过我的人。首先需要感谢我的博士生导师刘志彪教授。2013年，正值我国新一轮产能过剩日益加剧的苗头刚刚出现，但远未像现在这样引起全社会关注，加上已有的理论研究存在不少进一步深入的空间，刘老师敏锐地捕捉到这一我国经济发展过程中的重大现实问题，让我以此为题进行博士论文研究。在此后的研究过程中，每当我遇到困惑，包括研究思路与方法的确定、结构的安排、观点的斟酌等，刘老师都会及时给出指导和建议，让我少走了许多弯路。感谢参加我论文答辩和预答辩的周勤教授、张宗庆教授、郑江淮教授、吴福象教授、马野青教授、李晓春教授、皮建才教授和魏守华副教授，他们的建议使本书看

后 记

起来更加完善。感谢上大学以来所有向我传道授业的老师，特别是我本科阶段的班主任唐德才教授、硕士阶段的导师郑江淮教授以及博士后阶段的合作导师黄速建研究员。

感谢江苏省社会科学院的领导和同事们，尤其是陈柳研究员给了我足够的研究、出版等方面的鼓励与帮助，并协调解决了经费资助问题；王树华副研究员、杜宇玮副研究员、周睿副研究员以及顾丽敏副研究员在工作上给予了大力支持；孙小红助理研究员在我出国期间帮助处理了出版合同、报销等一系列琐事。

我还要感谢我的家人。父母用他们的坚强、勤劳和毫无保留的付出让我无后顾之忧，也支撑着我不断前行；感谢我的爱妻谭丹丹女士，在我攻读博士学位和出国访学期间，她承担了家里几乎所有的责任，在繁杂的工作之余还协助我完成了本书中图表的绘制、参考文献的整理以及排版格式的调整等重要工作；感谢我刚满2岁、乖巧可爱的女儿，每每想起你、见到你，我便充满动力和快乐！

本书的出版还离不开经济科学出版社张庆杰编审的辛苦工作，在此一并感谢。当然，由于水平所限，以及内容主要完成于两年多以前，书中难免仍存在一些遗漏与错误，欢迎读者批评指正。

程俊杰
2016年10月24日
于约翰·霍普金斯大学伯恩斯坦 -
奥菲特楼（Bernstein – Offit Building）